HARALD HELMREICH

Das Selbsthilfeverbot des französischen Rechts und sein Einfluß auf Gestaltungs- und Gestaltungsklagerecht

Schriften zum Prozessrecht

Band 6

Das Selbsthilfeverbot des französischen Rechts und sein Einfluß auf Gestaltungs- und Gestaltungsklagerecht

Von

Dr. Harald Helmreich

DUNCKER & HUMBLOT / BERLIN

Gedruckt 1967 bei Buchdruckerei Bruno Luck, Berlin 65
Printed in Germany

Meinen Eltern

Vorwort

Die hier veröffentlichte Abhandlung ist die im wesentlichen unveränderte Fassung einer Dissertation, die der juristischen Fakultät der Ludwig-Maximilians-Universität in München im Herbst 1965 vorgelegen hat.

Ich möchte auch an dieser Stelle meinem verehrten Lehrer, Herrn Prof. Dr. M. Ferid, für die Anregung und ständige wertvolle Förderung der Arbeit meinen herzlichen Dank aussprechen.

Der Thyssen-Stiftung und der Stiftung des Volkswagenwerks bin ich für die materielle Unterstützung während der Abfassung der Dissertation zu großem Dank verpflichtet.

Ebenso danke ich Herrn Ministerialrat a. D. Dr. J. Broermann für die Aufnahme der Abhandlung in das Programm des Verlags Duncker & Humblot.

Harald Helmreich

Inhaltsverzeichnis

Dritter Teil

Das Fehlen einer Theorie des Gestaltungsrechts im französischen Recht

Vierter Teil

Gründe für das Fehlen einer Theorie der Gestaltungsrechte im französischen Recht und der Satz: „Nul ne peut se faire justice à soi-meme"

Ausblick: Internationalverfahrensrechtliche Probleme, die aus der verschiedenen Ausformung von Gestaltungsrechten in der französischen und deutschen Rechtsordnung erwachsen

Abkürzungsverzeichnis

a. A.	= anderer Ansicht
a. a. O.	= am angegebenen Ort
Abs.	= Absatz
Abt.	= Abteilung
AcP	= Archiv für die civilistische Praxis (Band und Seite)
Anm.	= Anmerkung
Art.	= Artikel
Bd.	= Band
BGB	= Bürgerliches Gesetzbuch
Cass.	= Kassationsgerichtshof
Cass. civ.	= Kassationsgerichtshof, Zivilabteilung
Cass. req.	= Kassationsgerichtshof, Chambre des requêtes
Cass. soc.	= Kassationsgerichtshof, Zivilabteilung, Sozialkammer
C. civ.	= Code civil
C. com.	= Code de commerce
C. proc. civ.	= Code de procédure civile
D.	= Dalloz Recueil
Dall.	= Dalloz
D. H.	= Dalloz Recueil hebdomadaire
d. h.	= das heißt
Dig.	= Digesten
D. P.	= Dalloz Recueil périodique
EGStGB	= Einführungsgesetz zum Strafgesetzbuch
EheG	= Ehegesetz
erg.	= ergänze
Exk.	= Exkurs
f. (ff.)	= und folgende Seite (n)
Gaz. Pal.	= Gazette du Palais (Jahr, Teil, Seite)
Germ. Abt.	= Germanistische Abteilung
Hbbd.	= Halbband
h. L.	= herrschende Lehre
h. M.	= herrschende Meinung

J. C. P.	= Juris-Classeur-Périodique (La semaine juridique) (Jahr, Teil, Nummer)
JuS	= Juristische Schulung (Jahrgang und Seite)
JZ	= Juristenzeitung (Jahrgang und Seite)
MDR	= Monatsschrift für Deutsches Recht (Jahrgang und Seite)
Nouv. Rép. Dr.	= Nouveau Répertoire de Droit, Dalloz
OLG	= Oberlandesgericht
OR	= Obligationenrecht (schweizerisches)
Rabels Z	= Rabels Zeitschrift für ausländisches und internationales Privatrecht (Jahrgang und Seite)
Rép. Dr. Civ.	= Répertoire de Droit Civil, Dalloz
resp.	= respektive
Rev. crit. dr. intern. pr.	= Revue critique de droit international privé (Jahr, Seite)
Rev. trim. dr. civ.	= Revue trimestrielle de droit civil (Jahr, Seite)
RGSt	= Entscheidungen des Reichsgerichts in Strafsachen, Amtliche Sammlung (Band, Seite)
RStGB	= Reichsstrafgesetzbuch
S.	= Seite oder Sirey Recueil
sect.	= Sektion
sog.	= sogenannt
StGB	= Strafgesetzbuch
Trib. civ.	= Tribunal civil
u. ä.	= und ähnliche (s)
vgl.	= vergleiche
Vorbem.	= Vorbemerkung
z. B.	= zum Beispiel
ZGB	= Zivilgesetzbuch (schweizerisches)
ZPO	= Zivilprozeßordnung

Die bloße Angabe eines Ortsnamens bedeutet: Entscheidung des an diesem Ort befindlichen Appellationsgerichts.

Einleitung

Die obligatorische Zuhilfenahme der staatlichen Machtmittel für die Rechtsverwirklichung ist in den modernen stark organisierten Staaten unumgänglich. Dem entspricht es, daß die Selbsthilfe nur mehr als Überbleibsel archaischer Rechtszustände angesehen wird.

Soweit man den Begriff der Selbsthilfe auf die rein faktischen Eingriffe einschränkt, ist diese vereinfachende Feststellung richtig, der rechtgeschäftlichen Selbsthilfe wird sie jedoch nicht gerecht. Derartige rechtsgeschäftliche Selbsthilfe findet man beispielsweise in der Kündigung, Anfechtung, Aufrechnung des deutschen Rechts. Die Einwirkungsmöglichkeit des jeweils Berechtigten wird hier als Gestaltungsrecht bezeichnet. Es erscheint daher allgemein interessant, den Beziehungen zwischen dem Begriff des Gestaltungsrechts und der Selbsthilfe nachzugehen. Dafür bietet sich das französische Recht besonders an, das ein traditionelles Selbsthilfeverbot in dem Sprichwort *„Nul ne peut se faire justice à soi-même"* kennt.

Bevor geprüft wird, ob das französische Recht Gestaltungsrechte besitzt und als solche benennt, sind die Kategorien zu gewinnen, die eine Abgrenzung des Gestaltungsrechts von benachbarten Rechtserscheinungen erlauben. Dabei wird versucht, die allgemeine Funktion und das Wesen des Gestaltungsrechts zu erhellen, wie sie nicht von Rechtsordnung zu Rechtsordnung variieren.

Die Erscheinung des Gestaltungsrechts existiert in der französischen Rechtsordnung nicht weniger als in der deutschen oder der italienischen, wenn auch die praktisch bedeutsamsten Gestaltungsrechte als Gestaltungsklagerechte ausgeformt sind.

Der französischen Dogmatik ist der Begriff des Gestaltungsrechts jedoch unbekannt. Die Faktoren werden untersucht, die es der französischen Doktrin erschweren, eine Theorie des Gestaltungsrechts anzunehmen, dabei wird besonderes Gewicht auf den Einfluß des Selbsthilfeverbots gelegt.

Nach diesen Überlegungen zur französischen Privatrechtsdoktrin werden in einem Ausblick internationalverfahrensrechtliche Probleme gestreift, die aus der verschiedenen Struktur einiger Gestaltungsrechte im französischen und deutschen Recht folgen.

Angesichts der Stoffülle drängt sich eine exemplifizierende Behandlung auf; Vollständigkeit, beispielsweise in der Aufzählung der Gestaltungsrechte des französischen Rechts oder in der Behandlung der internationalverfahrensrechtlichen Fragen, wird nicht beabsichtigt.

Erster Teil

Die Lehre von den Gestaltungsrechten

Die Lehre des Gestaltungsrechts wird in weitgehender Anlehnung an die deutsche Dogmatik dargestellt. Zwar kennen auch die österreichische[1], die schweizerische[2] und die italienische[3] Dogmatik den gleichen Begriff, jedoch wird auf die geistige Urheberschaft der deutschen Dogmatiker hingewiesen[4]. Die Bevorzugung der deutschen Lehre rechtfertigt sich durch die Tatsache, daß hier eine Theorie des Gestaltungsrechts entstehen konnte und daß so die dogmatische und legislatorische Konstellation aufgezeigt werden kann, die zu der Ausarbeitung eines derartigen Begriffs geführt hat. Abgesehen davon kann man überhaupt nicht von national verschiedenen Lehren des Gestaltungsrechts sprechen, da in der dogmatischen Diskussion über diese Kategorie überall ohne weiteres die Argumente von Autoren fremder Rechtsordnungen zitiert werden. Man kann daher eine allgemeine Theorie des Gestaltungsrechts darstellen.

I. Historische Entwicklung der Theorie von den Gestaltungsrechten

Die „Entdeckung"[5] und die juristische Ausformung der Gestaltungsrechte ist der Persönlichkeit Emil *Seckels* zu danken, der in einem Vortrag vor der Berliner Juristischen Gesellschaft am 23. 5. 1903, veröffentlicht in der Festgabe für Koch[6], mit einem Male die Gestaltungsrechte als würdigen Gegenstand eines dogmatischen Interesses dargestellt hat. Der Entdecker ist oft nicht so sehr derjenige, der einen genialen Einfall hat und ihn verwirklicht, als derjenige, der die Tendenzen der Zeit mit größerer Schärfe durchdringt oder der sein synthetisches Talent an den bereits vorhandenen Daten ansetzt.

---

[1] Karl *Wolff*, Grundriß des österreichischen bürgerlichen Rechts, 4. Aufl., Wien 1948, S. 23.

[2] s. dazu die Monographien von *Fenkart* und *L'Huillier*, a. a. O.

[3] *Chiovenda*, a. a. O., S. 43 ff., S. 42 wird die Bezeichnung „diritti potestativi" vorgeschlagen.

[4] z. B. *Messina*, a. a. O., S. 737, Anm. 2, wo *Zitelmann*, *Enneccerus* und *Seckel* als Schöpfer des Begriffs genannt werden.

[5] In dem Sinne von *Dölle*, Entdeckungen.

[6] *Seckel*, a. a. O.

Die Entdeckung Seckels ist eingebettet in den Geist der Zeit. Er hat dogmatische Vorgänger, die Teilaspekte erkannten; ebenso beeinflußt die zeitgenössische Gesetzgebung seine Idee. Die Untersuchung der Vorbedingungen für diese Entdeckung kann von Bedeutung sein für eine spätere Analyse der Gründe, aus denen dem französischen Recht der Begriff des Gestaltungsrechts fremd geblieben ist.

1. Die „Befugnisse" Thons

In seinem Werk „Rechtsnorm und subjektives Recht"[7] führt *Thon* den Begriff der Befugnis[8] ein, die als rechtliche Macht definiert wird, derart, daß „die Rechtsordnung an diese oder jene Handlung des einzelnen diese oder jene rechtliche Wirkung anknüpft"[9], sei es nun das Inslebentreten oder die Veränderung von Befehlsnormen. Als Beispiele werden hier die Befugnis zum Eheschluß oder zum Abschluß eines obligatorischen Vertrags gebracht; das römische Recht habe diese Befugnisse gekannt und ihnen die Namen „potestas", „facultas", „licentia", „ius" gegeben. Die Befugnis wird als rechtliches Können aufgefaßt, dessen Ausübung ohne weiteres einen rechtlichen Erfolg erzielt, und ihm wird das rechtliche Dürfen und das rechtliche Sollen gegenübergestellt.

Damit werden bereits die Denkkategorien verwendet, die später eine bedeutende Rolle bei der Ausarbeitung des Gestaltungsrechts spielen, vor allem bei Zitelmann. Andererseits ist der Begriff der Befugnis, in den die Möglichkeit des Vertragsschlusses einbezogen wird, zu weit, als daß sich damit arbeiten ließe. Legt man an Thons Erkenntnis die Maßstäbe an, die *Dölle* für den Begriff der Entdeckung fordert, so ist wohl das „gewisse Maß von Wirkung" zu verneinen, „dergestalt, daß unser Denken aufgrund der neuen Erkenntnis auf neue Grundlagen gestellt und auf neue Wege gewiesen wird"[10].

2. Die „negativen Rechte" Bekkers

Bekker geht in seinem „System des heutigen Pandektenrechts"[11] von dem Gegensatz der positiven und der negativen Rechte aus. Die negativen Rechte sind diejenigen, die die Wirkungen anderer Rechte brechen, und zwar in der Form der Hemmung oder der Zer-

---

[7] *Thon*, a. a. O.
[8] *Thon*, a. a. O., S. 342.
[9] *Thon*, a. a. O., S. 338.
[10] *Dölle*, Entdeckungen, B 3.
[11] *Bekker*, a. a. O.

störung. Die Ausübung der negativen Rechte ist abhängig vom Wollen des Berechtigten, und die Richter sind deshalb nicht befugt, dieselben von Amts wegen zu berücksichtigen. Das negative Recht wird in Form der Einrede geltend gemacht, um das Gegenrecht (positive Recht) zu hemmen; es bedarf der klagweisen Durchsetzung, um das Gegenrecht zu vernichten[12].

Bekkers Analyse ist beschränkt auf die rechtsvernichtenden Gestaltungsrechte. Er erkennt klar die Wahlmöglichkeit, d. h. die Gestaltungsmöglichkeit des Berechtigten in ihrer logischen Selbständigkeit gegenüber prozessualen Vorgängen. Der Begriff der negativen Rechte nimmt einen Teilaspekt des Begriffs der Gestaltungsrechte voraus: Er ist enger als dieser, indem er die rechtsändernden und rechtsschaffenden Rechte außer acht läßt; er ist weiter, indem er auch eine bloße Rechtshemmung durch die Einrede genügen läßt. Die Diskussion, ob und inwieweit Einreden als Gestaltungsrechte aufzufassen sind, ist hier noch hintanzustellen.

3. Die „Erwerbsberechtigungen" bei Enneccerus

Enneccerus' Versuch, der von Dölle[13] als Basis für die Entdeckung Seckels genannt wird, befindet sich in Wirklichkeit bereits in einer Reihe von Versuchen, die als ungenügend empfundene Zweiteilung der rechtlichen Möglichkeiten des einzelnen in Herrschaftsrechte und Ansprüche um eine neue Kategorie zu bereichern. Enneccerus untersucht in seiner Studie[14] die sog. Erwerbsberechtigten.

Die Rechte auf Erwerb des Eigentums sind nach Enneccerus weder dringliche noch obligatorische Rechte[15]. Obligatorische Rechte sind sie deshalb nicht, weil häufig der Schuldner fehlt, von den dinglichen unterscheiden sie sich nach Enneccerus darin, daß die „Berechtigung, die sie gewähren, nicht in einem Herrschen über die Sache, sondern in dem Erwerbenkönnen eines Rechts besteht"[16].

Der Rechtserwerb kann entweder ipso iure, oder durch eine bestimmte Handlung des Berechtigten ausgelöst, eintreten. Die Beispiele von Enneccerus sind Rechte wie das Jagd- und Fischereirecht, das Recht des Finders auf Zuschlag des Eigentums, das Wiederverkaufsrecht, die Erbberechtigung.

---

[12] *Bekker*, a. a. O., S. 92.

[13] *Dölle*, Entdeckungen, B 10.

[14] *Enneccerus*, a. a. O.

[15] *Enneccerus*, a. a. O., S. 600, 601.

[16] *Enneccerus*, a. a. O., S. 601.

Diese Rechte sind nur zu einem gewissen Teil Gestaltungsrechte im modernen Sinn. Eine Rechtsänderung ohne die Wahlmöglichkeit des Gestaltungsberechtigten interessiert unter dem Gesichtswinkel des Gestaltungsrechts nicht. Enneccerus sieht hauptsächlich die rechtliche Situation, die in einem Schwebezustand ist, und versucht, die Stellung des Berechtigten während dieses Schwebezustands zu definieren. Gegenüber dieser statischen Betrachtung ist die Lehre vom Gestaltungsrecht dynamisch: Sie ist angezogen durch das Recht in der Bewegung, durch die Möglichkeit des einzelnen, unmittelbar durch seinen Willen auf den Rechtszustand einzuwirken. Insofern ist die statische Betrachtung bei Enneccerus nur die Erhellung eines Teilaspektes, während die Entfernung von einer wahren Lehre der Gestaltungsrechte noch groß bleibt.

4. Die „Rechte des rechtlichen Könnens" Zitelmanns

Zitelmann[17] erkennt als erster die Konturen des Gestaltungsrechts, wie sie die klassische Lehre des Gestaltungsrechts dann übernommen hat. Er geht von der Anfechtung aus und sieht neben der Anfechtung als Tatsache auch die Anfechtung als „Ausübung eines behaupteten subjektiven Rechts auf Anfechtung"[18]. Diese Macht, die das Anfechtungsrecht gewährt, wird als rechtliches Können bezeichnet, das dem rechtlichen Dürfen und dem rechtlichen Sollen gegenübergestellt wird.

Das Charakteristikum der Rechte des rechtlichen Könnens wird darin gesehen, „daß eine Person die besondere rechtliche Möglichkeit hat, durch eine Willenserklärung eine Rechtswirkung, an der sie, sei es für sich, sei es für einen Dritten, ein Interesse hat, herbeizuführen oder eine ihr unvorteilhafte Rechtswirkung zu hindern"[19]. Während die Lehre der Gestaltungsrechte im übrigen, soweit sie bei Zitelmann entwickelt ist, hier noch nicht zu behandeln ist, soll das Augenmerk nur auf zwei Bemerkungen Zitelmanns gerichtet werden, die die außerordentliche Schärfe und Tiefe seines Denkens dartun und zeigen, daß seine Auffassung von den Gestaltungsrechten seiner Zeit weit vorausging.

---

17 *Zitelmann*, a. a. O. Die Berechtigung, *Zitelmann* trotz des Erscheinungsjahrs des aufgeführten Werks (1912) zu den Vorläufern *Seckels* zu zählen, erwächst daraus, daß, wie Zitelmann im Vorwort zu Bd. II ausführt, die Fortsetzung zu dem 1897 erschienenen Bd. I, soweit sie den allgemeinen Teil des angewandten Internationalen Privatrechts betraf, bereits 1898 erschienen war. Hier war aber die Lehre von den Rechten des rechtlichen Könnens bereits enthalten.

18 *Zitelmann*, a. a. O., S. 34.

19 *Zitelmann*, a. a. O., S. 43.

Einmal handelt es sich um den Einbau der Gestaltungsrechte in die subjektiven Rechte. Damit wird eine klare Trennung von den bloßen rechtlichen Möglichkeiten, die einem jeden zur Verfügung stehen, vorgenommen. Zitelmann bemerkt: „Man wird vielmehr von subjektiven Rechten nur sprechen, wo durch konkrete Tatsachen gerade für diese einzelne Person im Unterschied gegen andere eine besondere Möglichkeit erwachsen ist, eine bestimmte Wirkung herbeizuführen, und zwar eine Wirkung, an der sie ein Interesse hat[20]". Erst durch eine derartige Abgrenzung gewinnt das Gestaltungsrecht die Schärfe der Konturen, die es zu einem praktikablen Rechtsbegriff machen.

Eine zweite hervorragende Erkenntnis dankt die Lehre Zitelmann. Er sieht, daß die Art und Weise, in der die Rechte des rechtlichen Könnens ausgeübt werden, ihr Wesen nicht berührt. Es gibt Gestaltungsrechte, die der klagweisen Durchsetzung bedürfen und andere, bei denen die Mitwirkung einer Verwaltungsbehörde erforderlich ist. Die Natur des Rechts als Gestaltungsrecht wird dadurch insoweit und in dem Umfang nicht berührt, als die „Tätigkeit des Gerichts, der Behörde, falls das Recht der Person vorhanden ist, erfolgen muß und nicht etwa aus Gründen der Zweckmäßigkeit versagt werden darf, denn sonst hinge die Herbeiführung der Wirkung nicht mehr vom Willen des Berechtigten ab"[21]. Diese Abstraktion des Begriffs des Gestaltungsrechts von der äußeren Erscheinungsform bleibt jedoch nicht ohne Gegner, worauf unten noch eingegangen wird.

5. Die „Gestaltungsrechte" Seckels

Emil Seckel wird von Dölle[22] als der Entdecker des Gestaltungsrechts gefeiert. Wenn auch die Spontaneität seiner Entdeckung bezweifelt werden könnte angesichts der hervorragenden Vorgänger, auf denen Seckel aufbauen konnte, so bleibt doch sein Verdienst zweifach: Einmal hat er einen zugkräftigen und prägnanten Namen für eine Gruppe von Rechten gefunden, indem er von der „Gestaltungsklage" das „Gestaltungsrecht" ableitet, zum anderen hat er „in einer der glänzendsten Studien, die unsere deutsche Zivilrechtsdogmatik aufzuweisen hat ... bis in die feinsten Distinktionen vorstoßend, eine umfassende Theorie dieser neuentdeckten Rechte entwickelt"[23].

Es wird hier darauf verzichtet, Seckels Theorie von dem Gestaltungsrecht wiederzugeben: Was später in einem kurzen Überblick

---

[20] *Zitelmann*, a. a. O., S. 44.
[21] *Zitelmann*, a. a. O., S. 44.
[22] *Dölle*, Entdeckungen, B 11.
[23] *Dölle*, Entdeckungen, B 11.

als die Lehre des Gestaltungsrechts dargestellt wird, ist, von wenigen Ausnahmen abgesehen, die Lehre Seckels. Seckels Vortrag vom 23. 5. 1903 vor der Berliner Juristischen Gesellschaft, in der Festgabe für Koch niedergelegt, ist nach über 60 Jahren das grundlegende Werk über die Gestaltungsrechte geblieben.

II. Gesetzgebung des ausgehenden 19. Jahrhunderts im Hinblick auf das Gestaltungsrecht

Wenn oben gesagt worden ist, daß eine Theorie wie die der Gestaltungsrechte auf eine gewisse Ausformung des geltenden Rechts angewiesen ist, so soll darauf hier näher eingegangen werden. Dabei erscheint es nicht sinnvoll zu untersuchen, ob Gestaltungsrechte in den verschiedenen Rechtssystemen der verschiedenen Zeiten existiert haben oder nicht: Ist man der Meinung, daß Gestaltungsrechte auch bei einer klagweisen Durchsetzung anzuerkennen sind, so sind Rechtssysteme schwer vorstellbar, die gänzlich auf eine derartige Figur verzichten können. Vielmehr wird das Hauptaugenmerk darauf gerichtet, in welcher besonderen Ausformung die Gestaltungsrechte in legislativen Projekten und Ausarbeitungen der Periode erscheinen, die der dogmatischen Erfassung vorangeht.

In seiner Studie über die Geschichte der Gestaltungsrechte des deutschen bürgerlichen Rechts untersucht *Richter*[1] fünf der bekanntesten Gestaltungsrechte. Es handelt sich um das Recht zur Aufrechnung, zur Anfechtung, das Wahlrecht, das Kündigungs- und das Rücktrittsrecht.

Richter beweist nun, daß dem römischen Recht in diesen Fällen der Gedanke der einseitigen rechtsgeschäftlichen Gestaltung unbekannt war[2]. Das germanische Recht habe zwar Aufrechnungs-, Kündigungs- und Rücktrittsrecht gekannt, jedoch ohne daß diese Befugnisse als selbständige Rechtsinstitute behandelt würden. In der neueren Rechtsgeschichte ist der dogmengeschichtliche Wendepunkt[3] mit aller Deutlichkeit in der Vorlage des Oberappelationsgerichtspräsidenten Dr. Friedrich *Orloff* aus Jena zu sehen, die 1857/58 den Verhandlungen über die Revision des 1. Entwurfs zum sächsischen BGB zugrundegelegt wurde. Es ist auffällig, in welch hohem Maße dieser Entwurf die Möglichkeit einer Gestaltung eines Rechtsverhältnisses durch einseitige Willenserklärung zuläßt, die dem bisherigen Rechtsdenken

---

[1] *Richter*, a. a. O.
[2] *Richter*, a. a. O., S. 151, ebenso *L'Huillier*, a. a. O., S. 99.
[3] *Steinwenter*, a. a. O. in der Besprechung des Werks von *Richter*.

fremd war. Der Orloffsche Entwurf wählt diese neue Figur für drei so wichtige Institute wie die Aufrechnung, die Anfechtung und das Wahlrecht.

Nach § 314 dieser Vorlage[4] sollte

„die Aufrechnung nicht von selbst infolge des bloßen gleichzeitigen Bestehens der Forderung und Gegenforderung, sondern erst dann eintreten, wenn einer der gegenseitigen Gläubiger dem andern gegenüber, außergerichtlich oder gerichtlich, ohne Rechtsstreit oder in einem solchen, aufrechnen zu wollen erklärt".

Dieser Regelung folgten dann das sächsische BGB, die Entwürfe zum deutschen BGB und das BGB selbst.

Hinsichtlich der Anfechtung schlägt der Orloffsche Entwurf in § 874 vor:

„Die Anfechtung gilt erst als geschehen, wenn der dazu Berechtigte dem andern gegenüber erklärt, daß er den Vertrag anfechte, und es löst sich dann der Vertrag für beide Teile auf[5]."

Diese Formulierung wurde vom sächsischen Gesetzgeber übernommen, der bayerische Entwurf blieb bei der traditionellen Regelung der Anfechtung im Wege der Klage oder der Einrede, die Vorlage Gebhards von 1881 stand dann wieder auf dem Boden des sächsischen Rechts, wie sie auch in das BGB überging.

Ebenso liegen die Dinge beim Wahlrecht. Hier gilt nach § 37 der Orloffschen Vorlage die Wahl als vollzogen, wenn der Wahlberechtigte sich über die Wahl erklärt hat[6]. Der sächsische Gesetzgeber folgte Orloff, das BGB faßte ebenso das Wahlrecht als Gestaltungsrecht auf.

Es mag genügen hinzuzufügen, daß bei Kündigung und Rücktritt der Orloffsche Entwurf eine weniger klare Haltung einnahm; immerhin enthielt er für Rücktritt in seinem § 193 den Satz:

„Verzug bei Erfüllung eines gegenseitigen Vertrages gibt dem anderen Teile das Recht, von dem Vertrag abzugehen, wenn die zeitige Erfüllung wesentliche Voraussetzung bei dem Vertrage war[7]."

Immerhin sticht ins Auge, daß Orloff bei den drei ersten Beispielen in etwa gleichlautender Formulierung statuiert haben will, daß die Rechte durch Willenserklärung gegenüber der anderen Partei ausge-

---

[4] *Richter*, a. a. O., S. 53: Die Vorlage *Orloffs* war in den Bibliotheken ganz Deutschlands nicht zugänglich zu machen, so daß der Autor sich auf *Richters* Zitate verlassen mußte.

[5] *Richter*, a. a. O., S. 77.

[6] *Richter*, a. a. O., S. 97.

[7] *Richter*, a. a. O., S. 140.

übt werden. Richter meint, diese Formulierung sei „von Orloff vielleicht bewußt in allen drei Fällen übereinstimmend gewählt worden, da er bereits im Anfang in seinen allgemeinen Regeln auf die Wichtigkeit gleichen Sprachgebrauchs hingewiesen hatte“[8].

Die Ausprägung von Gestaltungsrechten, deren Ausübung durch einfache rechtsgeschäftliche Willenserklärung erfolgt, ist das revolutionierende Element des Orloffschen Entwurfs. Nach der Einführung dieses Elements konnte sich bei den Vorbereitungen zum BGB die neue Rechtsfigur in größerer Breite durchsetzen, und vor allem auch die wichtigen Rücktrittsrechte erfassen. Die gemeinrechtliche Literatur zeigte sich zurückhaltend gegenüber diesen neuen Rechten, lieferte jedoch durch ihre tastenden Vorarbeiten aufgrund der Erkenntnis, daß die alten Rechtskategorien sich als ungenügend erwiesen, die Basis für die spätere dogmatische Erfassung der von ihr bekämpften rechtlichen Erscheinungen.

Zitelmann geht in seinen Studien vom Anfechtungsrecht aus. Die Anfechtung war vor Zitelmann nur „von ihrer Seite als eine für die Rechtswirkung bedeutsame Tatsache betrachtet“[9] worden. Zitelmann lenkte nun das Augenmerk auf den anderen Aspekt, auf die Rechtsmacht „über die zu verhindernde oder zu beseitigende Rechtswirkung“[10]. Die Betrachtung der Anfechtung als Ausübung eines erworbenen subjektiven Rechts bei Zitelmann ist der entscheidende Anstoß, der zu einem Begriff des Gestaltungsrechts führt. Denn nun kommt man durch Vergleich anderer Rechtserscheinungen, wie des Rechts, die Erbschaft auszuschlagen oder anzunehmen, des Rücktrittsrechts, des Aufrechnungsrechts und weiterer rechtlicher Möglichkeiten dazu, das Gestaltungsrecht als allgemeines Institut des Privatrechts anzuerkennen.

Es ist mehr als ein bloß zufälliges zeitliches Zusammentreffen, wenn die Entdeckung der Qualität des Anfechtungsrechts als Gestaltungsrecht und damit der Begriff der Gestaltungsrechte überhaupt der revolutionären Einführung der einseitigen empfangsbedürftigen Willenserklärung als Ausübungsform folgt, die mit den traditionellen Ausübungsformen Einrede oder Klage bricht. Es ergibt sich ein deutlicher Fingerzeig dafür, daß die Einführung von Gestaltungsrechten, die außerprozessual geltend gemacht werden können, die Entdeckung des Begriffs erleichtert, wenn nicht erst ermöglicht. Daran ändert nichts, daß Zitelmann auf dem Wege der Abstraktion bereits den nächsten Schritt tut: Das Gestaltungsrecht auch dort zu sehen, wo Gericht oder Verwaltungsbehörde mitwirken, sofern sie nur dazu verpflichtet sind.

---

[8] *Richter*, a. a. O., S. 98.
[9] *Zitelmann*, a. a. O., S. 34.
[10] *Zitelmann*, a. a. O., S. 34.

Es bleibt bestehen, daß die legislativen Vorarbeiten, in ganz besonderer Weise der Orloffsche Entwurf, eine große Etappe des Wegs markieren, der zu der Entdeckung der Gestaltungsrechte führt.

III. Die Theorie des Gestaltungsrechts

Eine erschöpfende Darstellung der Theorie des Gestaltungsrechts würde den Rahmen dieser Arbeit sprengen. Es fragt sich daher, in welchem Umfang der Sinn dieser Arbeit eine Beschäftigung mit der Theorie des Gestaltungsrechts verlangt. Da untersucht werden soll, inwieweit das französische Recht die Rechtsfigur des Gestaltungsrechts kennt, ist die Beschäftigung mit der Theorie des Gestaltungsrechts insoweit zu rechtfertigen, als sie nötig ist, um die Konturen dieser Erscheinung zu gewinnen. Dabei wird nicht übersehen, daß die gesamte Lehre des Gestaltungsrechts in mehr oder weniger starkem Umfang daran beteiligt ist, diese Konturen zu zeichnen: Dennoch sind Probleme wie beispielsweise die der Verzichtbarkeit, der Vererblichkeit, der Übertragbarkeit, des Gestaltungsrechts weniger geeignet, das Wesen des Gestaltungsrechts zu erhellen.

Fenkart definiert das Gestaltungsrecht als „ein subjektives Privatrecht, durch welches seinem Träger die Macht, die Gestaltung eines konkreten Rechtsgebildes durch einseitigen Willensakt herbeizuführen, gewährleistet wird“[1].

1. Das Gestaltungsrecht als subjektives Recht

Das Gestaltungsrecht ist ein subjektives Recht. Die Möglichkeit, eine rechtliche Veränderung herbeizuführen, die allen Rechtssubjekten zur Verfügung steht, ist kein Gestaltungsrecht. Schon Zitelmann hat freilich erkannt, daß „die Grenze zwischen der allgemeinen und solcher speziellen Möglichkeit freilich eine fließende“[2] ist. Immerhin erlaubt die Eingliederung des Gestaltungsrechts in den größeren Rahmen des subjektiven Privatrechts den Ausschluß solcher rechtlichen Möglichkeiten, wie etwa des Rechts, Offerten zu machen[3], zu testieren, Stiftungen zu gründen, oder des Rechts, durch Vertrag einem Dritten unmittelbar ein Forderungsrecht zu verschaffen. So sprengt die Aneignung herrenloser Sachen, auf die niemand ein Anwartschaftsrecht hat, den Rahmen des Gestaltungsrechts, innerhalb dessen sich die Aneignung durch den Fischerei- und Jagdberechtigten durchaus be-

[1] *Fenkart*, a. a. O., S. 12.
[2] *Zitelmann*, a. a. O., S. 44.
[3] *Seckel*, a. a. O., S. 211.

wegt[4]. Die Konzeption des Gestaltungsrechts als Vorrecht macht es erst praktikabel.

Ebenso wie die allgemeinen rechtlichen Möglichkeiten sind auszuschließen die bloßen Voraussetzungen rechtlichen Könnens, die etwa „in der persönlichen Beschaffenheit des Subjekts liegen"[5]. Man mag hier an die Testier- oder die Ehefähigkeit denken.

2. Wirkung des Gestaltungsrechts

War bisher das Wesensmerkmal der Exklusivität betont worden, so soll nunmehr die Wirkung der Gestaltungsrechte insoweit untersucht werden, als es für die Abgrenzung erforderlich ist. In der Definition Fenkarts wird diese Wirkung als Gestaltung eines konkreten Rechtsgebildes bezeichnet. Diese Definition ist derjenigen Seckels[6] vorzuziehen, die nur die Gestaltung einer Rechtsbeziehung erfaßt, da die, wenn auch nicht zahlreichen Fälle, in denen das Rechtssubjekt sich durch die Gestaltung selbst vernichtet, in den Rahmen der Gestaltungsrechte fallen[7].

Die Gestaltungsrechte sind der Art ihrer Einwirkung auf das Rechtsgebilde nach entweder Begründungs-, Änderungs- oder Aufhebungs-, Vernichtungsrechte[8].

Allerdings ist nicht eindeutig, welchen Grad der Intensität der Einwirkung man verlangen soll. Diese Frage stellt sich bei der Einrede. Einerseits ist es vertretbar, die Einrederechte als Gestaltungsrechte aufzufassen, da auch die Lähmung fremder Rechte als gestaltende Wirkung aufgefaßt werden kann[9]: Die Wirksamkeit der Geltendmachung eines Anspruchs wird ganz oder teilweise ausgeschlossen. Andererseits stellt Seckel fest, daß „die gerichtliche oder außergerichtliche Ausübung der Einrede alles beim alten läßt, soweit Existenz und Ausübbarkeit des Anspruchs in Frage stehen, sie setzt nur den einzelnen Akt der Geltendmachung außer Wirkung"[10]. Dölle[11]

---

[4] *Zitelmann*, a. a. O., S. 48.

[5] *v. Tuhr*, a. a. O., S. 160.

[6] *Seckel*, a. a. O., S. 208.

[7] *Fenkart*, a. a. O., S. 12 Anm. 2, hat hier die Rechte der Mitgliederversammlung oder der Generalversammlung im Auge, den Verein, resp. die Gesellschaft aufzulösen.

[8] *Seckel*, a. a. O., S. 212.

[9] *Oertmann*, a. a. O., Vorbem. vor § 194, D Exk. I 2 b 8, ebenso *Walsmann*, a. a. O., S. 116; s. hierzu besonders auch *Jahr*, a. a. O., S. 293, der alle Einreden als Gestaltungsrechte betrachtet.

[10] *Seckel*, a. a. O., S. 216.

[11] *Dölle*, Entdeckungen, B 12.

verlangt von der Gestaltung den Charakter der Endgültigkeit. Ist die Einrede

> „nur die Befugnis, jedesmal der Geltendmachung des Hauptrechts zu widersprechen, dann hat sie lediglich temporäre Bedeutung und würde sich dadurch von den andern Befugnissen, welche wir als Gestaltungsrechte zu bezeichnen pflegen, erheblich unterscheiden".

Dölle führt jedoch nicht aus, warum die temporäre Bedeutung mit dem Gestaltungsrecht unverträglich ist. Der eigentlich tragende Gesichtspunkt ist derjenige der Konsumtionswirkung des Gestaltungsrechts. Die Konsumtion durch einmalige Ausübung gehört zum Wesen des Gestaltungsrechts. Indem das Rechtssubjekt gestaltet, erschöpft es das Recht zu gestalten[12, 13].

Dieser Maßstab entscheidet auch über Zugehörigkeit oder Nichtzugehörigkeit der Einreden zu den Gestaltungsrechten. *Jahr* sieht in den Einreden Gestaltungsrechte, da sie seiner Meinung nach das Kriterium der Konsumtion durch einmalige Ausübung erfüllen[14]. Nach Jahr widerspricht es dem Gesetz, in der Einrede nicht ein Leistungsverweigerungsrecht, sondern so viele Widerspruchsbefugnisse zu sehen wie Versuche der Geltendmachung des Rechts möglich sind.

Für die rechtsvernichtenden und rechtsaufhebenden Einreden ist das sicher zutreffend: sie erschöpfen sich durch einmalige Ausübung[15]. Eine Untersuchung darüber, inwieweit es dilatorische Einreden gibt, die nur die jeweilige Geltendmachung vereiteln, sich folglich durch die einmalige Ausübung nicht erschöpfen und demnach keine Gestaltungsrechte sind, kann hier nicht vorgenommen werden. Jedoch ist Dölles Meinung[16], prozessuale Erwägungen sprächen dafür, man möge für die Wirksamkeit der Einrede verlangen, daß sie jeweilig vorgebracht werde, wenn das Hauptrecht in seiner Geltendmachung gehemmt werden solle, in diesem Bereich nicht ohne weiteres von der Hand zu weisen.

3. Der Wille des Gestaltungsberechtigten

Bei der Ausübung des Gestaltungsrechts ist es der Wille des Rechtsinhabers, der auf das Rechtsverhältnis einwirkt. Ein solcher Wille ist aber erforderlich, damit von einem Gestaltungsrecht gesprochen

---

[12] *Bötticher*, Gestaltungsrecht und Unterwerfung, S. 5, 6.

[13] Über Unwiderruflichkeit des Gestaltungsrechts als Folge der Konsumtion s. unten S. 43. ff.

[14] *Jahr*, a. a. O., S. 294.

[15] *Bötticher*, Besinnung, S. 49.

[16] *Dölle*, Entdeckungen, B 13.

werden kann. Dieses Willenserfordernis ist bei der Qualifizierung zweier Erscheinungen bedeutsam, nämlich des Gestaltungsklagerechts und der Rechtsänderungen, die durch Ablauf einer bestimmten Zeit erfolgen.

Vorweg ist zu klären, welche Art von Willen gefordert wird, damit das ausgeübte Recht als Gestaltungsrecht qualifiziert werden kann. Ein rechtsgeschäftlicher Wille, der sich auf den bestimmten Erfolg richtet, ist dabei nicht nötig. Es ist sowohl denkbar, daß der Inhaber des Gestaltungsrechts den Erfolg der Ausübung nicht kennt, wie bei der Mahnung[17], wie auch, daß er ein anderes rechtliches Ziel im Auge hat[18]. Wenn der Gestaltungswille häufig ein rechtsgeschäftlicher Wille ist, so gibt es auch die Fälle, wo der Gestaltungswille nur auf einen naheliegenden praktischen Erfolg geht: Es genügt damit ein rechtsgeschäftsähnlicher Wille[19]. In jedem Fall muß aber ein Gestaltungswille bestehen und sich manifestieren.

a) Gestaltungsrecht und Warterechte

Nach *Nipperdey's* Meinung gehört zu den Gestaltungsrechten auch eine Rechtsmacht, „vermöge deren eine Rechtsänderung zu unseren Gunsten auch ohne unseren Willen eintritt“[20]. Eine derartige Zuordnung ist als Folge der Gedanken Enneccerus' zu verstehen, der im Rahmen der Erwerbsberechtigungen den ipso-iure-Erwerb dem an Willensäußerung oder sonstige Handlung angeknüpften gleichsetzen will[21]. Auch Zitelmann[22], der die Anwartschaften zu den Rechten des rechtlichen Könnens zählt, geht damit von dem Willenserfordernis ab.

---

[17] *L'Huillier,* a. a. O., S. 109 für die Mahnung nach Art. 102 Abs. 2, schweizerisches OR, die den Verzug entstehen läßt, unabhängig davon, ob der Mahnende diese Gestaltung im Auge habe.

[18] *L'Huillier,* a. a. O., S. 113 Anm. 64, wo die Fristsetzung nach Art. 107 Abs. 1 OR aufgeführt ist. Der Gestaltungsrechtsinhaber, der die Frist setzt, tut dies etwa, um Schadensersatz zu verlangen, nach Verstreichen der Frist kann er jedoch gemäß Art. 107 Abs. 2 OR den Vertrag auflösen.

[19] *L'Huillier,* a. a. O., S. 112: „Il exerce le droit formateur au moyen d'une action juridique analogue aux actes juridiques. Or, même dans ces cas exceptionnels la volonté formatrice doit exister et se manifester, bien qu'elle ne contienne pas la désignation de l'effet juridique prévue par la loi. Cet effet est, en quelque sorte, le résultat juridique involontaire d'un acte de volonté, ce qui n'est pas une absurdité, puisque la volonté qui se manifeste dans l'acte formateur tend — dans ces cas — non pas vers le but juridique du droit, mais vers le résultat pratique correspondant au désir du titulaire du droit formateur.“

[20] *Nipperdey* in *Enneccerus-Nipperdey,* a. a. O., § 73 I 3.

[21] *Enneccerus,* a. a. O., S. 601.

[22] *Zitelmann,* a. a. O., S. 50.

Die Gruppe dieser „Warterechte“[23], um einen weiteren Begriff als den der Anwartschaften zu gebrauchen, der beispielsweise auch die Stellung des Erben vor dem Tod des Erblassers erfaßt, könnte in den Begriff der Gestaltungsrechte eingeschlossen werden, da dieser Begriff nicht a priori existiert, sondern erst aus den rechtlichen Erscheinungen gewonnen werden muß. Eine solche Ausweitung der Gestaltungsrechte würde jedoch dazu führen, daß „die Eigenart der Gestaltungsrechte verändert und zwei grundsätzlich verschiedene Erscheinungen miteinander verknüpft werden“[24].

Die Eingliederung dieser rechtlichen Situationen in die Gestaltungsrechte würde der Unterscheidung zwischen Herrschafts- und Gestaltungsrechten nicht gerecht. Diese rechtlichen Situationen sind als Durchgangserscheinungen auf dem Weg zum Herrschaftsrecht bedeutsam, sei es, daß sie bereits rechtlich geschützt sind, oder daß dieser Schutz noch fehlt. Der Aspekt, unter dem sie betrachtet werden, ist der der Entwicklung zum Vollrecht, sie sind eine „Vorform“[25] eigenständiger Rechte, nicht aber kann man in ihnen „eigenständige Rechte von besonderem Charakter“ sehen[26].

Würdinger, der den Unterschied der Anwartschaft vom Gestaltungsrecht aufgezeigt hat, hat dogmatische Kriterien gebracht, die hier nützlich sind. Nach Würdinger verlangt ein Gestaltungsrecht zwei Normen, „eine, die das Gestaltungsrecht gewährt, die andere, die mit der Ausübung dieses Rechts einen bestimmten Rechtserfolg verbindet“[27], während die Anwartschaft sich als Zwischenstadium innerhalb einer einheitlichen Tatbestandskette darstellt[28]. Beim Gestaltungsrecht ist die „Abgabe der Erklärung die Realisierung der Rechtsfolge, d. h. die Ausübung des Gestaltungsrechts“, während die „Tatbestandselemente, die noch zur Anwartschaft hinzukommen müssen, damit das Recht entsteht, nicht eine Realisierung der Anwartschaft darstellen“[29]. Das gleiche gilt für die Warterechte: Auch hier sind die zur Entstehung des Vollrechts nötigen Tatbestandselemente nicht eine Realisierung des Warterechts. So ist die Absonderung des Warterechts von den Gestaltungsrechten in Übereinstimmung mit der h. L.[30] berechtigt.

---

[23] *Dölle*, Entdeckungen, B 11.
[24] *Fenkart*, a. a. O., S. 14.
[25] *Dölle*, Entdeckungen, B 12.
[26] *Dölle*, Entdeckungen, B 12.
[27] *Würdinger*, a. a. O., S. 79.
[28] *Würdinger*, a. a. O., S. 79.
[29] *Würdinger*, a. a. O., S. 78.
[30] Vgl. beispielsweise *Fenkart*, a. a. O., S. 13; *L'Huillier*, a. a. O., S. 103; *Dölle*, Entdeckungen, B 11; *Chiovenda*, a. a. O., S. 41 stellt in aller Kürze fest: „Il potere di costituire un diritto non può confondersi con un diritto che non esiste ancora.“

b) Gestaltungsrecht und Gestaltungsklagerecht

Diente das Willenserfordernis dazu, die Warterechte von den Gestaltungsrechten abzugrenzen, so ist es auch für die Frage des Verhältnisses von Gestaltungsrecht zum Gestaltungsklagerecht bedeutsam. Bei der Behandlung des Beitrags Zitelmanns war schon erwähnt worden, daß dieser Autor die Gestaltungsklagerechte zu den Gestaltungsrechten zählt. Ein Teil der Autoren[31] erhebt jedoch gegen eine derartige Einordnung Einwendungen.

Man könne, so wird geltend gemacht, nur von einem publizistischen Recht auf Gestaltung gegen den Staat sprechen, nicht aber von einem materiell-rechtlichen Gestaltungsrecht der Partei. *Henckel* formuliert dieses Recht auf Gestaltung als den „Rechtsschutzanspruch in seiner klassischen Form, den Anspruch auf positive Entscheidung, wenn die prozessualen und materiellen Rechtsschutzvoraussetzungen vorliegen"[32]. Allerdings fragt man sich, worin die materiellen Rechtsschutzvoraussetzungen zu sehen sind.

Kisch, der ebenfalls ein privatrechtliches Recht auf Gestaltung verneint, gesteht dem Willen des Klägers die Rolle einer Bedingung für den Eintritt des Gestaltungserfolgs zu, materielle Bedeutung habe der Wille des Klägers, in der Klage manifestiert, jedoch keineswegs[33].

Doch scheint es, daß von beiden Autoren ein materielles Gestaltungsrecht hier wieder eingeführt wird. Wenn Henckel von materiellen Rechtsschutzvoraussetzungen spricht, so sind diese doch nichts anderes als das Vorliegen einer gewissen Tatbestandssituation, die einem Rechtssubjekt eine Entscheidungsmöglichkeit gewährt, verbunden mit dieser Entscheidung selbst, so beispielsweise beim Recht auf Ehescheidung der Ehebruch des einen Ehepartners, der den andern zur Scheidung berechtigt, und der manifestierte Entschluß dieses anderen, die Scheidung herbeizuführen. Dieser manifestierte Entschluß ist eine Bedingung in der Terminologie Kischs, er ist kausal für den Gestaltungserfolg der Scheidung. Ist er kausal für einen materiell-rechtlichen Erfolg, so kann man ihm schwerlich materiell-rechtliche Bedeutung absprechen. Man trifft hier, gewollt oder ungewollt, auf die Umrisse des Gestaltungsrechts: Es ist die Rechtsmacht, unter gewissen tatbestandlichen Voraussetzungen eine Rechtsänderung herbeizuführen.

Das Gesetz selbst geht von einem Gestaltungsrecht aus, da im EheG ausdrücklich ein „Recht auf Scheidung" gewährt wird. Eben

---

[31] Vornehmlich *Kisch,* a. a. O., und *Henckel,* a. a. O.

[32] *Henckel,* a. a. O., S. 34.

[33] *Kisch,* a. a. O., S. 68.

dieses Beispiel des EheG wählt aber Henckel[34], um die Richtigkeit der „Identifizierungstheorie“, wie sie *Machleid* nennt[35], darzutun. Henckel geht davon aus, daß das EheG einmal von einem Recht auf Scheidung spricht, das andere Mal davon, daß der Berechtigte die Scheidung begehren könne. Henckel setzt nun das Recht auf Scheidung gleich mit dem Recht, die Scheidung zu begehren, und schließt, da dieses Begehren nur an den Staat gehen könne, daß es sich nur um ein Recht „gegenüber dem Gericht mit dem Inhalt“ handele, daß dieses „die Scheidung unter bestimmten Voraussetzungen auszusprechen habe“[36]. Damit sei es vom Rechtsanspruch nicht verschieden.

Die begriffliche Gleichsetzung des Rechts auf Scheidung und des Rechts, die Scheidung zu begehren, ist aber nicht gerechtfertigt. Sie ist die Folge einer vorgefaßten Meinung, das Recht auf Scheidung könne sich, wolle man es zivilrechtlich auffassen, nur gegen den anderen Ehepartner richten. Da man aber kein Recht auf Scheidung gegen den andern Ehegatten habe, da allein der Staat zur Vollziehung der Rechtsänderung verpflichtet und in der Lage sei[37], könne das Recht nur gegen den Staat gerichtet und müsse daher mit dem Rechtsschutzanspruch identisch sein.

Dabei wird übersehen, daß man ein Recht auf Scheidung gegenüber niemand hat: Das Wesen des Gestaltungsrechts ist es gerade, daß seine Zielrichtung nur die Gestaltung des Rechtsverhältnisses ist. Der Gestaltungsgegner ist nicht in einer Situation der Verpflichtung, sondern des „Abhängigseins, ja Unterworfenseins“[38].

Aufgrund dieser verschiedenen Zielsetzung des Rechts auf Scheidung, das auf die Veränderung der Rechtslage geht, und der Möglichkeit, die Scheidung zu begehren, die sich nur an die Gerichte adressieren kann, verliert auch die von Henckel gezogene Folgerung ihren Wert.

Überhaupt ist Henckel offenbar nur schockiert durch die Tatsache, daß in dem materiellen privaten Gestaltungsrecht die Rechtsschutz-

---

[34] *Henckel,* a. a. O., S. 33 ff.

[35] *Machleid,* a. a. O., S. 214.

[36] *Henckel,* a. a. O., S. 34.

[37] s. *Stein—Jonas—Schönke—Pohle,* Vorbem. II 3 vor § 253, auch *Henckel,* a. a. O., S. 34 betont, daß der Kläger die Scheidung nicht vom Beklagten begehren könne.

[38] *Bötticher,* Gestaltungsrecht und Unterwerfung, S. 7, *Messina,* a. a. O., S. 737 spricht von „soggezione“ des Gestaltungsgegners, *Boyer,* a. a. O., S. 26 von „sujétion“, *Hohfeld,* zitiert nach *Dölle,* Theoretische Jurisprudenz, S. 492 ff. von „liability“.

form vorgezeichnet ist[39]. Dies ist jedoch bei dem Leistungsanspruch nicht anders, wie auch Henckel[40] einräumt. Der Unterschied soll jedoch darin liegen, daß „der Leistungsanspruch als Ausdrucksform des materiellen Rechts auch seinen eigenen materiellen Wert" habe, was „für das angebliche Gestaltungsrecht bestritten werden" müsse. Nun kommt wieder die Erklärung: Da es sich nicht gegen den Beklagten richten könne, der allenfalls die vom Gericht ausgesprochene Gestaltung hinnehmen müsse, habe es keinen rechtlichen Wert. So wird deutlich, daß ein Mißverständnis des Wesens der Gestaltungsrechte Henckels Darlegung motiviert.

Soweit die Argumente aus der Schwäche des Berechtigten gezogen werden — der Grundeinwurf ist es ja, daß der Berechtigte nicht in der Lage sei zu gestalten, wie bei den allseits als Gestaltungsrechten anerkannten Kündigungs-, Anfechtungs-, Rücktrittsrechten —, beruht dies auf einer Verzerrung des Blickwinkels. *L'Huillier* stellt anschaulich dar, daß das Gestaltungsurteil der Schlußakt eines Prozesses ist, den man sich als Szene mit drei Personen vorzustellen hat: der Richter und die beiden Parteien. Jede der drei Personen wirkt irgendwie bei Erlaß des Gestaltungsurteils mit, doch allein der Wille des Klägers spielt eine entscheidende Rolle[41].

Nur bei dem Kläger liegt eine wirkliche Entscheidungsmöglichkeit; daß diese Entscheidung einer staatlichen Sanktionierung bedarf, tut dem keinen Abbruch. Dem Gericht fehlt der Spielraum: Bei Vorliegen des gesetzlichen Tatbestands hat es der Klage stattzugeben. Das Gewicht der Rolle des Klägers wird auch durch den Umstand unterstrichen, daß auch nach Urteilserlaß der Wille des Klägers „der Rückgrat der Konstituierung ist, wie sich aus der gemäß § 271 Abs. 3 Ziff. 1 ZPO (wenigstens mit Einwilligung des Beklagten) noch möglichen Klagerücknahme erweist"[42].

Gegen eine Überschätzung der richterlichen Stellung sagt bereits *Saleilles*, „daß auch dann, wenn die Entkräftigung eines Geschäfts die Form eines Gerichtsverfahrens annimmt, immerhin die Partei sie bewirkt und nicht der Richter (aus eigenem Antriebe). Dieser tut ja nichts als die Parteierklärung festzustellen und zu bestätigen"[43]. Die hauptsächliche richterliche Aufgabe auch bei dem zum Gestaltungs-

---

[39] *Henckel*, a. a. O., S. 33.

[40] *Henckel*, a. a. O., S. 33.

[41] *L'Huillier*, a. a. O., S. 127: „Il est remarquable toutefois que seule la volonté de l'un de ces personnages, à savoir celle du demandeur, joue un rôle décisif."

[42] *Bötticher*, Streitgegenstand im Eheprozeß, S. 82.

[43] *Saleilles*, Einführung, S. 113.

urteil führenden Weg ist deklarativer Natur, die Konstituierung des neuen Rechtszustandes tritt demgegenüber in den Hintergrund[44, 45].

Ein weiterer Grund spicht für die Eingliederung der nur klagweise durchsetzbaren Rechte in den Bereich der Gestaltungsrechte: der Grundsatz der Gleichbehandlung, den *de Boor* und *Rosenberg* in ihrer Argumentation heranziehen. Es ist abwegig, das Recht auf Anfechtung des Erbschaftserwerbes systematisch anders einzuordnen, je nachdem es durch Erhebung der Anfechtungsklage nach § 2342 BGB oder durch Erklärung gegenüber dem Nachlaßgericht nach § 2345 BGB geltend gemacht wird[46]; es ist abwegig, der Aufhebung der fortgesetzten Gütergemeinschaft einen anderen Rechtscharakter zuzuschreiben als der Aufhebung der allgemeinen Gütergemeinschaft, die durch Klage erfolgt[47].

Seckel leitete aus der Erkenntnis, daß ein Privatrecht zur Scheidung oder ein Recht zur Anfechtung des Erbschaftserwerbs der gerichtlichen Konstituierung zugrunde liegt, seine sog. Doppeltatbestandstheorie ab[48]; der Gestaltungseffekt entsteht durch die Verbindung des privatrechtlichen Rechtsgeschäfts mit dem Staatsakt. Nach Seckels Meinung ist das Gestaltungsurteil nun ein Schlag ins Wasser, wenn das zugrunde liegende Rechtsgeschäft fehlerhaft ist[49]. Wenn dieses Ergebnis die notwendige Folge der Doppeltatbestandstheorie wäre, so wäre sie allein damit zu widerlegen[50]. Auch das auf einer fehlerhaften materiellrechtlichen Basis ergangene Gestaltungsurteil hat jedoch die Gestal-

---

44 *Bötticher,* Streitgegenstand im Eheprozeß, S. 82. Am radikalsten legt *L'Huillier* das Gewicht auf die Feststellungsfunktion des Gestaltungsurteils, a. a. O., S. 134: „Le jugement formateur n'est pas autre chose, en définitive, que la constatation officielle des conditions de l'action formatrice et de sa mise en oeuvre." Zu den feststellenden Funktionen des Gestaltungsurteils siehe auch *Fenkart,* a. a. O., S. 121.

45 Zum französischen Recht hat *Mazeaud,* Distinctions, a. a. O., S. 20, eine Einführung der deklaratorischen Momente in das Gestaltungsurteil anerkannt: „On peut dire également que tout jugement constitutif est pour partie déclaratif . . . le jugement constate . . . le droit du mari de demander le divorce. Il est par là déclaratif." Dennoch bleibt das Scheidungsurteil hauptsächlich konstitutiv, da die Feststellung nur die Vorbereitung der Gestaltung sei; a. a. O., S. 21: „En tranchant le litige le juge ne fait que préparer l'établissement de la situation nouvelle qu'il va constituer. Le jugement reste donc avant tout constitutif."

46 *Rosenberg,* a. a. O., S. 412.

47 *de Boor,* a. a. O., S. 273; später wendet sich allerdings *de Boor* (Gerichtsschutz und Rechtssystem, Leipzig 1941) der Meinung zu, der Gestaltungskläger habe nichts anderes als das Recht, „daß das Gericht ein Urteil bestimmten Inhalts gegen einen bestimmten Beklagten gewähren werde" (S. 59).

48 *Seckel,* a. a. O., vor allem S. 239 ff.

49 *Seckel,* a. a. O., S. 243, 244.

50 *Machleid,* a. a. O., S. 215.

tungswirkung, daß sie eine Folge der formellen Rechtskraft des Urteils ist[51].

Über die Gültigkeit eines Gestaltungsurteils dürfen Zweifel jedoch nicht bestehen, gerade wenn man an Statusentscheidungen[52] denkt Der rechtskräftige Urteilsspruch führt daher in jedem Fall die Eheauflösung herbei und zwar durch das „konstitutive Element des Urteils"[53]. Das Urteil leitet seine Gültigkeit von der „sachlich-, namentlich bürgerlich-rechtlichen Norm ab", zu deren Tatbestand das Gestaltungsurteil gehört[54].

Daran schließlich sich zu stoßen, daß das Gestaltungsklagerecht nicht durch Rechtsgeschäfte ausgeübt wird wie das gewöhnliche Gestaltungsrecht, besteht kein Grund. Bereits *von Tuhr* hat erkannt, daß Seckels Annahme[55], alle Gestaltungsrechte würden durch Rechtsgeschäft ausgeübt, nicht zutreffend ist, soweit es sich um das Gestaltungsklagerecht handelt[56]. Nach von Tuhr ist die Klage „ausschließlich prozessuale und daher nach den Vorschriften des Prozesses zu beurteilende Handlung; daß sie zugleich materielle Wirkung hat und zur Ausübung eines Gestaltungsrechts dient, verleiht ihr nicht den Charakter eines Rechtsgeschäfts". Die Klageerhebung ist lediglich Willensakt, durch die der Berechtigte sein Gestaltungsrecht ausübt[57].

Bei den bisherigen Ausführungen war bewußt außer acht gelassen worden, daß der Begriff des Gestaltungsurteils nicht eindeutig ist. Neben dem Gestaltungsurteil im engeren Sinn, auf das sich die bisherigen Darlegungen bezogen, das durch das Fehlen eines Handlungsermessens des Richters gekennzeichnet ist, gibt es auch Gestaltungsurteile im weiteren Sinn, die Urteile im sog. Regelungsstreit[58], bei denen der Richter selbst anstelle der Parteien eine vertragliche Regelung setzt. Hier ist der Richter schöpferisch tätig: Beispiele für diese Urteile sind die Herabsetzung einer verwirkten Vertragsstrafe auf einen angemessenen Betrag (§ 343 Abs. 1 Satz 1 BGB), sowie die Herabsetzung einer unbilligen Leistungsbestimmung seitens des Vertragspartners oder des Dritten durch das Gericht (§§ 315 Abs. 3 Satz 2,

---

[51] *Rosenberg*, a. a. O., S. 412.

[52] Vgl. über die Bedeutung von Statusentscheidungen im französischen internationalen Verfahrensrecht unten. Ausblick II 2.

[53] *Bötticher*, Besinnung, S. 57, wo auch in Anm. 35 darauf hingewiesen wird, daß die Vollstreckungsgegenklage gegen das Ehescheidungsurteil und andere Rechtsgestaltungsurteile versagt wird.

[54] *Rosenberg*, a. a. O., S. 412.

[55] *Seckel*, a. a. O., S. 229.

[56] *von Tuhr*, a. a. O., S. 156, besonders Anm. 78.

[57] *L'Huillier*, a. a. O., S. 133.

[58] *Bötticher*, Gestaltungsrecht und Unterwerfung, S. 16.

319 Abs. 1 Satz 2 BGB). Es fragt sich, ob man diese Urteile als Gestaltungsurteile im technischen Sinn bezeichnen soll. L'Huillier[59] sucht für entsprechende Erscheinungen des schweizerischen Rechts[60] darzutun, daß auch bei derartigen Herabsetzungsurteilen der Richter kein wirkliches Handlungsermessen habe, da er an objektive Grundsätze gebunden sei.

Dennoch scheint es, daß auch diese objektiven Grundsätze mehrere Entscheidungsmöglichkeiten gewähren, so daß den Entscheidungen das Merkmal des Schöpferischen eignet[61], das den eigentlichen Gestaltungsurteilen fremd ist. So liegt es nahe, mit Kisch diese sog. „festsetzenden Urteile"[62] von den Gestaltungsurteilen abzuheben.

Zwar wirkt der Richter hier auch gestaltend, das Handlungsermessen, das er hat, ist jedoch den echten Gestaltungsurteilen fremd. So werden hier als Gestaltungsakte nur diejenigen rechtlichen Erscheinungen bezeichnet, bei denen „dem Richter keine Wahl zwischen verschiedenen Gestaltungsmöglichkeiten"[63] zusteht.

Andererseits ist es nötig, daß der Richter durch die Vornahme oder Nichtvornahme der Gestaltung eine neue Rechtssituation schafft. Dies scheidet Erscheinungen wie das Schadenersatzurteil[64] aus dem Bereich der Gestaltungsurteile aus, da hier „auch der Höhe nach der Richter das Recht findet und es nicht neu hervorbringt"[65].

4. Der Gestaltungsgegner

Schon oben war die Rolle des Gegners des Gestaltungsberechtigten kurz angeschnitten worden. Dem an die Konstruktion des materiellen Anspruchs gewohnten Denken ist es befremdlich, den Gestaltungsgegner nicht zu einem Tun oder Unterlassen verpflichtet zu sehen. Immerhin taucht das Problem des Gestaltungsgegners dort nicht auf, wo nur „die eigene Rechtssphäre des Gestaltungsberechtigten berührt wird"[66], d. h. bei den sog. Zugriffsrechten.

---

[59] *L'Huillier,* a. a. O., S. 136.

[60] Herabsetzungsklagen nach den Art. 417, 254 Abs. 2, 255 Abs. 1 OR.

[61] siehe dazu *Heldrich,* a. a. O., S. 283. *Heldrich* glaubt, aus diesem Problem schließen zu müssen, daß der Begriff des richterlichen Gestaltungsakts „keinen in der Rechtssprache feststehenden Inhalt hat", a. a. O., S. 280.

[62] *Kisch,* a. a. O., S. 112 ff.

[63] *Bötticher,* Gestaltungsrecht und Unterwerfung, S. 16.

[64] a. A. zu Unrecht *OLG Hamm,* MDR 1948, S. 281, 282: „Solange nicht die Höhe der Entschädigung durch Urteil festgelegt war, lag eine auf eine bestimmte Geldsumme lautende Forderung nicht vor."

[65] *Rothe,* a. a. O., in seiner Besprechung des zitierten Urteils des OLG Hamm.

[66] *Seckel,* a. a. O., S. 213, dort die Einteilung in Eingriffs- und Zugriffsrechte, die allgemein angenommen ist, z. B. *Messina,* a. a. O., S. 743.

Die größere Zahl der Gestaltungsrechte sind jedoch Eingriffsrechte, d. h. eine fremde Rechtssphäre wird mit einbezogen. Hier taucht die Figur des Gestaltungsgegners auf, der als „Subjekt des fremden Rechtskreises, in welchem sich das Gestaltungsobjekt als Teilstück befindet“[67] zu definieren ist.

Der Gestaltungsgegner befindet sich in einer Unterwerfungssituation, d. h. einer rechtlichen Lage, die keine Mitwirkung seines Willens noch irgendein Verhalten seinerseits verlangt[68]. Der fehlenden Verpflichtung zur Mitwirkung entspricht die fehlende Möglichkeit zur Einwirkung.

Zwischen Gestaltungsberechtigtem und Gestaltungsgegner besteht ein natürlicher Interessengegensatz; die Gestaltung findet zugunsten des einen, zu Lasten des anderen Rechtssubjekts statt[69]. Dieser Interessengegensatz ist auch der Grund dafür, daß Gestaltungsgegner und Gestaltungsberechtigter nicht austauschbar sind. Der Gegensatz ist rechtlicher, muß nicht notwendig zugleich wirtschaftlicher Natur sein[70]. Diese Überlegungen führen dazu, das Rechtsinstitut der Vollmacht aus den Gestaltungsrechten auszuschließen, die von Zitelmann[71] als Recht des rechtlichen Könnens bezeichnet wird. Könnte man noch an eine Unterwerfungssituation des Vollmachtgebers denken, so fehlt es an dem typischen Interessengegensatz; „der Vertreter steht ja für den Vertretenen da und wahrt nach dem Sinn der Institution dessen Interessen“[72], ebenso sind Vertreter und Vertretener austauschbar, während eine Gestaltungserklärung nicht auch vom Gestaltungsgegner abgegeben werden kann[73].

Schließlich ist bei den Eingriffsrechten — nur in diese Kategorie der Gestaltungsrechte ließe sich die Vollmacht einordnen — vorgegeben, daß sich die Gestaltungserklärung an den Gestaltungsgegner richtet. Davon kann jedoch bei der Vollmacht keine Rede sein: Hier wird die Rechtssituation durch eine rechtlich relevante Handlung zwischen dem Vertreter und dem Dritten[74] modifiziert.

---

67 *Fenkart*, a. a. O., S. 41.

68 *Chiovenda*, a. a. O., S. 41: „La soggezione é uno stato giuridico che non richiede il concorso della volontá del sogetto nè alcun suo contegno.“

69 *Chiovenda*, a. a. O., S. 41: „Ma tutti (erg. diritti potestativi) hanno di commune di tendere alla produzione di un effetto giuridico a favore di un soggetto e a carico di un altro.“

70 Dies betont beispielsweise *Hohfeld* für die „liability“, zitiert nach *Dölle*, Theoretische Jurisprudenz, S. 499.

71 *Zitelmann*, a. a. O., S. 44.

72 *Bötticher*, Gestaltungsrecht und Unterwerfung, S. 11.

73 *Bötticher*, Gestaltungsrecht und Unterwerfung, S. 12.

74 *Seckel*, a. a. O., S. 217 lehnt das Vertretungsrecht als Gestaltungsrecht ab, da es nicht notwendigerweise durch einseitige Willenserklärung ausgeübt werde. Es scheint, daß *Seckel* trotz der nicht ganz klaren Formulierung das

IV. Das Wesen des Gestaltungsrechts und die gedanklichen Voraussetzungen für die Bildung des Begriffs des Gestaltungsrechts

War bisher versucht worden, von außen die Konturen des Gestaltungsrechts herauszuarbeiten und es von benachbarten Rechtsinstituten abzugrenzen, so sollen nun die geistigen Voraussetzungen geprüft werden, die die Bildung dieses Begriffs ermöglichen. Hierbei verdienen zwei Komplexe die größte Aufmerksamkeit: einmal der Selbsthilfegedanke, zum anderen die Konstruktion des einseitigen Rechtsgeschäfts in ihrer Auswirkung auf die Begriffsbildung des Gestaltungsrechts.

1. Gestaltungsrecht und Selbsthilfe

a) Die Selbsthilfe und ihre Verbindung mit dem Gestaltungsrecht

Mit dem Begriff der Selbsthilfe werden zunächst Gedanken an ein tatsächliches Eingreifen des die Selbsthilfe Ausübenden in die reale Umwelt verknüpft. Dabei ist es von sekundärer Bedeutung, ob man den Begriff technisch nach § 229 BGB als „eigenmächtige Sicherung oder Befriedigung eines Anspruchs durch Angriffshandlungen“[1] verwendet oder nach dem alten gemeinrechtlichen Sprachgebrauch auch die Fälle der Selbstverteidigung wie Notwehr und Notstand miteinbezieht.

Beiden Begriffen ist das Eingreifen in die tatsächliche Welt gemeinsam[2]. Diese Selbsthilfe ist eine Erscheinung archaischen Rechtsdenkens und wird von der gegenwärtigen Rechtsauffassung nur in Ausnahmefällen unter gewissen Voraussetzungen geduldet.

Nun muß nicht notwendigerweise der Begriff der Selbsthilfe auf tatsächliches Gebiet beschränkt werden. Die Rechtsordnung kann dem Rechtssubjekt gestatten, zum Schutz und zur Förderung seiner Interessen durch eigene Macht die rechtliche Situation zu gestalten. Die

---

Richtige gemeint hat. Eine ähnliche Argumentation dürfte auch hinsichtlich der Verfügungsrechte am Platze sein; *Seckel* schließt auch sie von den Gestaltungsrechten aus; dagegen *Oertmann*, a. a. O., Vorbem. vor § 194, D, Exk. I 2 a β.

[1] s. dazu *Lorenz*, a. a. O., S. 406.

[2] So ist es verständlich, daß es versucht wurde, so von *Heyer*, a. a. O., S. 57, die Selbsthilfe als Rechtsdurchsetzung zu deklarieren und sie der Rechtsausübung gegenüberzustellen. Die regelmäßige Rechtsdurchsetzung erfolgt durch die staatliche Zwangsvollstreckung, sie ist nur „ausnahmsweise in die Hand der Privaten gelegt“ (*Heyer*, a. a. O., S. 57). *Nipperdey* in *Enneccerus-Nipperdey*, a. a. O., § 242 Anm. 4, weist jedoch darauf hin, daß die „Bezeichnung der Selbsthilfe als einer Vollstreckung in den wichtigsten Fällen nicht zutrifft“, wie *Nipperdey* in § 242 III 1—3 ausführt.

Zweiteilung in aggressive und defensive Selbsthilfe, die im Bereich der tatsächlichen Selbsthilfe vernünftig erscheint, ist in dem der rechtlichen nicht sinnvoll, da die rechtliche Veränderung als solche weder aggressiven noch defensiven Charakter hat. Zweckmäßiger ist die Aufgliederung in Eingriffs- und Zugriffs-Selbsthilferechte, wobei die ersteren auch die Rechtssphäre eines anderen berühren, z. B. als Reaktion auf die Leistungsstörungen oder Störungen des Vertrags, während die zweiten nur die Rechtssphäre des Selbsthilfeberechtigten berühren[3] wie z. B. die Aneignung des Wilds durch den Jagdberechtigten oder der Fische durch den Fischereiberechtigten[4].

Während die Selbsthilfe auf tatsächlichem Gebiet durch die Ausbreitung des Gerichtsschutzes zurückgetreten ist, hat sie sich auf rechtlichem Gebiet entfaltet und an Bedeutung zugenommen. *Neubecker* stellt diese Erscheinung mit den Worten fest:

> „Die Entwicklung führt einerseits zur Einschränkung der physischen körperlichen Eigenmacht mit stets erweiterter Verstaatlichung des Rechtszwanges und der Rechtsverwirklichung, andererseits von der rechtsgeschäftlichen Staatshilfe zur rechtsgeschäftlichen Selbsthilfe[5].“

So war oben gezeigt worden, daß erst in der zweiten Hälfte des 19. Jahrhunderts die rechtsgeschäftliche Selbsthilfe einen größeren Umfang erlangen konnte. Das Rechtssubjekt erhält die Möglichkeit, ohne Hinzutritt einer dritten Person, insbesondere ohne Mitwirkung der staatlichen Gewalt, die Rechtssituation zu modifizieren. Die Selbsthilfe ist hier möglich, weil „der Berechtigte nicht in den Raum hinabzusteigen braucht, in dem sich hart die Sachen stoßen“[6].

Das Gestaltungsrecht, soweit es der gerichtlichen Durchsetzung entraten kann, hat den Charakter der rechtlichen Selbsthilfe[7]. Die Faszination des Gestaltungsrechts geht von seinem generellen Selbsthilfe-

---

[3] *Seckel*, a. a. O., S. 213 für die Gestaltungsrechte.

[4] Man könnte natürlich in Erwägung ziehen, ob nicht die Zugriffs-Selbsthilferechte den Begriff der Selbsthilfe sprengen, und das Axiom aufstellen, daß Selbsthilfe immer nur Reaktion auf ein Geschehen außerhalb des Selbsthilfeberechtigten sein kann. Jedoch ist das Hauptmerkmal der Selbsthilfe die Nichtinanspruchnahme staatlicher Hilfe, so daß man eine derartige Einschränkung nicht vorzunehmen braucht.

[5] *Neubecker*, a. a. O., S. 37.

[6] *Böttioher*, Besinnung, S. 43.

[7] Erinnert man sich hier an die *Heyer*sche Beschränkung der tatsächlichen Selbsthilfe auf Rechtsdurchsetzung, so ist doch die Ausübung des Gestaltungsrechts gleichzeitig Rechtsdurchsetzung und Rechtsausübung: Das Kriterium *Heyers* ist damit für die rechtliche Selbsthilfe unanwendbar. Der Ausübungscharakter zeigt sich darin, daß die Ausübung das Gestaltungsrecht konsumiert, der Durchsetzungscharakter führt zur unmittelbaren Veränderung der Situation.

charakter aus, der teilweise sogar als dezidiert germanischen Ursprungs gefeiert wird[8].

Die Umwandlung des Anfechtungsrechts in ein Selbsthilfegestaltungsrecht erlaubte Zitelmann die Entdeckung des Begriffs. Die Betonung des Elements der Selbsthilfe ist dadurch gerechtfertigt, daß die typischen wie auch die Ur-Gestaltungsrechte Selbsthilfegestaltungsrechte sind. So ist es von Interesse, die Kriterien zu finden, die für eine Abgrenzung der Selbsthilfegestaltungsrechte und solcher mit gerichtlicher Durchsetzung maßgebend sind.

Die Vorzüge der Selbsthilfe liegen in „einer sehr einfachen, mit einer erheblichen Ökonomie juristischer Kräfte verbundenen Technik"[9], in Schnelligkeit und Kostenersparnis gegenüber dem Weg der gerichtlichen Geltendmachung.

Auch unter dem Gesichtspunkt des Schutzes der anderen Partei ist das System der Gestaltungserklärung demjenigen des Gestaltungsurteils nicht eindeutig unterlegen. Innerhalb des Klagesystems hat der Gestaltungsberechtigte bis zur klag- oder einredeweisen Geltendmachung des Gestaltungsrechts völlige Freiheit; spricht er formlos die bloße Absicht aus, gestalten zu wollen, so fehlt dem jeder Effekt, dieser ist erst an die gerichtliche Geltendmachung geknüpft[10]. *Bötticher* spricht von dem Festlegungsmoment des Gestaltungsrechts[11].

---

[8] *Neubecker,* a. a. O., S. 42: „Der Gedanke, der selbstherrlichen, autonomen Umstoßung eines überhaupt umstoßbaren Geschäfts ist germanisch; das bürokratische Bedürfnis staatlicher Hilfe ist römisch und vom römischen Recht in die romanischen Rechte übergegangen."

Almén, a. a. O., Bd. 1 S. 277 stellt dem nordischen Rechtsempfinden des französische gegenüber: „Dort gilt . . . der für nordische Rechtsanschauung noch befremdlichere Grundsatz, daß das Aufhebungsrecht ohne besonderen Vorbehalt nur dadurch ausgeübt werden kann, daß der Betreffende bei Gericht verlangt, der Vertrag möge für aufgelöst erklärt werden." Ebenso in Bd. III S. XLII, XLIII: „. . . der Unterschied der germanischen und romanischen Rechte, indem die ersteren grundsätzlich formlose und eigenmächtige Lösungen zulassen, die letzteren dagegen auf dem Prinzip obrigkeitlicher restitutio in integrum stehen."

Nach *Lorenz,* a. a. O., S. 402, war das „deutsche Rechtsbewußtsein der Selbsthilfe weniger abgeneigt" als etwa das römische, was für einen Vergleich des germanischen mit dem klassischen und justinianischen römischen Recht aus Entwicklungsgründen sicher zutrifft.

[9] *Schwarz,* a. a. O., S. 562.

[10] *Saleilles,* Déclaration de volonté, S. 361: „Le plus gros inconvénient de cet état de choses était que les menaces les plus formelles et les plus réitérées, de la part de celui qui eût droit à l'annulabilité, les affirmations de sa part les plus précises de l'existence d'un vice qui rendît l'acte annulable, et assurance donnée par lui de vouloir invoquer cette cause d'annulabilité, ne constituaient aucune option définitive et ne l'engageaient à rien, tant qu'il n'avait donné à ses prétentions la forme d'un procédé judiciaire."

[11] *Bötticher,* Besinnung, S. 72, Anm. 62.

Zwar kann man argumentieren, im System der Gestaltungserklärung sei die Unsicherheit nur verschoben, insofern als der Gestaltungsgegner, der die Gestaltung nicht anerkennt, durch seine Gegengestaltungsklage die Rechtslage erneut unsicher gestalten und eine Konsolidierung verhindern könne. Sicher eröffnet sich nach der Gestaltungserklärung des Gestaltungsberechtigten eine Periode der Unsicherheit, deren Dauer von dem Willen des Gestaltungsgegners abhängt. Hier bezieht sich die Unsicherheit nur darauf, ob die Gestaltung berechtigt war, während sie sich im Klagesystem auf die Option des Gestaltungsberechtigten selbst bezog[12].

Wägt man diese Arten der Unsicherheit gegeneinander ab, so ist wohl diejenige über die Wahl des Berechtigten unterträglicher, während hinsichtlich der Berechtigung zur Gestaltung jederzeit eine gerichtliche Feststellung auf Klage einer der Parteien hin Klarheit schaffen kann[13].

Man denkt auch daran, daß das Gestaltungsurteil eine unsaubere Konstruktion ist, da, wie oben schon angedeutet, der Richter weniger gestaltet als die Gestaltung der Partei registriert[14].

Angesichts dieser Vorteile der Selbsthilfe fragt es sich, welche Erwägungen dazu geführt haben, bei einem Teil der Gestaltungsrechte den Selbsthilfegedanken auszuschalten und auf gerichtlicher Mitwirkung zu bestehen.

Immerhin ist es verständlich, daß die Garantien des Prozesses, die Kontrollmöglichkeiten der gerichtlichen Ausübung vorteilhaft sein können. So schreibt Fenkart[15], die Gestaltungsklage sei dort am Platze, wo die Vorbedingungen der Gestaltung ungenau oder kompliziert seien oder wo der Ausübungsberechtigte vor übereiltem Handeln geschützt werden solle. Kurz gesagt: Es handelt sich um eine Kontrolle des Gestaltungsberechtigten. Eine derartige Kontrolle kann drei

---

[12] So *Saleilles*, Déclaration de volonté, S. 363: „Elle (erg. l'incertitude) ne porte que sur la légitimité de l'annulation et non sur l'option qui la concerne."

[13] *Saleilles*, Déclaration de volonté, S. 363.

[14] *Saleilles*, Déclaration de volonté, S. 361: „D'autre part on pouvait se dire si l'on allait au fond des choses que l'intervention de la justice répondait à une conception inexacte, puisque, à supposer les conditions de la nullité fixées objectivement par la loi, le juge n'a plus aucun droit d'appréciation et qu'il ne puisse qu'enregistrer la décision de la partie intéressée, maîtresse de son choix et libre de se prononcer entre l'annulation et la confirmation."

Ebenso *Messina*, a. a. O., S. 743, Anm. 11: „In questi casi la sentenza dovrà in primo luogo accertare l'esistenza del diritto potestativo alla costituzione, modificazione od estinzione del rapporto giuridico come in tutti i casi di sentenza giuridica."

[15] *Fenkart*, a. a. O., S. 119.

Gründe haben: das eigene Interesse des Gestaltungsberechtigten, dasjenige des Gestaltungsgegners oder den ordre public[16].

Soweit das Interesse des Gestaltungsberechtigten und des Gestaltungsgegners im Spiele ist, sind die Gefahren abzuwägen, die die ohne Gericht vorgenommene Rechtsausübung für die betroffenen Personen mit sich bringt[17].

Sicherlich wiegt eine rein vermögensrechtliche Folge leichter als eine, die auch auf familien- oder personenrechtlichen Bereich übergreift. Man wird die Trennungslinie zwischen den Selbsthilfegestaltungsrechten und den Gestaltungsklagerechten, soweit nicht der ordre public den staatlichen Eingriff ohnehin fordert, danach zu ziehen haben: Wo mehr Sicherheit für den Schuldner erforderlich ist, wo eine langsame Prozeßführung diesem Zwecke eher dienlich ist, soll der staatliche Eingriff dominieren; wo es dagegen auf die Geschwindigkeit ankommt, auf die rasche Zugriffsmöglichkeit des Gläubigers, wo die geringen Kosten eine Rolle spielen, soll die Selbsthilfe zum Zuge kommen[18]. Die Funktion des Richters ist mehr als bloß, Sicherheit zu gewähren, die Rechtsprechung ist auch „l'oeuvre dans laquelle on tente de canaliser la vie sociale"[19], so daß die Gesichtspunkte der Unabhängigkeit, Einfachheit und Geschwindigkeit nicht zu gering einzuschätzen sind.

---

[16] Die kompliziertere Aufschlüsselung *Tomsons,* a. a. O., S. 204—207, zieht sechs Gründe für die Kontrolle heran:
1. Schwierigkeit, a priori alle Möglichkeiten vorherzusehen, derart, daß der Tatbestand unpräzise gefaßt wird, wodurch für den Berechtigten Schwierigkeiten bei der Ausübung entstehen, so beispielsweise beim Ausschluß eines OHG-Gesellschafters oder bei der Herabsetzung einer übermäßigen Leistung;
2. Schutz der Interessen abwesender Personen, so beim Ausschlußurteil im Aufgebotsverfahren;
3. Publizität des gerichtlichen Urteils, da häufig die Öffentlichkeit Interesse an rechtlichen Veränderungen hat, so bei der Auflösung der Gesellschaft oder dem Ausschluß eines Gesellschafters;
4. Größere Sicherheit, die durch die Mitwirkung der Gerichte gewährleistet ist;
5. Fälle, wo der ordre public berührt ist, z. B. bei der Scheidung oder der Modifizierung von Güterrechtsverträgen;
6. Gründe der Moral, wobei ebenfalls die Scheidung angeführt wird.

Bei der Betrachtung dieser Gründe ist zunächst Grund Nr. 2 zu eliminieren, da beim Aufgebotsverfahren kein Gestaltungsrecht ersichtlich ist und die Wahl zwischen Selbsthilfegestaltung und klagweiser Gestaltung hier nicht zur Debatte steht. Hinsichtlich des Grundes Nr. 3 ist zu sagen, daß gerade die Publizität durch andere Formerfordernisse als das Urteil in der Regel besser erreicht wird, etwa durch Registereintragungen. (Zur gerichtlichen Mitwirkung, betrachtet als Formerfordernis, siehe unten 4. Teil IV 2 c bb). Die Gründe Nr. 1, 4, 5 und 6 schließlich gehen in der Dreiteilung des Textes auf; zumal zwischen Grund Nr. 5 und 6 ist ein klare Trennung wohl schwer möglich.

[17] *L'Huillier,* a. a. O., S. 105.

[18] So *Demogue,* Notions, S. 643 über die Abgrenzung der Selbsthilfe.

[19] *Demogue,* Notions, S. 643.

Wägt man insgesamt die Gesichtspunkte der Sicherheit mit denjenigen der Schnelligkeit und Kostenersparnis ab, so gilt, was *Demogue* bereits im Jahr 1911 ausgeführt hat, in erhöhtem Maße für die gegenwärtigen Zustände:

> „Si la justice d'Etat avec son organisation savante peut donner de meilleurs résultats, si elle peut offrir plus de sécurité, elle présente moins de rapidité, de souplesse. Si elle est devenue savante, elle est en même temps devenue si complexe, ses prescriptions multiples ont tant perdu de cette simplicité . . . qu'on ne saurait négliger de ce fait la popularité acquise par cette expression: le maquis de la procédure[20]."

b) Folgen der Verbindung von Gestaltungsrecht und Selbsthilfe

Die Verbindung des Gestaltungsrechts mit der Selbsthilfe hat zwei Charakterzüge im Gefolge: Die Unwiderruflichkeit[21] sowie die Bedingungsfeindlichkeit des Selbsthilfegestaltungsrechts. Die Probleme des Widerrufs der Gestaltung sowie der Bedingungsverträglichkeit sind außerordentlich vielgestaltig, so daß hier nur die Grundprinzipien aufgeführt werden, soweit sie in Zusammenhang mit dem Gedanken der Selbsthilfe stehen.

aa) Bedingungsfeindlichkeit

Das rechtliche Können des Rechtssubjekts, auf eine Rechtslage einzuwirken, ohne daß eine staatliche Behörde hinzugezogen würde, stellt sich in dessen Hand als eine starke Machtposition heraus, die bei Eingriffen in die Rechtssphären Dritter gravierend sein kann[22]. In jedem Fall müssen daher solche Eingriffe eindeutig sein und dürfen nicht

---

[20] *Demogue*, Notions, S. 624.

[21] Natürlich ist es denkbar, die Unwiderruflichkeit an den Charakter als einseitige Willenserklärung anzuknüpfen, wie dies *Martin de la Moutte*, a. a. O., S. 311 ff. tut. Andererseits zeigt jedoch das Beispiel der Ausnahmen, in denen einseitige Rechtsgeschäfte widerruflich sind, wie Testament (Art. 1035 ff. C. civ.), Emanzipation (Art. 477 ff., 485 C. civ.) und Verzicht auf die Erbschaft (Art. 790 C. civ.), daß es sich hier im ersten Fall um kein Gestaltungsrecht, in den beiden anderen wegen der nötigen Formerfordernisse um keine Selbsthilfegestaltungsrechte handelt, so daß die Anknüpfung der Unwiderruflichkeit an den Selbsthilfecharakter begründet erscheint.

[22] Dennoch ist es wohl nicht zutreffend, in einem Ungleichgewicht die Besonderheit des klagelosen Gestaltungsrechts gegenüber der Gestaltungsklage zu sehen, wie dies *Tomson*, a. a. O., S. 11, 12 tut: „La grande différence entre ces deux modifications réside dans le fait qu'il n'y a pas rupture d'équilibre lorsque la situation est modifiée par jugement tandis qu'on constate une nette rupture d'équilibre entre les contractants lorsque la situation juridique est modifiée par une déclaration unilatérale de volonté."

einen Schwebezustand schaffen. Typisch für die Verknüpfung einer Rechtsausübung mit einer Bedingung ist aber das Entstehen eines Schwebezustandes. Daher fordert der Schutz des Gestaltungsgegners ganz eindeutig, daß die Gestaltung ohne Bedingung erfolgt und nicht etwa einen Schwebezustand aufrecht erhält, dessen Beseitigung der Sinn der Ausübung des Gestaltungsrechts sein soll[23]. Die Berücksichtigung des Schutzinteresses des Gegners macht andererseits solche Bedingungen zulässig, „die sich mit den billigen Interessen des Gegners vereinbaren lassen"[24, 25].

bb) Unwiderruflichkeit

Das Problem des Widerrufs des Gestaltungsrechts ist einer ähnlichen Lösung zugänglich. Der Widerruf ist selbst ein Gestaltungsrecht. Für die Ausübung jedes Gestaltungsrechts ist Voraussetzung eine Norm, die es gewährt und die tatbestandlichen Voraussetzungen beschreibt. Eine derartige Norm fehlt aber regelmäßig[26] für den Widerruf von Gestaltungsrechten. Dies wird damit erklärt, daß die Unwiderruflichkeit "eng mit der Natur der Gestaltungsrechte verbunden ist"[27]. Die Rechtsposition des Gestaltungsberechtigten wird durch die Ausübung des Gestaltungsrechts konsumiert: Ist der Eingriff erfolgt, so kann er grundsätzlich nicht rückgängig gemacht werden.

Allerdings kann man nur bei den sogenannten Selbsthilfegestaltungsrechten davon sprechen, daß der Eingriff wirklich erfolgt ist. Ist noch eine gerichtliche Mitwirkung nötig, so braucht das Vertrauen des Gegners noch nicht geschützt zu werden[28, 29].

Dem entspricht auch, daß bei Fehlen einer noch erforderlichen Zustimmung einer dritten Stelle, besonders einer Behörde, so nach § 14 des Schwerbeschädigtengesetzes, ein Widerruf möglich sein wird.

---

[23] *Fenkart*, a. a. O., S. 87 unter Heranziehung folgender Beispiele aus dem BGB: §§ 388, 925 (Beispiele, die unrichtig sind, da es sich nicht um ein Gestaltungsrecht handelt), 1723, 1724, 1742 (die Adoption kann nicht als Gestaltungsrecht bezeichnet werden), 2202 Abs. 2.

[24] *Fenkart*, a. a. O., S. 87, 88.

[25] Das Problem der Prozeßaufrechnung in seiner Vielschichtigkeit kann hier nicht behandelt werden. Bemerkenswert ist jedoch der Einbruch in die Forderung nach Bedingungslosigkeit, siehe dazu auch *Bötticher*, Besinnung, S. 72.

[26] Ausnahme der unten zu besprechende § 15 Abs. 2 des Geschäftsraummietengesetzes.

[27] *Fenkart*, a. a. O., S. 93.

[28] *Bötticher*, Besinnung, S. 72.

[29] *Bruns* (a. a. O., S. 274 Anm. 47) meint, daß auch einseitige Gestaltungsrechte vollzogen werden können, wodurch sie eine Bestätigung ihrer Wirkungskraft erführen.

Hier ist durch die Ausübung des Gestaltungsrechts das Rechtsverhältnis noch nicht erloschen[30]. Somit ist Fenkarts Formulierung dahin zu präzisieren, daß die Unwiderruflichkeit eng mit der Natur des Selbsthilfegestaltungsrechts verbunden ist.

Diese Theorie der Unwiderruflichkeit ist aber nicht ohne Gegner geblieben. Bötticher greift sie für das Gestaltungsrecht der Kündigung des Arbeitsvertrags an[31].

Sie stütze sich, sagt Bötticher, einmal auf die Interessen Dritter und das Interesse der Rechtsordnung, etwa bei Formvorschriften, zum andern auf die Interessen des Gestaltungsgegners. Die erste Stütze lasse sich abbauen, soweit nur die Interessen der Partei im Spiele seien, die zweite halte nur dort stand, wo der Gestaltungsgegner die Zulässigkeit der Gestaltung bestreite.

Selbst wenn man den Wert der sog. ersten Stütze gering einschätzt und nur auf die Interessen der Parteien selbst abstellt, spricht noch das Gewicht der zweiten Stütze für die Aufrechterhaltung der Theorie der Unwiderruflichkeit.

Das Problem der Widerruflichkeit taucht typischerweise erst bei einem Interessengegensatz der Parteien über die Aufrechterhaltung der Gestaltung auf, derart, daß der Gestaltungsberechtigte die Gestaltung zurücknehmen will, während der Gestaltungsgegner an einer Aufrechterhaltung interessiert ist. Bei diesem typischen Gegensatz schlägt die Waage zugunsten der Interessen des Gestaltungsgegners aus, sich auf die Veränderung der Rechtslage verlassen zu können.

Soll nun die Lehre der Unwiderruflichkeit, die für die Konfliktsituationen einleuchtend ist, aufgrund der Möglichkeit eines Interessen- und Willensgleichlaufs der Beteiligten aufgegeben werden? Bötticher[32] scheint dies zu befürworten. Die Gefahr, die Bötticher[33] sieht, nämlich „von dem Gegner mit einer Klage überzogen zu werden", obwohl der Gestaltende sich mit dem Gestaltungserfolg nicht mehr identifiziert, ist nicht überzubewerten. Zweifellos besteht ein Interesse, dem Gestaltungsberechtigten eine Lösung von dem ihm unerwünscht gewordenen Gestaltungserfolg zu ermöglichen.

Der Weg, den Bötticher dazu vorschlägt, scheint allerdings ungeeignet. Bötticher[34] versucht, subsidiär hinter dem Gestaltungsrecht einen Anspruch zu konstruieren. Diesen Anspruch müsse der Gestal-

---

30 *Nikisch*, a. a. O., S. 696 Anm. 44.
31 *Bötticher*, Besinnung, S. 73—77.
32 *Bötticher*, Besinnung, S. 74.
33 *Bötticher*, Besinnung, S. 74.
34 *Bötticher*, Besinnung, S. 75.

tungsberechtigte aber auch fallenlassen können, solange der Gegner sich nicht füge.

Es ist zwar richtig, daß dem Gesetzgeber freie Wahl zusteht, ob er dem Berechtigten ein Gestaltungsrecht oder einen Anspruch auf Mitwirkung des Gegners zubilligt, daß ferner der Gesetzgeber diese Wahl nach dem Gesichtspunkt ausübt, ob das stärkere Gestaltungsrecht oder der schwächere Anspruch der Interessenlage mehr entspricht. Insofern kann das Gestaltungsrecht im Verhältnis zum Anspruch als maius bezeichnet werden. Hat der Gesetzgeber aber seine Wahl getroffen, so verhält sich das Gestaltungsrecht zum Anspruch nicht wie ein maius, sondern ist ein aliud, das einen Wechsel zum Anspruch prinzipiell nicht zuläßt.

Erscheint so das Fallenlassen eines Anspruchs als dogmatisch anfechtbar, so sind die Schwierigkeiten nicht geringer, wollte man einen Widerruf des Gestaltungsrechts zulassen. Das Widerrufsrecht ist selbst, wie bereits angedeutet, ein Gestaltungsrecht. Ein Gestaltungsrecht ist jedoch nicht die Rechtsfigur, die typischerweise bei einem Willensgleichlauf zweier Partner angewendet wird; für diesen Fall sind vertragliche Regelungen rechtssystematisch richtig.

So kann das durch die Gestaltungswirkung erloschene Rechtsverhältnis nur im Rahmen der Vertragsfreiheit neu begründet werden[35]. Hält man die vertragliche Neubegründung für zu umständlich, so ist der Vorschlag *Molitors*[36], in der Rücknahme eine Verfügung eines Nichtberechtigten zu sehen, die durch eine irgendwie geäußerte oder zutage getretene Zustimmung des Gestaltungsgegners gemäß § 185 BGB wirksam werden kann, noch eher systemgerecht als die Konstruktion Böttichers[37].

Man kommt daher nicht zu dem Schluß, daß die praktischen Erfordernisse des Widerrufs der Kündigung zu einer Durchbrechung des Unwiderruflichkeitsgrundsatzes zwängen.

Auf der Basis der Unwiderruflichkeit steht auch das von Bötticher angeführte Geschäftsraummietengesetz[38]. In § 15 Abs. 2 dieses Gesetzes ist der Widerruf der Kündigung erlaubt, jedoch wird geradezu

---

[35] So *Molitor*, a. a. O., S. 142, über die Kündigung.

[36] *Molitor*, a. a. O., S. 147, 148. Dort auch über die stillschweigende Genehmigung der Rücknahme.

[37] Für die Fälle, in denen die Gestaltungserklärung in sich selbst fehlerhaft ist, schafft ohnehin das Anfechtungsrecht Abhilfe.

[38] *Bötticher*, Besinnung, S. 74.

zu einer „rechtlichen Fiktion“[39] der Gestaltungswirkung des Widerrufs gegriffen, da ohne diese die Rücknahme der Kündigung ohne Erfolg sein müßte. War oben ausgeführt worden, daß für das Gestaltungsrecht des Widerrufs eine Norm vorhanden sein muß, die in der Regel fehlt, so wird dies dadurch erhärtet, daß der Gesetzgeber des Geschäftsraummietengesetzes es für nötig erachtet hat, die Abweichung von den allgemeinen Rechtsgrundsätzen ausdrücklich zu fixieren und eine gestaltungsrechtsgewährende Norm niederzulegen.

Die Bedeutung der Unwiderruflichkeit beim Selbsthilfegestaltungsrecht resultiert letztlich daraus, daß Selbstbindung eine notwendige Folge der Selbsthilfe ist. Der Selbsthilfecharakter des Gestaltungsrechts manifestiert sich in der Theorie der Unwiderruflichkeit ebenso wie in der der Bedingungsfeindlichkeit.

2. Gestaltungsrecht und einseitige Willenserklärung

Mit dem Gedanken der Selbsthilfe als der Befreiung des Rechtssubjekts von der Mitwirkung des Staates muß sich der Gedanke des einseitigen Willens als der Befreiung von der Mitwirkung des Rechtspartners verbinden, um eine Theorie des Gestaltungsrechts entstehen zu lassen. Gedanklich sind Selbsthilfe und einseitiger Wille voneinander zu scheiden, wenn sie auch tatsächlich häufig zusammenfallen[40].

Das Rechtsdenken muß generell daran gewöhnt werden, Rechtsfolgen an eine einseitige Willensäußerung zu knüpfen, wenn es bisher im Zusammentreffen von Willensäußerungen die Norm für das Entstehen rechtlicher Folgen gesehen hat. Erst diese Gewöhnung erlaubt die Konstruktion des Gestaltungsrechts, obwohl nicht alle einseitigen Willensäußerungen mit Gestaltungsrechten gleichzusetzen sind und obwohl andererseits nicht alle Gestaltungsrechte mit einer einseitigen Willensäußerung als Gestaltungsmittel auskommen.

Der einseitige Wille wird innerhalb der Rechtsentwicklung in zwei Stufen anerkannt: Gesteht man ihm noch verhältnismäßig leicht die Selbstbindung zu, so stehen dem Eindringen in den zweiten Bereich, wo die Rechtsposition des andern berührt wird, größere Schwierigkei-

---

[39] *Kiefersauer*, Fritz — *Glaser*, Hugo, Geschäftsraummiete, 2. Aufl., 1956 Berlin und München, Anm. 61, S. 90.

[40] Das verkennt beispielsweise *Crémieu*, a. a. O., S. 288 Anm. 1, wenn er in seiner Kritik an *Demogues* Artikel „Des modifications aux contrats par volonté unilatérale“, Rev. trim. dr. civ. 1907, 245—310, dem Autor vorwirft, er habe nicht den Selbsthilfecharakter all der von ihm untersuchten Fälle der einseitigen Willenserklärung als gemeinsame Basis erkannt.

ten entgegen[41]. Nun könnte noch eher der Eingriff, soweit dem anderen günstig, zugelassen werden; die größten Bedenken bestehen bei den den andern belastenden Eingriffen. Dieses Zurückschrecken vor der einseitigen Willenserklärung steht in sehr engem Zusammenhang mit der Theorie der Symmetrie, die verlangt, daß die Rechtsverhältnisse, die ihre Entstehung einer beidseitigen Erklärung verdanken, auch wieder nur durch beidseitige Erklärung aufgelöst werden können[42]. Es ist nach Böttichers Ausdruck ein „Einbruch in das materielle Vertrags- bzw. Mitwirkungsprinzip“[43] nötig, um dieses Rechtsdenken der Symmetrie aufzulösen. Eine gewisse Schwäche des einseitigen Willens liegt in den Schwierigkeiten des späteren Beweises: So ist es verständlich, daß im Rahmen der einseitigen Willenserklärung der Formalismus eine erhöhte Bedeutung hat[44].

Dies stellt ein Gegengewicht gegenüber der Formfeindlichkeit des Selbsthilfegedankens dar. Die Auseinandersetzung über die Form des Gestaltungsrechts kann als Widerstreit zwischen dem Selbsthilfeelement und dem Charakter der einseitigen Willenserklärung mit ihrer Tendenz zum Formalismus erklärt werden. Für den einseitigen Willen, wenn sehr bedeutsame Rechtsfolgen an seine Ausübung geknüpft sind, kann sogar die Form der gerichtlichen Klage geboten erscheinen: Hier liegt das Gestaltungsklagerecht vor.

---

[41] Dies wird z. B. deutlich in der zusammenfassenden Äußerung *Worms'* über das französische Recht des Jahres 1891 (a. a. O., S. 195): „La volonté individuelle est souveraine sur celui qui l'a émise, et impuissante à l'égard des tiers.“

[42] s. dazu noch unten S. 121, 122.

[43] *Bötticher,* Besinnung, S. 45.

[44] *Martin de la Moutte,* a. a. O., S. 167: „. . . on constate que la proportion des actes soumis au formalisme est beaucoup plus considérable au sein des actes unilatéraux qu'elle ne l'est dans les conventions.“

Zweiter Teil

Gestaltungsrechte im französischen Privatrecht

Im folgenden wird untersucht, ob das französische Privatrecht die Erscheinung des Gestaltungsrechts kennt. Ohne Anspruch auf Vollständigkeit werden einige Rechtsinstitute geprüft: Der größere Nachdruck liegt dabei auf der Forschung nach Selbsthilfegestaltungsrechten, da diese den Gestaltungsrechtscharakter am deutlichsten zeigen.

I. Gestaltungsrechte ohne gerichtliche Durchsetzung

1. Vertragsaufhebung durch einseitige Willenserklärung

Das französische Vertragsrecht kennt den Grundsatz, daß die Aufhebung des synallagmatischen Vertrags wegen Nichterfüllung eines der Vertragspartner des gerichtlichen Urteils bedarf. Art. 1184 C.civ. gewährt dem Vertragspartner des Nichterfüllenden ein Optionsrecht zwischen den Möglichkeiten, die Erfüllung zu erzwingen und auf Vertragsaufhebung zu klagen. Das Erfordernis der gerichtlichen Geltendmachung wird prinzipiell auch von der Rechtsprechung unangetastet gelassen[1].

Hier interessieren jedoch die Ausnahmen, in denen dem Gegner des vertragsbrüchigen Partners das Recht zugestanden wird, sich durch einseitige Willenserklärung vom Vertrage zu lösen.

a) Vertragsaufhebung aufgrund vertraglicher Vereinbarung

Einmal handelt es sich um den Fall, in dem die Vertragspartner eine „clause de résolution de plein droit“ eingesetzt haben. Hier scheint zwar eine vollkommen automatische Vertragsauflösung für den Fall der Nichterfüllung vorzuliegen: Eine derartige Betrachtungs-

---

[1] *Cass. req.* 3. Mai 1937, D. H. 1937, 364; *Cass. req.* 1. Dezember 1887, D 1889, 1, 289 mit Anm. von *Planiol.*

weise entspricht aber nicht den Gegebenheiten, die eine Vertragsauflösung davon abhängig machen, daß eine Partei sich tatsächlich auf ihr Recht stützt. So sprechen *Marty-Raynaud*[2] richtig davon, daß „une simple manifestation de sa volonté“ erforderlich sei, um den Vertrag zu brechen, bei *Planiol-Ripert*[3] wird mit den Worten „la faculté de résoudre le contrat“ das gleiche zum Ausdruck gebracht.

Ohne weiteres ist es möglich, bei dem vertraglichen Aufhebungsrecht zu vereinbaren, daß eine Mahnung nicht erforderlich ist, daß das Aufhebungsrecht durch bloßen Zeitablauf zur Entstehung kommt. Eine solche Klausel ist zulässig[4] und außerordentlich wirksam[5].

Bestritten ist jedoch, ob beim Fehlen einer derartigen Klausel nur aufgrund der „clause de résolution de plein droit“ eine Mahnung überflüssig ist. Für das Erfordernis einer Mahnung spricht, daß gemäß Art. 1139 C.civ. der Fristablauf allein nicht den Verzug des Schuldners begründet, daß weiterhin Art. 1656 C.civ., der für den Immobilienkauf die Aufhebung ipso iure bei Nichtzahlung des Preises zum vereinbarten Termin vorsieht, bestimmt, daß der Erwerber bis zum Tage, an dem er die Mahnung erhalten hat, zahlen kann[6].

Die Rechtsprechung hat jedoch eine besondere Mahnung für überflüssig gehalten[7], zumindest soweit es sich um bewegliche Sachen handelt; auch scheint die Interpretation, daß der Ablauf des Termins eine Mahnung mitenthält, vernünftig zu sein[8].

b) Vertragsaufhebung aus besonderem Grund nach der Rechtsprechung

Unabhängig von dem vertraglichen Aufhebungsrecht hat die Rechtsprechung ein Aufhebungsrecht des Vertragspartners entwickelt, das unter gewissen Voraussetzungen besteht. Die Gründe, die die Rechtsprechung als ausreichend anzuerkennen geneigt ist, lassen sich in drei Fallgruppen zusammenfassen[9]:

---

[2] *Marty-Raynaud*, a. a. O., Bd. II 1. Hbbd., Nr. 308, s. dazu Nr. 306: „La résolution n'est pas à proprement parler automatique.“

[3] *Planiol-Ripert*, Bd. VI *(Esmein)*, a. a. O., Nr. 436.

[4] *Cass. req.* 5. August 1908, S. 1911, 1, 574.

[5] *Cassin*, a. a. O., S. 341: „L'effet du pacte commissoire est particulièrement énergique lorsqu'il a été convenu que le contrat sera résolu de plein droit et sans sommation en cas d'inexécution dans un certain délai.“ Dieser Vertrag ist nach *Cassin* „extrèmement fréquent“ (a. a. O., S. 340).

[6] *Planiol-Ripert*, a. a. O., Bd. VI *(Esmein)* Nr. 436.

[7] *Cass. req.*, 29. November 1886, D. 1887, 1, 388.

[8] *Planiol-Ripert*, a. a. O., Bd. VI *(Esmein)* Nr. 436.

[9] *Planiol-Ripert*, a. a. O., Bd. VI *(Esmein)* Nr. 428.

1. Ein eindeutiger Verstoß gegen Treu und Glauben bei der Vertragserfüllung. Art. 1134 C.civ. verpflichtet die Vertragsteile dazu, bei der Vertragserfüllung Treu und Glauben walten zu lassen. Ein eindeutiger Treuverstoß seitens eines Vertragspartners schafft bei dem andern eine Art „impossibilité morale“[10], die ihn zur Vertragsaufhebung befugt.

2. Eine klare Erklärung eines Vertragsteils, den Vertrag nicht erfüllen zu wollen, oder ein dieser Erklärung gleichkommendes Verhalten. Typisches Beispiel hierfür ist etwa die Weigerung des Gastes eines Thermalbads, vertragsgemäß den Aufsehern die Badekarte in den Badeeinrichtungen vorzuweisen, was das Thermalbad zu einer einseitigen Vertragsaufhebung berechtigt[11].

3. Gefahr im Verzug für den vertragstreuen Teil angesichts des Vertragsbruchs des anderen[12].

Diese Auflösungsgründe finden für alle synallagmatischen Verträge Anwendung. Eine besondere Rolle spielen jedoch die Verträge mit ausgesprochen persönlichen Beziehungen zwischen den Vertragspartnern wie Dienst-, Arbeits-, Werk- und Gesellschaftsvertrag[13]. Bei diesen Verträgen gibt, worauf unten eingegangen wird, das Gesetz ohnehin die Möglichkeit der einseitigen Auflösung, soweit sie auf un-

---

[10] *Cass. civ.* 4. Januar 1910, S. 1911, 1, 195; *Cass. civ.* 17. Januar 1906, S. 1909, 1, 205; *Cassin,* a. a. O., S. 354; darauf basiert auch, wenn auch nicht eindeutig ausgesprochen, *Cass. req.* 1. März 1892, S. 1892, 1, 487, wo treuwidriges Verhalten des Verkäufers, das zu einer Verschlechterung der unter aufschiebender Bedingung gekauften Sache geführt hat, den Käufer zur Vertragsaufhebung berechtigt.

[11] *Cass. civ.* 4. Dezember 1934, Gaz. Pal. 1935, 1, 134. Der Kassationsgerichtshof hat den Fall, in dem das Badeunternehmen die Badekarte des widerspenstigen Kurgastes einzog, ihm die Benutzungsgebühren zurückzahlte und ihm die weitere Benutzung der Badeeinrichtungen untersagte, zwar als Ausübung eines Zurückbehaltungsrechts klassifiziert, tatsächlich handelte es sich aber um eine einseitige Vertragsaufhebung durch das Badeunternehmen. Dieser Ansicht auch *Mazeaud,* Leçons, Nr. 1131. Zu der Abgrenzung eines „refus purement passif“ zu den „actes positifs de défense“, die den Vertragsbruch bedeuten, siehe auch *Cassin,* a. a. O., S. 349, René *Morel* in seiner Anmerkung zu *Cass. req.* 22. Dezember 1920, S. 1922, 1, 370. Ebenso wurde Auflösung bei Weigerung des andern Vertragsteils, seine Verpflichtungen zu erfüllen, für zulässig gehalten: *Cass. req.* 4. Januar 1927, S. 1927, 1, 188.

[12] So deutlich die Entscheidung *Trib. Civ. de la Seine,* 11. Juli 1939, Gaz. Pal. 1940, 1, 31: „Attendu qu'en principe, si une partie ne satisfait pas à ses engagements, la résolution d'un contrat doit être demandée en justice; que toutefois, ce principe comporte des exceptions, notamment dans le cas où l'inexécution apparaît définitive et dans celui où elle mettrait en péril pressant les intérêts de l'autre partie.“ Ebenso *Savatier* in Anmerkung zu *Poitiers,* 9. Juni 1913, 12. Juni und 12. Dezember 1918, D. 1920, 2, 42, der von „péril en demeure“ als Aufhebungsgrund spricht.

[13] *Marty-Raynaud,* a. a. O., Bd. II, 1. Hbbd., Nr. 308.

bestimmte Dauer eingegangen sind. Insofern taucht das Problem der Vertragsauflösung nur bei den auf bestimmte Dauer geschlossenen Verträgen auf. Für die Frage der Vertragsaufhebung sind naturgemäß hier die gleichen Grundgedanken maßgebend, die hinsichtlich aller synallagmatischen Verträge oben niedergelegt wurden[14]. Nur ist bei diesen Verträgen die Grenze zum Treubruch eher überschritten, weil Treu und Glauben noch mehr im Zentrum stehen, nur ist eine Bindung des vertragstreuen Teils an den Vertrag nach dem Bruch durch den anderen noch weniger zumutbar, da der Vertrag häufig die Existenzgrundlage darstellt. Daher gibt es hier eine „théorie de la nécessité“[15], die die Gefahr einer weiteren Verschlechterung der Lage im Auge hat und der Unerträglichkeit eines Zustandes zu begegnen sucht. Beispielsweise soll der diebische Arbeitnehmer den Betrieb verlassen, noch bevor ein Gericht die Kündigung aussprechen kann[16]. Ebenso kann der Arbeitnehmer kündigen, wenn durch treuwidriges Verhalten des Arbeitgebers jede weitere Zusammenarbeit unmöglich geworden ist[17].

Nichterfüllung durch den einen Vertragsteil muß aber von ausreichender Schwere sein, um den Vertragsbruch des andern Teils zu rechtfertigen[18]. Hier wird nach den Umständen des Falles entschieden; in einem Fall, den der Kassationsgerichtshof im Jahr 1896 entschied[19], hatte man selbst in dem Verdacht des Dienstherrn, daß sich das Dienstmädchen im Zustand der Schwangerschaft befand, wobei dieser Ver-

---

[14] Beispiele für diese Rechtsprechung: *Cass. req.* 1. Mai 1889, S. 1889, 1, 372; *Cass. civ.* 4. Januar 1910, S. 1911, 1, 195; *Cass. req.* 22. Dezember 1920, S. 1922, 1, 369 und *Poitiers*, 9. Juni 1913, 12. und 13. Dezember 1918, D. 1920, 2, 41; *Cass. soc.* 12. Januar 1945, Gaz. Pal. 1945, 1, 88.

[15] s. *Savatier* in der Anm. 12 zitierten Besprechung, *Morel*, Besprechung zu *Cass. req.* 22. Dezember 1920, S. 1922, 1, 370.

[16] *Savatier* in der Anm. 12 zitierten Besprechung, S. 43: „Comment obliger un patron à garder à son service, tant qu'un jugement ne sera pas rendu un ouvrier, dont les malfaçons sont continuelles? Réciproquement, comment obliger un ouvrier à continuer jusqu'à un jugement à intervenir, à donner son travail à un patron qui se livre sur lui à des voies de fait, par exemple?“ Ebenso *Demogue*, Notions, S. 651; *Morel* in der Anm. 15 zitierten Besprechung.

[17] *Cass. civ.* 4. Januar 1910, S. 1911, 1, 195, wo der Dienstherr treuwidrig versucht hatte, sich die Kundschaft anzueignen, die sich der Handelsvertreter geschaffen hatte.

[18] Anonyme Besprechung zu *Cass. civ.* 4. Januar 1910, S. 1911, 1, 195: „. . . le juge a à se demander si l'inexécution par l'une des parties de ses obligations est sufisamment grave pour justifier la rupture de l'autre partie.“ Ebenso spricht *Savatier* in der Anm. 12 zitierten Besprechung von einer „gravité toute spéciale“ bei der Auflösung des Arbeitsvertrages mit unbestimmter Dauer.

[19] *Cass. civ.* 26. Februar 1896, S. 1897, 1, 187; *Brun-Galland*, a. a. O., Nr. II, 268.

dacht durch das Verhalten und die Weigerung des Mädchens, den untersuchenden Arzt von der Schweigepflicht zu entbinden, begründet war, einen hinreichenden Grund für den einseitigen Vertragsbruch gesehen. *Brun-Galland* verlangen bei Arbeitsverträgen eine „faute très grave de l'autre contractant"[20].

Die Formulierung, die man zuweilen antrifft, der Vertragsbruch des einen Teils sei eine unmittelbare Folge der Umtriebe („agissements") des andern[21], ändert nichts an der Tatsache, daß der Berechtigte nur das Recht hat, den Vertrag zu brechen.

Bei allen synallagmatischen Verträgen darf jedoch derjenige, der einseitig den Vertrag auflöst, nicht selbst Treu und Glauben außer acht lassen; Treu und Glauben verlangen, daß er die andere Partei in Verzug setzt, es sei denn, es ist besondere Gefahr im Verzug[22]. In jedem Fall handelt er bei der einseitigen Vertragsaufhebung auf eigene Gefahr.

Sowohl das vertragliche Aufhebungsrecht wie auch die Gruppe von gesetzlich nicht erfaßten, sondern durch die Rechtsprechung und Lehre entwickelten Aufhebungsrechten, werden nun auf ihren Gestaltungsrechtscharakter sowie auf ihr Verhältnis zur gerichtlichen Klage überprüft[23].

Um die wichtigsten Charakteristika des Gestaltungsrechts zu wiederholen: Es ist ein subjektives Recht, dessen Ausübung durch einseitigen Willensakt des Berechtigten erfolgt und dann die Gestaltung eines konkreten Rechtsverhältnisses zur Folge hat. Der Charakter der beschriebenen Auflösungsrechte als subjektiver Rechte erhellt aus den besonderen tatbestandlichen Voraussetzungen, an die ihre Existenz geknüpft ist. Der Willensakt besteht in der Manifestation des Willens, den Vertrag zu brechen[24]. Der Rechtserfolg ist die Vernichtung des Vertrags.

Die unmittelbare Veränderung der rechtlichen Situation, die aus der Ausübung des Gestaltungsrechts folgt, wird auch von den französischen Autoren erkannt, wenn die Art und Weise der späteren Klage des „Gestaltungsgegners" überprüft wird. Das angegangene Gericht verschanzt sich nur dann hinter dem Wortlaut des Art. 1184 C.civ., wenn

---

[20] *Brun-Galland*, a. a. O., Nr. II, 268.

[21] *Cass. req.* 22. Dezember 1920, S. 1922, 1, 369.

[22] *Planiol-Ripert*, a. a. O., Bd. VI *(Esmein)* Nr. 428; *Cass. req.* 4. Dezember 1900, D. 1901, 1, 518.

[23] Diese Prüfung hat mehr exemplarischen Charakter, ohne daß eine gleiche Ausführlichkeit bei den späteren Beispielen möglich wäre.

[24] *Cassin*, a. a. O., S. 338: „Rupture des conventions par volonté unilatérale."

die tatbestandlichen Voraussetzungen nach seiner Meinung nicht vorhanden waren[25] oder die Rechtsausübung selbst mißbräuchlich war[26]. Ist die Ausübung des Gestaltungsrechts dagegen materiell in Ordnung, so ist die Tätigkeit des Gerichts nicht mehr rechtsgestaltend, wie in Art. 1184 C.civ. ursprünglich vorgesehen, sondern lediglich feststellend: Das bereits erreichte Resultat wird bestätigt[27].

Somit ist der Selbsthilfecharakter der erwähnten Rechte deutlich herausgestellt: Sie werden auch stets in ihrem Gegensatz zu dem Prinzip *„Nul ne peut se faire justice à soi-même"* gesehen.

c) Gesetzliche Fälle der einseitigen Vertragsaufhebung

Der Gesetzgeber selbst hat für bestimmte Verträge ein einseitiges Aufhebungsrecht statuiert.

aa) Terminkauf von Lebensmitteln und beweglichen Sachen

Art. 1657 C.civ. gewährt ein Aufhebungsrecht zugunsten des Verkäufers beim Terminkauf von Lebensmitteln und beweglichen Sachen, das ohne weitere Mahnung durch Ablauf des zur Empfangnahme vereinbarten Termins eintritt. Auch hier ist der Grundgedanke der der Gefahr im Verzug, und es ist verständlich, daß die Rechtsprechung die hier niedergelegte Lösung generalisiert hat. Nach dem Wortlaut des Gesetzes tritt die Aufhebung von Rechts wegen ein. Tatsächlich muß

---

[25] Tatsächlich bestehen Hemmungen, dem Berechtigten überhaupt die Subsumtion der tatbestandlichen Voraussetzungen zuzugestehen und ihn zum „juge de la gravité de l'inexécution (*Cassin*, a. a. O., S. 344) zu machen.

[26] *Cassin*, a. a. O., S. 345: „Mais on peut poser en règle générale que chaque fois que les juges se servent des armes que leur offre l'art. 1184 et invoquent la nécessité d'un recours préalable à la justice, c'est que la partie qui a déclaré tenir le contrat pour rompu à cause de l'inexécution des obligations de son adversaire, a usé d'une sanction inapplicable eu égard aux principes qui régissent la résolution judiciaire ou a usé de cette sanction alors que ses intérêts immédiats n'étaient pas en péril et que des procédés moins rigoureux suffisaient à les sauvegarder (art. 1612), ou enfin a usé de cette sanction avec précipitation, sans prendre toutes les précautions exigées par la bonne foi."

[27] *Cassin*, a. a. O., S. 359: „Cette initiative modifie le caractère de l'intervention du juge; celle-ci n'est plus préventive . . . ni créatrice d'une situation nouvelle . . . cette intervention va avoir pour résultat, ou bien de consacrer un résultat déjà acquis, lorsque les juges trouveront justifiée l'attitude du dénonçant ou bien de réprimer au nom du respect des formes légales l'infraction commise par l'auteur d'une dénonciation unilatérale, injustifiée ou simplement précipitée." *Trib. Civ. de la Seine*, 11. Juli 1939, Gaz. Pal., 1940, 1, 31 liegt auf dieser Linie.

sich aber der Verkäufer auf sie berufen, er kann auch einen förmlichen Verzicht[28] auf sie aussprechen, so daß es sich um eine wirkliche Wahlmöglichkeit handelt. Der Verkäufer kann sich entscheiden, die Vertragsaufhebung oder die Erfüllung zu verlangen[29]: Sein Recht ist einem Optionsrecht angenähert.

Von diesem Beispiel abgesehen, handelt es sich meistens um Verträge, die mit unbegrenzter Dauer geschlossen sind. Demogue[30] faßt sie als „Contrats d'aide et de commandement" zusammen, bei denen die Gefahr einer neu entstehenden Hierarchie zwischen Personen nach feudalem Vorbild besteht[31], wollte man nicht ein Aufhebungsrecht gewähren.

Diese Gedanken sind besonders deutlich bei den Vorschriften des Art. 1780 C.civ. und des Art. 23 des Gesetzes vom 19. Juli 1928, die eine einseitige Auflösung des auf unbestimmte Dauer geschlossenen Dienst- und Arbeitsvertrags zulassen. Von ähnlichen Gedanken, daß eine zu langwährende Bindung sozial gefährlich und unerwünscht ist, gehen die Art. 1869 C.civ. (Mietvertrag ohne Bezeichnung der Zeitdauer: „si le bail a été fait sans écrit")[32], Art. 1869 C.civ. (Gesellschaft mit unbestimmter Dauer), Art. 2004, 2007 C.civ. (Auflösung des Auftrags durch Auftraggeber und Beauftragten), Art. 5 des Gesetzes vom 13. Juli 1930 (Versicherungsvertrag mit mehr als zehnjähriger Dauer) aus.

Nun sind diese Rechte nicht in allen Einzelheiten gleich ausgestaltet, so daß es interessant ist, einige Gesichtspunkte zu betonen.

bb) Arbeitsvertrag

Das Recht zur einseitigen Auflösung des auf unbestimmte Dauer geschlossenen Arbeitsvertrags gemäß Art. 1780 C.civ. und Art. 23 des Gesetzes vom 19. Juli 1928 gehört zum ordre public, es ist unverzichtbar, wie der Kassationsgerichtshof mehrere Male bestätigt hat[33]. Die Aufhebungserklärung ist formlos. Zwei Gültigkeitsvoraussetzungen dieser Kündigung sind jedoch zu beachten: in objektiver Hinsicht

---

[28] *Cass. civ.* 21. April 1950, D. 1951, *Sommaires*, S. 36.

[29] *Planiol-Ripert*, a. a. O., Bd. X *(Hamel, Givord, Tunc)* Nr. 289; *Cass. civ.* 20. Januar 1908, D. 1908, 1, 127.

[30] *Demogue*, Modifications, S. 264.

[31] So *Tomson*, a. a. O., S. 89 Anm. 2.

[32] *Martin de la Moutte*, a. a. O., S. 243.

[33] *Cass. civ.* 4. Januar 1933, D. H. 1933, 100; *Cass. soc.* 9. Oktober 1941, J. C. P. 1942, II, 1797.

die Notwendigkeit einer vorherigen Androhung, in subjektiver Hinsicht sachgemäße Motive[34], wobei es sich im wesentlichen um ein Mißbrauchsverbot handelt[35]. Die einseitige Aufhebung des Vertrags kann zu Schadensersatzansprüchen gemäß Art. 1780 Abs. 3 C.civ. führen.

cc) Mietvertrag

Beim Mietvertrag ist die Kündigung nach Art. 1736 C.civ. ebenfalls formlos[36], sie bedarf keines Motivs: Auch die Angabe falscher Gründe ändert nichts an der Gültigkeit[37]. Jedoch sind nach dem Wortlaut des Gesetzes die ortsüblichen Kündigungsfristen zu wahren.

dd) Gesellschaftsvertrag

Die Auflösung der Gesellschaft durch einseitige Willenserklärung eines Gesellschafters gemäß Art. 1869 C.civ. darf den Grundsätzen von Treu und Glauben nicht widersprechen, außerdem darf sie nicht zur Unzeit erfolgen[38]. Streitig ist hierbei die Möglichkeit, vertraglich dieses Auflösungsrecht auszuschließen, indem man eine „clause de la société á durée illimitée" in den Gesellschaftsvertrag einfügt. Die h.L. hält eine derartige Klausel für nichtig, da sie gegen den ordre-public-Charakter des Art. 1780 C.civ. verstoße. Die Gegenargumentation von Planiol-Ripert dürfte jedoch zutreffend sein, daß einmal bereits der Wortlaut des Art. 1869 C.civ. von dem des Art. 1780 C.civ. erheblich abweiche, daß ferner bei den Gesellschaftern eine derart starke Abhängigkeit nicht zu befürchten sei wie beispielsweise bei Hausgehilfen, Arbeitern und Angestellten[39]. Demgemäß dürfte die Klausel dem ordre public nicht widersprechen.

Vor über hundert Jahren hat der Kassationsgerichtshof[40] die Gültigkeit dieser Klausel davon abhängig gemacht, daß die Gesellschafts-

---

[34] *Brun-Galland,* a. a. O., Nr. II, 275.

[35] Die Rechtsprechung ist naturgemäß außerordentlich reich: Es wird auf die Absicht zu schaden und noch weitergehend selbst auf die nicht absichtliche „faute" abgestellt, selbst eine tadelnswerte Leichtfertigkeit kann genügen. Vgl. die Interpretation der Rechtsprechung bei *Brun-Galland,* a. a. O., Nr. II, 293 ff.

[36] *Cass. civ.* 28. Dezember 1949, D. 1950, 158.

[37] So die in Anm. 36 zitierte Entscheidung; *Planiol-Ripert,* a. a. O., Bd. X *(Hamel-Givord-Tunc)* Nr. 632.

[38] Deutlich hat hier der Gesetzgeber das Prinzip des „abus du droit" niedergelegt; so auch *Mazeaud,* Leçons, Bd. II, Nr. 728.

[39] *Planiol-Ripert,* a. a. O., Bd. XI *(Rouast, Savatier, Lepargneur, Besson),* Nr. 1063.

[40] *Cass. civ.* 1. Juni 1859, D. 1859, 1, 244.

anteile abtretbar sind. Es ist fraglich, ob heute mit der gleichen Einschränkung entschieden würde.

ee) Auftrag

Die Auflösung des Auftrags durch einseitige Willenserklärung nach Art. 2004 C.civ. erfolgt formlos. Das Kündigungsrecht kann durch eine entsprechende Klausel ausgeschlossen werden („clause d'irrévocabilité").

Selbst beim Fehlen einer ausdrücklichen Unwiderruflichkeitsklausel kann der Auftrag, wenn die Interpretation des Parteiwillens dies ergibt, unwiderruflichen Charakter haben. Nach der Rechtsprechung[41] ist dies der Fall, wenn der Auftrag im Interesse des Beauftragten oder eines Dritten erteilt ist. Der bloße Umstand der Bezahlung allein genügt jedoch nicht, um dieses Kriterium zu erfüllen[42]. Planiol-Ripert schließen aus dieser Rechtsprechung, daß es darauf ankommt, daß ein Vorteil, der nach dem Parteiwillen die Unwiderruflichkeit notwendig mit sich bringe, zum Inhalt des Vertrags gehöre[43].

ff) Versicherungsvertrag

Die Bestimmung des Gesetzes vom 13. Juli 1930 über den Versicherungsvertrag, die die Lösung des Dekrets von 1922 wiederholt, gewährt jeder Partei das Recht, sich nach zehn Jahren vom Versicherungsvertrag loszusagen, wobei dem andern Teil ein halbes Jahr vorher Kenntnis zu geben ist. Diese Vorschrift ist vertraglich nicht ausschließbar, da sie dem ordre public angehört[44].

Bei all den erwähnten Rechten handelt es sich um Gestaltungsrechte: Sie sind subjektive Rechte, weil sie ausschließlich sind und an bestimmte tatbestandliche Voraussetzungen anknüpfen; sie werden durch einen Willensakt des Berechtigten ausgeübt, hier durch eine formlose einseitige Willenserklärung, und ihre Ausübung führt zu einer Gestaltung der rechtlichen Situation, da der Vertrag unmittelbar für die Zukunft aufgehoben wird, während die früheren Folgen des

---

[41] *Cass. req.* 1. Mai 1907, D. 1907, 1, 435; *Cass. civ.* 11. Februar 1891, D. 1891, 1, 197.

[42] *Cass. req.* 1. Mai 1907, D. 1907, 1, 435.

[43] *Planiol-Ripert,* a. a. O., Bd. XI *(Rouast, Savatier, Lepargneur, Besson),* Nr. 1492, dort Behandlung des Problems in Einzelheiten.

[44] *Planiol-Ripert,* a. a. O., Bd. XI *(Rouast, Savatier, Lepargneur, Besson),* Nr. 1290.

Vertrags bestehen bleiben[45]. Somit handelt es sich um Gestaltungsrechte im Sinn der oben gebrachten Definition.

Es ist nun durchaus möglich, in der gesetzgeberischen Entwicklung Tendenzen zu einer Zurückdämmung dieser Gestaltungsrechte zu sehen[46]; dafür sprechen die Aufbürdung von Schadensersatzpflichten für den Gestaltungsberechtigten, das Erfordernis vorheriger Mitteilung und das Mißbrauchsverbot in diesem oder jenem Fall. Die Unmöglichkeit, das Gestaltungsrecht andererseits auszuschließen, wenn die Gestaltungsmöglichkeit vom ordre public verlangt wird, scheint dieser Tendenz zuwiderzulaufen: Hier überwiegen besonders schwerwiegende soziale Gründe über eine grundsätzliche Reserve der französischen Gesetzgebung gegenüber einer derartigen Erscheinung.

2. Die Optionsrechte

Ein gewisser Wahlcharakter ist allen Gestaltungsrechten zu eigen; wenn dennoch einige Wahlrechte eine eigene Gruppe innerhalb der Gestaltungsrechte zu bilden imstande sind, so liegt das daran, daß die echten Wahl- oder Optionsrechte einen ausfüllenden Charakter haben. Dieser ausfüllende Charakter kann damit umschrieben werden, daß durch die Ausübung der Wahl „bestimmte Eigenschaften hinzutreten oder wegfallen oder das Rechtsgebilde von einem unbestimmten zu einem bestimmten wird“[1].

a) Option der Ehefrau bei Auflösung der „Communauté“

Bei der Auflösung der „communauté légale“ als gesetzlichem Güterstand (Art. 1400 C.civ.ff.), die durch den Tod, die Scheidung, Trennung von Tisch und Bett und durch die „séparation de biens“ erfolgt (Art. 1441 C.civ.), steht der Ehefrau oder ihrem Rechtsnachfolger nach Art. 1453 C.civ. das Wahlrecht zu, die Gütergemeinschaft anzunehmen oder darauf zu verzichten. Die Annahme kann ausdrücklich oder stillschweigend erfolgen, der Verzicht dagegen ist an eine Frist von drei Monaten und vierzig Tagen nach dem Tod des Ehemanns gebunden: Der Verzicht erfolgt durch eine Erklärung an den „greffier“ des „tribunal de grande instance“ (Art. 1457 C.civ.); ist Scheidung oder Trennung von Tisch und Bett Grund für die Auflösung der

[45] *Martin de la Moutte*, a. a. O., S. 242.

[46] So vor allem *Martin de la Moutte*, a. a. O., S. 243, der die Frage unter dem Gesichtspunkt der einseitigen Willenserklärung betrachtet.

[1] *Fenkart*, a. a. O., S. 31.

„communauté", so wird ein Verzicht gesetzlich vermutet, wenn die Ehefrau nicht innerhalb der erwähnten Frist die Annahme erklärt hat (Art. 1463 C.civ.).

Der Gestaltungsrechtscharakter dieses Optionsrechts ist offenkundig[2]. Bezeichnend ist, daß sich bei diesem Gestaltungsrecht die Eigenschaften der Unwiderruflichkeit und der Bedingungslosigkeit finden, die oben angesprochen wurden. Die Unwiderruflichkeit ist in Art. 1455 C.civ. zwar nur für die Annahme deutlich ausgesprochen, sie ist jedoch wohl auch auf den Verzicht auszudehnen[3]. Die Bedingungslosigkeit entspricht dem Verlangen nach einer Klärung der Rechtssituation. Dem dient auch der Umstand, daß sich die Option der Ehefrau auf die gesamte „communauté" beziehen muß, nicht etwa einen Teil ausschließen darf[4].

b) Die Alternativobligation

Die Alternativobligation ist in den Art. 1189—1196 C.civ. geregelt: Sie ist dadurch gekennzeichnet, daß sie zwei oder mehrere Leistungen zum Inhalt hat, von denen lediglich eine erbracht werden muß, wobei die Wahl dem Schuldner zusteht. Die Wahl wird nach h.L. dadurch ausgeübt, daß der Schuldner eine der Leistungen erbringt[5]; die Minderheitsmeinung, die auch die einseitige Bestimmung der zu erbringenden Leistung durch den Schuldner zuläßt, verkennt, daß die Wahlmöglichkeit eine Leistungsgarantie zugunsten des Gläubigers darstellt.

Auch hier ist die Unwiderruflichkeit[6] eine Folge des Gestaltungsrechtscharakters. Daß bei einer Weigerung des wahlberechtigten Schuldners, die Wahl auszuüben, diese nach Fristsetzung durch den Richter vorgenommen werden kann[7], schlägt dem im französischen Recht so bedeutenden Prinzip der Willensautonomie ins Gesicht[8].

---

[2] So *Fenkart,* a. a. O., S. 8 für die entsprechende Bestimmung des Art. 232 ZGB.

[3] *Planiol-Ripert,* a. a. O., Bd. IX *(Boulanger),* Nr. 817; *Cass. req.* 24. April 1934, D. P. 1934, 1, 145.

[4] *Planiol-Ripert,* a. a. O., Bd. IX *(Boulanger),* Nr. 816.

[5] *Planiol-Ripert,* a. a. O., Bd. VII *(Esmein, Radouant, Gabolde),* Nr. 1049; *Beudant-Lerebours-Pigeonnière,* a. a. O., Bd. VIII *(Lagarde),* Nr. 801.

[6] *Ripert* in *Dall. Rép. Dr. Civ.,* Stichwort „Obligations", Nr. 57 unter Verweisung auf *Dijon,* 1. August 1838, *Lyon,* 23. Juli 1851.

[7] *Planiol-Ripert,* a. a. O., Bd. VII *(Esmein, Radouant, Gabolde),* Nr. 1049.

[8] Kritisch zu dieser Lösung der Rechtsprechung bereits Carl *Crome,* Die Grundlehren des französischen Obligationsrechts, Mannheim 1894, § 6 Anm. 19.

Weiterhin könnte diese subsidiäre Wahlmöglichkeit des Richters zu Zweifeln an dem Gestaltungsrechtscharakter des Schuldnerwahlrechts Anlaß geben. Jedoch ist es nicht undenkbar, ein Gestaltungsrecht mit einer Obliegenheit zur Gestaltung zu koppeln, wenn dies, wie hier, erforderlich ist, um die Verbindlichkeit erst praktikabel zu machen. Das Gestaltungsrecht des Wahlberechtigten unterliegt damit einer gewissen Frist, innerhalb derer es auszuüben ist; nach dieser Frist geht es unter, und es ist Raum für ein sog. Urteil im Regelungsstreit im Sinne der Terminologie Böttichers, wo der Richter schöpferisch anstelle der Partei die Regelung setzt[9].

Die Fakultativobligation, im Code civil nicht geregelt, unterscheidet sich von der Alternativobligation dadurch, daß nur eine einzige bestimmte Leistung geschuldet ist, der Schuldner aber die Möglichkeit hat, eine andere als die geschuldete Leistung an deren Stelle zu setzen. Auch hier liegt ein Gestaltungsrecht vor, das durch die Erbringung der einen oder der anderen Leistung ausgeübt wird.

Das Wahlrecht des Käufers zwischen der Wandlungs- und Minderungsklage bei Sachmängeln nach Art. 1644 C.civ. wird unten unter den der gerichtlichen Durchsetzung bedürftigen Gestaltungsrechten behandelt werden.

c) Erbschaftsannahme und -ausschlagung

Beim Anfall der Erbschaft hat der Erbberechtigte die Wahl zwischen der einfachen Annahme, der Annahme mit Inventarerrichtung gemäß Art. 774 C.civ. und der Ausschlagung nach Art. 784 C.civ.

Die Annahme erfolgt ausdrücklich oder stillschweigend (Art. 778, 779, 780 C.civ.); davon zu trennen ist die sog. erzwungene Annahme („acceptation forcée") des Art. 792 C.civ., die bei fraudulösen Handlungen des Erben seine Verzichtsmöglichkeit ausschließt: Hier handelt es sich um eine Strafbestimmung[10]. Im Gegensatz zu der reinen Annahme bedürfen die Annahme mit Inventarerrichtung und der Verzicht stets der Form (Art. 793, 784 C.civ.): Sie müssen beim „greffier" des „tribunal de grande instance" in dem „arrondissement" gemacht werden, wo die Erbschaft eröffnet wird. Die Annahme bestätigt für die „héritiers légitimes" die Folgen der „saisine", für die „successeurs

---

[9] s. dazu *Bötticher*, Gestaltungsrecht und Unterwerfung, S. 16.

[10] So *Beudant-Lerebours-Pigeonnière*, a. a. O., Bd. V bis *(le Balle)*, Nr. 508. Die Gegenmeinung, die auch hier den Rechtserfolg an den Willen des Berechtigten anknüpfen will, indem sie eine unwiderlegliche gesetzliche Vermutung für den Annahmewillen konstruiert, erscheint gekünstelt. Um ein Gestaltungsrecht handelt es sich bei der „acceptation forcée" jedenfalls nicht.

irréguliers" macht sie den gesetzlichen Übergang der Erbschaft endgültig[11]. Die Ausschlagung hat die rückwirkende Folge, daß der Erbe nie Erbe gewesen ist (Art. 785 C.civ).

Dem Erben steht hier ein Gestaltungsrecht[12] zur Verfügung: Auch hier ist der Charakter der Bedingungslosigkeit[13] und der Unwiderruflichkeit[14], ebenso der Unteilbarkeit[15] der Wahl ein Zug des Gestaltungsrechts, das dazu dient, eine schwebende Situation, ein Provisorium zu beenden[16].

3. Das Wiederkaufsrecht

Die Art. 1659—1673 C.civ. beschäftigen sich mit dem vertraglich vereinbarten Wiederkaufsrecht („faculté de rachat ou de réméré"). Der Verkäufer reserviert sich vertraglich das Recht, die Kaufsache gegen Wiedererstattung des Kaufpreises zurückzunehmen (Art. 1659 C.civ.). Dabei muß für die Ausübung des Wiederkaufsrechts ein Zeitraum festgesetzt sein, dieser darf fünf Jahre nicht überschreiten, andernfalls wird er auf fünf Jahre vermindert (Art. 1660 C.civ.).

Wenn auch Art. 1662 C.civ. von einer „action de réméré" spricht, so ist dies nicht technisch aufzufassen, man ist sich darüber einig, daß eine außergerichtliche einseitige Willenserklärung („simple manifestation de volonté extrajudiciaire et unilatérale")[17] den Rechtserfolg herbeiführt, wobei man sich auf den Wortlaut des Art. 1669 Abs. 2 C.civ. stützt, wo von einer „faculté de rachat" die Rede ist.

Nicht eindeutig ist dagegen, ob die Willenserklärung, das Wiederkaufsrecht ausüben zu wollen, von tatsächlichen Angeboten mit nachfolgender Hinterlegung der Kaufsumme begleitet sein muß. Art. 1659 C.civ. scheint eine Argumentation in dieser Richtung zu liefern[18]. Außerdem hat der Kassationsgerichtshof[19] entschieden, daß die Rück-

---

[11] *Planiol-Ripert*, a. a. O., Bd. IV *(Maury, Vialleton)*, Nr. 280.

[12] Auch die italienische Lehre sieht in der Erbschaftsannahme und -ausschlagung ein Gestaltungsrecht *(Messina*, a. a. O., S. 738, Anm. 3).

[13] *Planiol-Ripert*, a. a. O., Bd. IV *(Maury, Vialleton)*, Nr. 243; *Beudant-Lerebours-Pigeonnière*, Bd. V bis *(Le Balle)*, Nr. 530.

[14] *Beudant-Lerebours-Pigeonnière*, Bd. V bis *(le Balle)*, Nr. 509; die Unwiderruflichkeit der Ausschlagung ist durch Art. 790 C. civ. modifiziert.

[15] *Planiol-Ripert*, a. a. O., Bd. IV *(Maury, Vialleton)*, Nr. 244.

[16] *Planiol-Ripert*, a. a. O., Bd. IV *(Maury, Vialleton)*, Nr. 243: „L'acte qui réalise ce choix est donc une opération excluant toute précarité et toute mutabilité dans ses conséquences, produisant des effets décisifs."

[17] *Colin-Capitant-Julliot de la Morandière*, a. a. O., Bd. II, Nr. 963; *Planiol-Ripert*, a. a. O., Bd. X *(Hamel, Givord, Tunc)*, Nr. 199.

[18] So *Colin-Capitant-Julliot de la Morandière*, a. a. O., Bd. II, Nr. 963; *Aubry-Rau*, a. a. O., Bd. V *(Esmein)*, § 357.

[19] *Cass. req.* 19. Oktober 1904, D. 1907, 1, 426.

erstattung des Kaufpreises eine notwendige Bedingung sei, um die Ausübung des Wiederkaufs zu vollziehen[20]. Allerdings weisen Planiol-Ripert[21] darauf hin, daß der Kassationsgerichtshof hier lediglich den Eigentumsübergang an die Rückerstattung des Kaufpreises bindet, während die Ausübung des Wiederkaufsrechts durch Willenserklärung erfolgen kann. Die Ausübung des Wiederkaufsrechts führt daher unmittelbar zunächst die Wirkung herbei, den Verfall des Rechts zu verhindern. Der Kaufvertrag ist rückwirkend aufgehoben, der Verkäufer muß den erhaltenen Preis zurückerstatten und einige Nebenleistungen erbringen, der Käufer muß die Sache zurückerstatten[22]; erfolgt dann noch das tatsächliche Angebot im eben erwähnten Sinne, so geht das Eigentum automatisch auf den Verkäufer zurück.

Das Wiederkaufsrecht ist seinem Charakter nach ein Gestaltungsrecht: Aufgrund bestimmter tatbestandlicher Voraussetzungen kann der Berechtigte seine Wahl ausüben und durch die Ausübung die rechtliche Situation modifizieren. Hat der Berechtigte sein Wiederkaufsrecht ausgeübt, so kann er den eingetretenen Rechtserfolg nicht mehr abändern[23]. So trifft man auch hier wieder auf den Charakter der Unwiderruflichkeit[24].

4. Die „mise-en-demeure“

Bei der Nichterfüllung des Vertrags werden die Schadensersatzansprüche erst durch die „mise-en-demeure“ des vertragsbrüchigen Teils fällig, jedenfalls insoweit als es sich um den Verzugsschaden handelt. Fehlt die „mise-en-demeure“, so kann der Schuldner annehmen, der Gläubiger sei bereit, Aufschub zu gewähren[25]. Die „mise-en-demeure“ ist selbst bei vertraglich vereinbartem Fälligkeitstermin nötig,

---

[20] *Planiol-Ripert,* a. a. O., Bd. X *(Hamel, Givord, Tunc),* Nr. 199, S. 237, Anm. 1.

[21] *Planiol-Ripert,* a. a. O., Bd. X *(Hamel, Givord, Tunc),* Nr. 199, S. 237, Anm. 1.

[22] *Planiol-Ripert,* a. a. O., Bd. X *(Hamel, Givord, Tunc),* Nr. 200; auf Einzelheiten wird nicht eingegangen.

[23] *Planiol-Ripert,* a. a. O., Bd. X *(Hamel, Givord, Tunc),* Nr. 199.

[24] Die französische Doktrin sieht in dem Recht des Wiederkaufsberechtigten ein bloßes Forderungsrecht *(Planiol-Ripert,* a. a. O., Bd. X *[Hamel, Givord, Tunc],* Nr. 190); die Forderung soll in dem Recht bestehen, die Rückerstattung der Sache zu verlangen. Dabei wird außer acht gelassen, daß die ganze Rechtsbeziehung der Beteiligten modifiziert wird, wodurch dann mittelbar ein ganzes Bündel von Rechten und Pflichten bei den Beteiligten entsteht. Diesen Effekt systematisch zu erfassen, ist nur die Figur des Gestaltungsrechts imstande, die des Forderungsrechts, wenn sie auch die wichtigste Folge der Gestaltung erfaßt, kann der Erscheinung nicht gerecht werden.

[25] *Ripert-Boulanger,* a. a. O., Bd. II, Nr. 844.

es sei denn, die Parteien knüpfen den Verzug ausdrücklich an den Ablauf des Fälligkeitstages an (Art. 1139 C.civ.).

Der Schuldner wird durch eine „sommation" oder einen gleichwertigen Akt in Verzug gesetzt. Ein eingeschriebener Brief genügt nicht, es sei denn, es handelt sich um ein Handelsgeschäft (Art. 1139 C.civ.)[26].

Die Folgen der „mise-en-demeure" sind einmal der Übergang des Risikos für zufälligen Untergang einer bestimmten Sache, die geschuldet ist, zum anderen der Eintritt der Fälligkeit des Verzugsschadens[27]: Die Verzugszinsen beginnen mit der „mise-en-demeure" zu laufen. Nun ist jedoch nicht der Schluß zu ziehen, daß die Schuld erst durch die „mise-en-demeure" entsteht, lediglich der Fälligkeitstermin wird durch sie fixiert[28].

Das Recht, in Verzug zu setzen, ist ein Gestaltungsrecht[29]. Durch die Ausübung des Gestaltungsrechts wird eine Rechtsänderung erzielt, wie oben ausgeführt wurde. Das Gestaltungsrecht der „mise-en-demeure" gehört zu der Gruppe von Gestaltungsrechten, die nicht unbedingt einen rechtsgeschäftlichen Gestaltungswillen des Berechtigten voraussetzen. Der Gestaltungserfolg tritt ein, auch ohne daß er gewollt ist: Der Berechtigte führt ihn herbei, auch wenn er beispielsweise nur die Erfüllung des Vertrags im Sinne hat[30]. Dies ändert jedoch seinen Gestaltungsrechtscharakter nicht.

5. Die Rücknahmerechte

a) Entzug der Schlüsselgewalt

Das französische Recht des 19. Jahrhunderts erklärte die Möglichkeit der Ehefrau, im Rahmen der Haushaltsführung den Ehemann zu ver-

---

[26] *Julliot de la Morandière,* a. a. O., Bd. II, Nr. 450.

[27] *Marty-Raynaud,* a a. O., Bd. II, 1. Hbbd., Nr. 655.

[28] *Mazeaud,* Leçons, Bd. II, Nr. 620: „Cette obligation (de réparer) prend naissance dès la réalisation du dommage, c'est seulement son échéance qui se trouve reportée jusqu'à la mise-en-demeure."

[29] *Fenkart,* a. a. O., S. 31, kommt bei der Mahnung der Art. 102, 103 OR zu dem gleichen Ergebnis und bezeichnet dieses Gestaltungsrecht als Änderungsrecht.
Interessant ist dabei, daß die Ausübung des Gestaltungsrechts der In-Verzug-Setzung des Schuldners ein weiteres Gestaltungsrecht des Gläubigers auslöst, das Recht der Fristsetzung (*Fenkart,* a. a. O., S. 32).

[30] Vgl. dazu die Ausführungen von *L'Huillier,* a. a. O., S. 109, 110, zu den Parallelproblemen des schweizerischen Rechts. *L'Huillier* führt hier aus, daß aus den erwähnten Gründen das Recht der Mahnung nicht als „acte juridique", sondern als „action juridique analogue aux actes juridiques" aufgefaßt werden müsse.
Übrigens ist auch die „costituzione in mora" des italienischen Zivilrechts als Gestaltungsrecht anerkannt, siehe *Messina,* a. a. O., S. 738, Anm. 3.

pflichten, durch die Konstruktion eines stillschweigenden Auftrags („mandat tacite"). Dieses „mandat tacite" gründete auf dem Willen des Ehemanns, seine Frau zu den hier in Frage kommenden Rechtsgeschäften zu beauftragen und mit Vertretungsmacht zu versehen, und hebt sich somit deutlich von der Konstruktion einer Schlüsselgewalt ab, die ein eigenständiges Recht der Ehefrau annimmt. Auf Drängen der Theorie, die seit Beginn dieses Jahrhunderts die Fraglichkeit einer Konstruktion des „mandat tacite" aufgezeigt hatte, näherte sich die französische Gesetzgebung durch das Gesetz vom 22. September 1942 der Konstruktion der Schlüsselgewalt an (Art. 220 C.civ.), indem sie der Ehefrau ein „pouvoir légal de représentation" verlieh. Das Gesetz gibt der Ehefrau die Vertretungsmacht und zwar ungeachtet des herrschenden Güterstands.

Die Möglichkeit des Ehemanns, der Frau die Vertretungsbefugnis zu entziehen, die Art. 220 Abs. 2 C.civ. gewährt, mutet wie ein Überbleibsel aus der Zeit des „mandat tacite" an und läßt sich für die Gegenwart nur dahin erklären, daß der Ehemann der „chef de famille" geblieben ist, dem zum Wohl der Familie eine größere Entscheidungsmacht zusteht als der Ehefrau.

Die Rücknahme erfolgt durch Erklärung gegenüber der Ehefrau und durch Mitteilung der Rücknahme an die dritten Personen, mit denen die Ehefrau die Verträge abschließt, die den Erfordernissen des Haushalts dienen. Die Dritten müssen persönliche Kenntnis von der Rücknahme haben, so daß individuelle Briefe an die gewöhnlichen Lieferanten praktisch erforderlich sind, um die Haftung des Ehemanns aus den Verträgen der Frau auszuschließen[31].

Diese Rücknahme ist nicht völlig in das Belieben des Ehemanns gestellt, wie dies bei der Konstruktion eines „mandat tacite" vor dem Inkrafttreten des Gesetzes vom 22. September 1942 logisch war, sondern darf nur erfolgen, wenn das Interesse der Familie es erfordert[32]. Die gesetzlichen Voraussetzungen der Rücknahme können durch eine Klage der Ehefrau gerichtlich nachgeprüft werden, in der sie einen Rechtsmißbrauch des Ehemanns, seine böswillige Absicht oder einen dem Familieninteresse entsprechenden eigenen Gebrauch der Stellvertretungsmacht darlegen kann[33].

---

[31] *Carbonnier*, a. a. O., Bd. I, Nr. 112.

[32] *Planiol-Ripert*, a. a. O., Bd. II *(Rouast)*, Nr. 393 bis.

[33] *Carbonnier*, a. a. O., Bd. I, Nr. 112; *Planiol-Ripert*, a. a. O., Bd. II *(Rouast)*, Nr. 393 bis, betonen richtig, daß ein „abus du droit" im subjektiven Sinn des Begriffs nicht vorzuliegen brauche, um die Rücknahme angreifbar zu machen. Die Rechtsprechung hat sich bisher, soweit ersichtlich, noch nicht mit der Frage befaßt.

Die tatbestandlichen Voraussetzungen eines „droit de retrait" liegen also fest. Bei Vorliegen des Tatbestands hat der Ehemann die Wahlmöglichkeit; die Folge seiner Rechtsausübung ist der Wegfall seiner Verpflichtung aus den Rechtsgeschäften, die seine Ehefrau in Verbindung mit dem Haushalt tätigt. Dieses „droit de retrait" ist seiner Rechtsnatur nach ein Gestaltungsrecht.

b) Rücknahme einer Schenkung unter Ehegatten

Ein Überbleibsel des historischen Mißtrauens gegenüber Schenkungen unter Ehegatten[34] ist die Vorschrift des Art. 1096 C.civ., die die Rücknahme von Schenkungen unter Ehegatten zuläßt. Auf diese Rücknahme kann nicht verzichtet werden[35]: „Toutes donations... seront toujours révocables" sagt Art. 1096 Abs. 1 C.civ.

Die Ausübung der Rücknahme erfolgt ausdrücklich oder stillschweigend. Die ausdrückliche Rücknahme erfordert entweder Erklärung vor einem Notar in Gegenwart eines zweiten Notars oder in Gegenwart zweier Zeugen (Gesetze vom 21. Juni 1943 und 12. August 1902) oder testamentarische Form. Die stillschweigende Rücknahme wird in jeder Handlung gesehen, die mit der Aufrechterhaltung der Schenkung unvereinbar ist[36], so im Verkauf der geschenkten Sache oder in der Schenkung an eine andere Person. Die Folge der Rücknahme ist die rückwirkende Beseitigung der Schenkung: Der Beschenkte wird so angesehen, als sei er nie Eigentümer der Schenksache gewesen. Die Rechte derjenigen, die sie von dem Beschenkten ableiten, sind aufgelöst, die Verwaltungsakte des Beschenkten haben jedoch Bestand[37].

Die Einordnung dieses Rücknahmerechts in die Gestaltungsrechte bedarf keiner weiteren Begründung[38].

---

[34] Verbot dieser Schenkungen im römischen Recht und in vielen Coutumes; *Planiol-Ripert*, a. a. O., Bd. V *(Trasbot, Loussouarn)*, Nr. 753.

[35] *Colin-Capitant-Julliot de la Morandière*, a. a. O., Bd. III, Nr. 1722.

[36] *Planiol-Ripert*, a. a. O., Bd. V *(Trasbot, Loussouarn)*, Nr. 760.

[37] *Colin-Capitant-Julliot de la Morandière*, a. a. O., Bd. III, Nr. 1725.

[38] Die Entscheidung *Paris*, 15. Mai 1885, Gaz. Pal. 1885, 1, 715, erlaubt einen Widerruf der Rücknahme. Hier scheint eine Ausnahme von dem Grundsatz der Unwiderruflichkeit in der Ausübung von Gestaltungsrechten vorzuliegen. Im konkreten Fall war die Schenkung durch ein späteres Testament widerrufen worden. Dieser Widerruf seinerseits war durch ein zweites Testament, das der Ehefrau die ursprüngliche Rechtsposition wieder verschafft hatte, vernichtet worden.

Hier dringt der Grundsatz durch, daß Verfügungen von Todes wegen bis zum Tode abgeändert und vernichtet werden können. Außerdem entscheidet das Gericht nicht, daß der Widerruf des Widerrufs zu einem Wiederaufleben der ursprünglichen zerstörten Rechtslage führe, wogegen ernste Bedenken bestünden, vielmehr wird rechtsgültig durch das Testament eine neue

c) Rücknahme beim Vertrag zugunsten Dritter

Beim Vertrag zugunsten Dritter wie bei der Schenkung unter Ehegatten ist das Rücknahmerecht das historische Relikt eines Mißtrauens gegen die ganze Institution. Wenn auch Art. 1119 C.civ. den Grundsatz aufstellt, daß Verträge zugunsten Dritter nicht möglich sind, so ist doch dieser Grundsatz durch Art. 1121 C.civ. und die daran geknüpfte Auslegung der Rechtsprechung in einem Maße durchlöchert, daß man von einer Umkehr des Prinzips des Art. 1119 C.civ. sprechen kann[39]. Entgegen dem engeren Wortlaut des Art. 1121 C.civ. wird nur gefordert, daß der Verpsrechensempfänger ein irgendwie geartetes Interesse (also selbst moralischer Art) an dem Vertrag zugunsten Dritter hat[40].

Durch den Vertrag zugunsten Dritter erwirbt der Dritte ein direktes und unmittelbares Recht gegenüber dem Versprechenden[41]. Der Versprechensempfänger hat jedoch, so lange der Dritte nicht seine Annahme erklärt hat, die rechtliche Möglichkeit, durch seinen Widerruf den Dritten seines Forderungsrechts zu berauben[42].

Dieses Rücknahmerecht wird formlos ausgeübt, in der Regel durch Erklärung gegenüber dem Versprechenden oder dem Dritten; möglich ist auch die Rücknahme durch Testament oder die sog. stillschweigende Rücknahme, beispielsweise, wenn der Versprechensempfänger das ursprünglich zugunsten des Dritten entgegengenommene Versprechen zu seinen Gunsten ausführen läßt[43].

Rechtslage geschaffen, die unabhängig von der alten besteht. Dies zeigt sich besonders deutlich darin, daß eine Nebenbestimmung der alten Schenkung durch den Widerruf der Rücknahme nicht wiederauflebt.

Die Formulierung „révocation de la révocation", die *Planiol-Ripert*, a. a. O., Bd. V *(Trasbot, Loussouarn)*, Nr. 761, für den angezogenen Fall verwenden, ist daher etwas mißverständlich.

[39] *Julliot de la Morandière*, a. a. O., Bd. II, Nr. 533: „En réalité, la loi était tournée, le principe de l'article 1119 était renversé. La stipulation pour autrui était reconnue valable."

[40] *Julliot de la Morandière*, a. a. O., Bd. II, Nr. 533.

[41] *Beudant-Lerebours-Pigeonnière*, a. a. O., Bd. IX *(Lagarde, Perrot)*, Nr. 948.

[42] Dieses „droit de révocation" scheint mit der Theorie eines „droit direct et immédiat" in Widerspruch zu stehen. Immerhin wird dazu von *Planiol-Ripert*, a. a. O., Bd. VI *(Esmein)*, Nr. 357 argumentiert, daß eine Konsolidierung der Rechtsstellung des Dritten erst durch die Annahme erfolge: „Tant que le tiers n'est pas devenue partie à l'acte par son acceptation, elles (les parties) sont maîtresses de défaire ce qu'elles ont fait." *Beudant-Lerebours-Pigeonnière*, a. a. O., Bd. IX *(Lagarde, Perrot)*, Nr. 963, betrachten das direkte Recht des Dritten als ein rein technisches Hilfsmittel, das den Dritten gegenüber den Gläubigern des Versprechensempfängers schützen soll.

[43] *Planiol-Ripert*, a. a. O., Bd. VI *(Esmein)*, Nr. 358.

Dieses Rücknahmerecht ist streng persönlich im Sinn des Art. 1166 C.civ. So wäre zu erwarten, daß es auch von den Erben des Versprechensempfängers nicht ausgeübt werden kann. In diesem Sinn spricht sich auch die Literatur aus[44], da man häufig die Zuwendungsabsicht, die die Basis für den Vertrag zugunsten Dritter darstelle, bei den Erben nicht finde. Die Rechtsprechung hat sich für einen Übergang des Rücknahmerechts auf die Erben ausgesprochen[45]. Hinsichtlich des Versicherungsvertrages hat das Gesetz vom 13. Juli 1930 die gleiche Lösung vorgezogen; in Art. 64 Abs. 3 sind die Voraussetzungen niedergelegt: Die Versicherungssumme muß fällig sein, die Rücknahme kann frühestens drei Monate erfolgen, nachdem der Dritte in Verzug gesetzt ist, die Annahme zu erklären.

Die Rücknahme läßt das Recht des Dritten untergehen und setzt an seine Stelle ein Recht entweder des Versprechensempfängers oder eines von ihm neu benannten Dritten auf Vertragserfüllung.

Auch dieses Rücknahmerecht hat den Charakter eines Gestaltungsrechts[46].

6. Bestätigungs- und Genehmigungsrechte

Unter der folgenden Gruppe werden die Rechte aufgeführt, die im französischen Recht als „ratification" und „confirmation" bezeichnet werden[47].

Das Gesetz verwendet zwar in Art. 1338 C.civ. die beiden Begriffe ununterschieden, die Literatur spricht sich jedoch für eine begriffliche Trennung aus.

---

[44] *Colin-Capitant-Julliot de la Morandière*, a. a. O., Bd. II, Nr. 211; *Marty-Raymaud*, a. a. O., Bd. II, 1. Hbbd. Nr. 263.

[45] *Cass. req.* 22. Juni 1859, S. 1861, 1, 151; *Cass. req.* 27. Februar 1884, S. 1886, 1, 422.

[46] Daß die Annahme des Vertrags zugunsten Dritter durch den Dritten ebenfalls Gestaltungsrecht ist, sei nur am Rande erwähnt. Diese Annahme vernichtet das Rücknahmerecht des Versprechensempfängers. Das Problem, ob die Möglichkeit zur Annahme einer Vertragsofferte ein Gestaltungsrecht ist, braucht hier nicht entschieden zu werden, da hier die Annahme nicht der integrierende Bestandteil des Vertragsschlusses ist, sondern der Dritte bereits ein Recht besitzt, dem durch diese Erklärung der Charakter der Unwiderruflichkeit gegeben wird (siehe dazu *Beudant-Lerebours-Pigeonnière*, a. a. O., Bd. IX *(Lagarde, Perrot)*, Nr. 960).

[47] *Planiol-Ripert*, a. a. O., Bd. VI *(Esmein)*, Nr. 303, Anm. 3, grenzt den Begriff der „ratification" in folgender Weise ein:

„Le terme ratification . . . . . . devrait être réservé pour désigner l'approbation donnée aux engagements qu'une personne a pris au nom d'autrui sans en avoir mandat."

a) Bestätigung eines relativ nichtigen Rechtsgeschäftes

Das Recht, ein nichtiges Rechtsgeschäft zu bestätigen, kommt naturgemäß nur bei relativer Nichtigkeit in Betracht; hier will das Gesetz bestimmte Personen schützen; auf diesen Schutz zu verzichten, ist ihnen aber anheimgestellt. Die absolute Nichtigkeit beruht nicht auf einem Einzelinteresse, sondern auf dem der Allgemeinheit: Jeder Interessierte kann die absolute Nichtigkeit geltend machen. Daraus resultiert, daß eine Bestätigung des absolut nichtigen Rechtsgeschäftes nicht möglich ist[48].

Die Voraussetzungen für diese Bestätigung sind die folgenden: Der Akt muß mit relativer Nichtigkeit behaftet oder wegen Wuchers angreifbar sein („annulable ou rescindable")[49]. Der Berechtigte muß eine präzise Kenntnis des Fehlers, mit dem das Rechtsgeschäft behaftet ist, und die Absicht haben, den Fehler zu beseitigen[50]. Die Bestätigung muß in einem Zeitpunkt erfolgen, in dem der Fehler des relativ nichtigen Geschäfts keinen Einfluß mehr auf dieses ausüben kann[51].

Die Bestätigung erfolgt entweder durch einen formellen Verzicht auf das Recht, das angreifbare Rechtsgeschäft anzugreifen. Wird dieser Verzicht in Schriftform ausgesprochen, so verlangt Art. 1338 Abs. 1 C.civ., daß in dem schriftlichen Verzicht der Inhalt des Vertrages, der Grund für die Angreifbarkeit und die Absicht, den Fehler zu heilen, enthalten ist.

Die stillschweigende Bestätigung kann nach Art. 1338 Abs. 2 C.civ. durch freiwillige Erfüllung des Vertrages erfolgen, unabhängig davon jedoch durch jedes andere Verhalten, das einen ausreichenden Schluß auf die Bestätigungsabsicht zuläßt, so etwa durch Verfügung über die durch den fehlerhaften Vertrag erworbene Sache[52].

Die Bestätigung hat die Folge, daß das Rechtsgeschäft als von Anfang an rechtsgültig zustande gekommen angesehen wird. Der Bestätigende verliert sein Recht, das Rechtsgeschäft anzugreifen: Auch hier wieder

---

[48] Auf die Abgrenzungsschwierigkeiten zwischen relativer und absoluter Nichtigkeit kann hier nicht eingegangen werden: Es erscheint sinnvoll, auf das Schutzinteresse abzustellen, wie dies beispielsweise *Julliot de la Morandière*, a. a. O., Bd. II, Nr. 398 tut.

[49] *Mazeaud*, Leçons, Bd. II, Nr. 310.

[50] *Mazeaud*, Leçons, Bd. II, Nr. 310.

[51] Beim Wucher muß der Fehler (Irrtum oder Zwang) verschwunden sein; beim Zwang wird dies in der Regel nach Zahlung des Preises angenommen. Die Rechtsprechung nimmt Art. 1674 C. civ. als argumentum e contrario für diese Lösung.

[52] *Julliot de la Morandière*, a. a. O., Bd. II, Nr. 405.

begegnet man der Unwiderruflichkeit. Die Bestätigung kann jedoch die Rechte Dritter nicht schmälern. Unter den Dritten des Art. 1138 Abs. 3 C.civ. sind jedoch nur diejenigen Dritten zu verstehen, die durch ein Rechtsgeschäft mit dem zur Bestätigung Berechtigten das Recht erlangt haben, diese Nichtigkeit geltend zu machen[53]; dabei handelt es sich um die Einzelrechtsnachfolger[54] des Berechtigten.

Das Recht zur Bestätigung des angreifbaren Rechtsgeschäfts ist ein Gestaltungsrecht: Der Berechtigte hat unter genau geregelten tatbestandlichen Voraussetzungen eine Wahlmöglichkeit, durch deren Ausübung auf die materielle Rechtslage eingewirkt wird. Durch die Ausübung verzehrt sich das Gestaltungsrecht: Die vollzogene Wahl kann nicht widerrufen werden.

b) Genehmigung bei Geschäftsführung ohne Auftrag, beim Auftrag und bei Zahlungen an einen Dritten

Im folgenden sind die Fälle der sog. „ratification" zu behandeln, während oben die sog. „confirmation" besprochen wurde.

Der Beauftragte, der den Rahmen der ihm erteilten Weisungen überschreitet, verpflichtet durch diese Handlungen den Auftraggeber nicht (Art. 1989 Abs. 2 C.civ.). Hinsichtlich dieser Handlungen wird der Beauftragte ein bloßer Geschäftsführer ohne Auftrag[55]. Seine Handlungen können jedoch wie bei jeder Geschäftsführung ohne Auftrag durch den Geschäftsherrn genehmigt werden, so daß das allgemeine Auftragsrecht anwendbar wird[56]. Die Genehmigung von Handlungen des exzedierenden Beauftragten und des Geschäftsführers ohne Auftrag können daher zusammen behandelt werden.

Die Genehmigung bedarf keiner Form, insbesondere nicht der des Art. 1338 C.civ.[57], sie kann auch stillschweigend erteilt werden, so durch Schweigen oder durch Erfüllung der vom Handelnden eingegangenen Verpflichtungen[58]. Immerhin wird verlangt werden müssen, daß der Geschäftsherr die Handlungen in ihren wesentlichen Zügen gekannt hat, wenn er sie auf seine Rechnung nimmt[59].

---

[53] *Julliot de la Morandière*, a. a. O., Bd. II, Nr. 406.

[54] *Mazeaud*, Leçons, Bd. II, Nr. 314.

[55] *Planiol-Ripert*, a. a. O., Bd. XI *(Rouast, Savatier, Lepargneur, Besson)*, Nr. 1499.

[56] Es wird hier das Rechtssprichwort zitiert: „Ratihabitio mandato aequiparatur"; Auftrag und Geschäftsführung ohne Auftrag treffen sich im Fall der Genehmigung, *Julliot de la Morandière*, a. a. O., Bd. II, Nr. 710.

[57] *Cass. civ.*, 13. Juni 1883, D. 1884, 1, 232.

[58/59] *Planiol-Ripert*, a. a. O., Bd. XI *(Rouast, Savatier, Lepargneur, Besson)*, Nr. 1499.

Die Genehmigung führt rückwirkend die Folge herbei, daß die Handlungen als von Anfang an im Rahmen des Auftrags liegend angesehen werden. Diese rückwirkende Kraft kann auch Dritten entgegengehalten werden, selbst wenn sie deren vor der Genehmigung erworbenen Rechte verletzt, soweit die Publizitätserfordernisse gewahrt sind, die auch bei einem regulären Auftrag diese „opposabilité" begründen[60].

Auch die Genehmigung der Erfüllung an einen Nichtgläubiger durch den Gläubiger („ratification" des Art. 1239 Abs. 2 C.civ.) fällt in diese Gruppe. Grundsätzlich befreit die Erfüllung an einen Dritten nicht. Die Genehmigung verleiht der Erfüllung die befreiende Wirkung; sie kann ausdrücklich oder stillschweigend erfolgen, ein Fall der stillschweigenden Genehmigung ist das vom Gesetz genannte Profitieren des Gläubigers von der Erfüllung.

Die genannten Genehmigungsrechte sind Gestaltungsrechte[61]: Ihnen ist gemeinsam die rückwirkende Gestaltung der Rechtslage. Mit dem Recht zur Bestätigung eines angreifbaren Rechtsgeschäfts teilen sie den Effekt der Heilung einer irregulären Rechtssituation.

7. Die Anerkennung des unehelichen Kindes

Die Art. 334—339 C.civ. regeln die Anerkennung des unehelichen Kindes durch den Erzeuger und die Mutter. Anerkannt werden können auch Kinder vor ihrer Geburt[1] oder nach ihrem Tode[2]. Ausgeschlossen von der Anerkennung sind Kinder, die einem ehebrecherischen oder inzestuösen Verkehr entstammen (Art. 335 C.civ.). Das Anerkenntnis kann abgegeben werden von dem Erzeuger oder der Mutter; es hat einen streng persönlichen Charakter. Geschäftsfähigkeit ist für die Anerkennung nicht nötig: Auch ein Minderjähriger, ein Verschwender, ein Geistesschwacher oder ein wegen Geistesschwäche Entmündigter in einem lucidum intervallum können die Anerkennung aussprechen, Nötig ist nur, daß der Anerkennende sich über die Tragweite seiner Erklärung im klaren ist[3].

---

[60] *Planiol-Ripert,* a. a. O., Bd. XI *(Rouast, Savatier, Lepargneur, Besson),* Nr. 1499; demgegenüber vertreten *Marty-Raynaud,* a. a. O., Bd. II, 1. Hbbd. Nr. 346, zumindest für die Geschäftsführung ohne Auftrag die Meinung, daß die Rückwirkung dem Dritten nur nützen, nicht aber schaden könne.

[61] Ebenso ist die „potestà di ratifica" des italienischen Rechts ein Gestaltungsrecht *(Messina,* a. a. O., S. 738, Anm. 3).

[1] *Cass. civ.* 12. Februar 1868, D. P., 1868, 1, 60;
Cass. req. 2. Januar 1895, D. P., 1896, 1, 367.

[2] *Cass. soc.* 10. Februar 1950, Bull. civ. 1950, 3, 106.

[3] *Mazeaud,* Leçons, Bd. I, Nr. 935.

Die Anerkennung wirkt grundsätzlich nur für die Anerkennenden: Art. 336 C.civ. spricht dies für die Anerkennung des Vaters aus, die ohne Angabe oder Geständnis der Mutter gemacht wird. Die Rechtsprechung interpretiert jedoch Art. 336 C.civ. dahin, daß die Anerkennung des Erzeugers, verbunden mit der Angabe der Mutter und gefolgt von einem Geständnis der Mutter auch eine Anerkennung der Mutterstellung beinhaltet[4]. Ein derartiges Geständnis der Mutter wird schon darin gesehen, daß die Mutter das Kind als eigenes behandelt[5].

Die Anerkennung muß nach Art. 334 C.civ. durch einen „acte authentique“[6] vorgenommen werden, wenn sie nicht bereits in dem „acte de naissance“ enthalten ist. Es genügt auch ein notarielles Testament, auch die Anerkennung in einem Verhör anläßlich des persönlichen Erscheinens hat die gleiche Wirkung vom Moment der Unterzeichnung dieser Erklärung durch den Richter im Protokoll[7].

Hinsichtlich der Folgen der Anerkennung ist zunächst bedeutsam, daß das Band der Kindschaft bewiesen wird. Bevor auf diesen Beweischarakter im einzelnen eingegangen wird, möge genügen, darauf hinzuweisen, daß dieser Beweis nur bis zur Erbringung eines Gegenbeweises gilt[8].

Abgesehen davon folgt aus der Anerkennung die Umwandlung des Charakters der Abstammung; aus der tatsächlichen Abstammung wird eine rechtlich bedeutsame. Die rechtlich festgestellte Abstammung wirkt zurück auf den Tag der Geburt und ist für Unterhalts-[9] und Erbansprüche[10], sowie für den Namen des unehelichen Kindes[11] von Bedeutung, nicht werden jedoch verwandtschaftliche Bande zur Entstehung gebracht.

In seiner rechtlichen Qualifizierung zeigt das Institut der Anerkennung einen Mischcharakter; es vereinigt in sich ein Element der Fest-

---

[4] *Cass. civ.* 21. August 1871, D. P., 1871, 1, 143.

[5] *Mazeaud,* Leçons, Bd. I, Nr. 930.

[6] Dies muß aber nicht ein „acte authentique“ ad hoc sein, es genügt auch ein indirektes Geständnis, wenn es in einem „acte authentique“ enthalten ist, so *Cass. civ.* 8. März 1948, S. 1948, 1, 84, wo die Einverständniserklärung der Mutter mit der Heirat des Kindes als Anerkennung ausgelegt worden ist.

[7] *Julliot de la Morandière,* a. a. O., Bd. I, Nr. 762.

[8] *Mazeaud,* Leçons, Nr. 936.

[9] Argumentum e fortiori aus Art. 762 C. civ.

[10] Art. 756 ff. C. civ.

[11] Gesetz vom 25. Juli 1952; das Kind erhält bei gleichzeitiger Anerkennung durch beide Elternteile den Namen des Vaters, sonst denjenigen des Elternteils, der es zuerst anerkannt hat; jedoch kann das „tribunal de grande instance“ eine Erlaubnis zur Führung des Vaternamens entweder anstelle des Mutternamens oder zusätzlich zu ihm erteilen.

stellung und ein Element der Gestaltung. Das Element der Feststellung liegt in der Erklärung des Wissens eines der beiden Elternteile, die die Kindschaft beweist, das Element der Gestaltung in der Erklärung des Willens, das Kind zu den Folgen der Kindschaft zuzulassen[12].

Der Charakter der Anerkennung als einfaches Beweismittel der Kindschaft wird aus folgenden Punkten deutlich: Einmal wird von den Erfordernissen der Geschäftsfähigkeit abgesehen, zum andern kann die gleiche Rechtssituation auch durch eine Klage des unehelichen Kindes festgestellt werden. Man kann nun argumentieren, daß in beiden Fällen das Band der Kindschaft seit dem Tage der Empfängnis existiert und es von untergeordneter Bedeutung ist, ob es auf dem Weg der gerichtlichen Klage oder des Anerkenntnisses festgestellt wird[13]. Wenn darüber hinaus der Charakter der Unwiderruflichkeit[14] und die Rückwirkung der Anerkennung als Argumente für den feststellenden Charakter aufgeführt werden[15], so erheben sich hier Zweifel; denn ist die Rückwirkung ein durchaus möglicher Gestaltungserfolg, so ist die Unwiderruflichkeit geradezu ein Kennzeichen eines Gestaltungsrechts.

Neben dem Beweiselement ist bei der Anerkennung noch ein rechtsgeschäftliches Element im Spiel[16]. Den rechtsgeschäftlichen Charakter erhält die Anerkennung dadurch, daß sie Formvorschriften unterliegt[17], und daß die Theorie der Willensmängel anwendbar ist[18]. Auch die Vorschrift des Art. 337 C.civ., der zugunsten von Ehefrau und ehelichen Kindern die Wirkungen einer während der Ehe ausgesprochenen Anerkennung beseitigt, läßt sich nur durch die Idee einer „reconnaissance-admission“ erklären. Ist die Anerkennung nur die Feststellung einer Tatsache, so ist es schwer, sich vorzustellen, daß

[12] In dem Sprachgebrauch von *Colin* treffen sich in der Anerkennung ein „élément-admission“ und ein „élément-confession“ (a. a. O., besonders S. 278); die Gegenüberstellung der Elemente der Anerkennung im italienischen Recht als „mero atto giuridico“ und „negozio giuridico“ (*Stella Richter-Sgroi*, Commentario del Codice civile, Bd. I, 2. Hbbd., Delle persone e della famiglia, Anm. 2 zu Art. 250) visiert die Erscheinungsformen der beiden Elemente an.

[13] *Marty-Raynaud*, a. a. O., Bd. I, Nr. 694, folgern daher: „La reconnaissance ne constitue pas un état nouveau, c'est un acte déclaratif d'un état préexistant.“

[14] Widerruflichkeit jedoch bei der testamentarischen Anerkennung.

[15] *Mazeaud*, Leçons, Bd. I, Nr. 931, 932.

[16] Anhänger dieser Doppelnatur außer *Colin* auch *Ripert-Boulanger*, a. a. O., Bd. I, Nr. 1762; *Martin de la Moutte*, a. a. O., S. 244; *Mazeaud*, Leçons, Bd. I, Nr. 928 ff.; *Marty-Raynaud*, a. a. O., Bd. I, Nr. 686.

[17] So *Martin de la Moutte*, a. a. O., S. 244; *Marty-Raynaud*, a. a. O., Bd. I, Nr. 686.

[18] *Mazeaud*, Leçons, Bd. I, Nr. 933.

diese Feststellung aufgrund eines vorangegangenen Vertrags mit einem Dritten, der Ehe, unmöglich sein sollte[19]. Die Vorstellung dagegen, daß durch die Eheschließung sich der Ehegatte verpflichtet, durch eine spätere Willenserklärung die Rechtsstellung des andern Ehegatten und der ehelichen Kinder nicht zu erschüttern, hat viel für sich[20]. Der Ausschluß der Anerkennung von Inzest- und Ehebruchskindern spricht ebenfalls für den Charakter der Anerkennung als „admission".

Auch steht es dem Erzeuger und der Mutter frei, die Anerkennung auszusprechen; wenn auch ein gerichtliches Urteil die Wirkung der Anerkennung erzielen kann, so begeht doch der nicht anerkennende Elternteil keine „faute"[21]. Auch gibt es Situationen, in denen die Klage eines unehelichen Kindes nicht möglich ist, so daß das Kindschaftsverhältnis allein von der Anerkennung abhängt, die nicht erzwungen werden kann. Die Freiheit der Anerkennung zeigt sich deutlich darin, daß es überhaupt die Anerkennung durch die Mutter gibt. Da das natürliche Faktum der Abstammung im Verhältnis zur Mutter immer klar ist, muß die Anerkennung irgendwie einer Freiheit der Mutter entspringen[22].

Wenn so die rechtsgeschäftliche Natur, die die Anerkennung neben der Beweisnatur hat, dargelegt ist, so ist doch noch die weitere Frage zu entscheiden, ob es sich um ein Rechtsgeschäft mit rein feststellendem Charakter[23] oder mit rechtsgestaltendem Charakter[24] handelt. Bei der Prüfung ob die Anerkennung ein Gestaltungsrecht ist, machen zwar das Vorliegen tatbestandlicher Voraussetzungen und der Wahlcharakter, die dem Gestaltungsrecht eigen sind, keine Schwierigkeiten. Man fragt sich jedoch, ob die Rechtslage wirklich gestaltet wird, und wie sich der Wille zu dieser Gestaltung verhält.

Zwar ist es angängig, den Charakter der „opposabilité" allen gegenüber als Argument für die Gestaltungswirkung heranzuziehen, indem man die Relativität den feststellenden Akten, die absolute Wirkung den Konstitutivakten zuschreibt[25]. *Martin de la Moutte* spricht von dem Erfolg einer Enthüllung („révélation")[26], einer Klärung der Rechts-

---

[19] *Colin,* a. a. O., S. 278.

[20] *Colin,* a. a. O., S. 278, 279.

[21] *Mazeaud,* Leçons, Bd. I, Nr. 933, Anm. 2.

[22] *Stella Richter-Sgroi,* a. a. O., Anm. 2 zu Art. 250; hier wird von einem „potere di autonomia" der Mutter gesprochen.

[23] So *Marty-Raynaud,* a. a. O., Bd. I, Nr. 694.

[24] *Colin,* a. a. O., S. 278: „acte de volonté créateur d'une situation juridique nouvelle."

[25] *Mazeaud,* Leçons, Bd. I, Nr. 933: Diese „opposabilité" allen gegenüber ist für die Anerkennung in Art. 342 bis C. civ. niedergelegt.

[26] *Martin de la Moutte,* a. a. O., S. 243.

lage. Das uneheliche Kind hat schon mit seiner Geburt ein Kindschaftsverhältnis zu der Mutter und dem Erzeuger, aber dieses Verhältnis wird durch die Anerkennung geklärt. Wenn man sich der Begriffe der italienischen Dogmatik bediente, würde man die Anerkennung als „accertamento" bezeichnen[27]. Vor allem gibt es auch den Begriff des „accertamento" mit Gestaltungswirkung, der gerade für die Anerkennung des unehelichen Kindes zutrifft[28].

Die Klärung der Situation bedeutet in Wirklichkeit eine Veränderung; aus dem natürlichen Kindschaftsverhältnis wird ein rechtlich bedeutsames. Diese Klärung hängt von dem Willen der Berechtigten ab, und ebenso damit die Rechtsfolgen der unehelichen Kindschaft. Die Möglichkeit, das gleiche Ergebnis gerichtlich zu erzielen, tut dem keinen Abbruch, ungeachtet der Tatsache, daß in beiden Fällen eine Rückwirkung eintritt. Allein das Zeitmoment dürfte genügen, um die Verschiedenheit der beiden Wege darzutun. Somit ist eine Verbindung zwischen dem Willen und dem Erfolg dargetan. Für die Frage, ob es die für die Bejahung des Gestaltungsrechtscharakters erforderliche Verbindung ist, ist bedeutsam, daß, wie oben ausgeführt worden ist[29], und wie auch das Beispiel der „mise-en-demeure" zeigt, sich der Gestaltungswille nicht auf die Gestaltungswirkung beziehen muß. Es genügt, daß ein Wille besteht, hier der Wille zur Anerkennung, und daß seine Manifestation einen Gestaltungseffekt herbeiführt. So hat die Anerkennung den Charakter des Gestaltungsrechts.

Die Frage nach dem Verhältnis von Gestaltungsrechts- und Beweischarakter[30] wäre hier nur dann sinnvoll, wenn die Bejahung des

---

[27] s. *Fabrea*, a. a. O., S. 212, wo dargestellt ist, daß das „accertamento" mehr als einen nur feststellenden Effekt hat und auch eine Veränderung der Rechtswelt mit sich bringt.

[28] *Fabrea*, a. a. O., S. 211: „Mentre esistono dichiarazioni di scienza che sono fatti a struttura tipicamente dichiarativa, ai quali sono collegati effetti costitutivi (caratteristico esempio è quello del riconoscimento del figlio naturale)."

Auch das Urteil im „processo di accertamento costitutivo" enthält ein Feststellungs- und ein Konstitutivelement. *Carnelutti*, a. a. O., Bd. I, S. 535: „Si dà giurisdizione di accertamento costitutivo quando l'esistenza del rapporto giudizialmente dichiarato dipende dalla dichiarazione giudiziale, la quale ne forma perciò un fatto costitutivo." Als Beispiele werden genannt die Nichtigkeitsklage oder die Klage auf Trennung von Tisch und Bett.

Konstitutive Feststellung läßt sich ganz allgemein als Kern des Zivilprozesses auffassen (dazu *Bruns*, a. a. O., S. 293).

[29] s. oben 1. Teil III 3.

[30] *Martin de la Moutte* versucht, das Auftreten des „élément-confession" und des „élément-admission" sukzessiv zu konstruieren: die Beweiswirkung sei unmittelbar, die Aufnahmewirkung mittelbar. Die Wirksamkeit der ersten sei Bedingung für die der zweiten (a. a. O., S. 245). Eine derartige Konstruktion erscheint jedoch künstlich; die beiden Elemente fallen tatsächlich zusammen und sind untrennbar miteinander verbunden, ohne daß das eine als Bedingung des anderen aufgefaßt werden könnte.

Beweischarakters der Anerkennung den Gestaltungsrechtscharakter entzöge. Davon kann jedoch nicht die Rede sein, da ein Gestaltungsrecht mit Beweischarakter keinen Widerspruch in sich selbst bedeutet. So ist es auch nicht nötig zu erforschen, welches der beiden Elemente der Anerkennung die größere Bedeutung hat[31]. Es bleibt somit das Ergebnis, daß die Anerkennung des unehelichen Kindes im französischen Recht ein Gestaltungsrecht ist[32].

8. Aufrechnung als Grenzfall eines Gestaltungsrechts

Die Art. 1289—1299 C.civ. behandeln die Aufrechnung. Der Grundsatz ist in Art. 1280 C.civ. aufgestellt: „La compensation s'opère de plein droit par la seule force de la loi, même à l'insu des débiteurs"; die Aufrechnung tritt also ipso iure ein, ohne daß eine Willenserklärung der Parteien erforderlich wäre.

Die Voraussetzungen für diese gesetzliche Aufrechnung sind die folgenden: Gegenseitigkeit, Fälligkeit, Liquidität der Forderungen sowie Vertretbarkeit des Objekts der Forderungen. Es scheint somit eine Konzeption vorzuherrschen, die der des Gestaltungsrechts im deutschen (§ 388 BGB) und im schweizerischen Recht (Art. 124 OR) entgegengesetzt ist[33].

Allerdings dient das Institut des Verzichts auf die Aufrechnung im französischen Recht dazu, die Grundpositionen anzunähern. Daß ein vorheriger Verzicht auf die Aufrechnung möglich ist, ergibt sich aus dem Grundsatz der Vertragsfreiheit und bietet der Konstruktion keine Schwierigkeiten. Darüber hinaus wird jedoch ein Verzicht auf die bereits eingetretene Aufrechnung („renonciation à la compensation accomplie")[34] zugelassen. Ein derartiger Verzicht kann ausdrücklich

---

[31] *Colin*, a. a. O., S. 291, meint, das Gesetz habe bei der unehelichen Kindschaft das System der „reconnaissance-confession" zugunsten der „reconnaissance-admission" aufgegeben.

[32] Das schweizerische Recht betrachtet die Anerkennung des außerehelichen Kindes gemäß Art. 303 ZGB als Gestaltungsrecht *(Fenkart*, a. a. O., S. 10). Hier wird das Geständnis klar von der Anerkennung abgehoben. An die subjektive Anerkennungserklärung „knüpft das Gesetz die Vermutung der Vaterschaft und weiterhin die besonderen Rechtswirkungen der Standesfolge", mit dem Geständnis „gibt der Belangte nur den Umgang zu", so *Egger* im Kommentar zum schweizerischen Zivilgesetzbuch von *Oser-Schönenberger*, Bd. II, 2. Abt., Anm. 2 zu Art. 203.

[33] *Nichet*, Henry, Du jeu de la compensation dans les rapports des créanciers et des débiteurs, thèse Montpellier, 1934, S. 157, bleibt bei dieser oberflächlichen Analyse stehen und konzediert nur (S. 158), daß die Rückwirkung der Willenserklärung im deutschen Recht eine gewisse Näherung in der Praxis darstellt.

[34] *Beudant-Lerebours-Pigeonnière*, a. a. O., Bd. IX *(Lagarde, Perrot)*, Nr. 1050.

oder stillschweigend erfolgen, er wird jedoch nicht vermutet. Ein Fall dieses stillschweigenden Verzichts ist Art. 1296 C.civ.: Der Schuldner, der dem Gläubiger ursprünglich die Aufrechnung entgegenhalten konnte, kann dies nicht mehr, wenn er ohne Vorbehalt die Abtretung der Forderung durch den Gläubiger an einen Dritten akzeptiert hat; die bloße Mitteilung der Abtretung, ohne daß der Schuldner sie akzeptiert hätte, führt aber noch nicht zum Verlust der Aufrechnung (Art. 1295 C.civ.). Der stillschweigende Verzicht tritt generell ein, wenn beide Parteien oder eine von ihnen eine Handlung vornehmen, die mit der Aufrechnung unvereinbar ist. Auch die Bezahlung einer durch die Aufrechnung „erloschenen" Schuld gilt als Verzicht, wobei jedoch die Rechte Dritter geschützt werden (Art. 1299 C.civ.), es sei denn, der Leistende hat mit gutem Grund von dem Bestand der Forderung nichts gewußt, die mit seiner Schuld aufgerechnet wurde. Versäumt es der Aufrechnungsberechtigte, vor Gericht die Aufrechnung anzurufen, so wird auch das als stillschweigender Verzicht auf die Aufrechnung angesehen. Schließlich gilt die Geltendmachung der Aufrechnung als eine verjährungshemmende Anerkennung der Forderung des Aufrechnungsgegners[35] (Art. 2242 C.civ.).

Als Folge des stillschweigenden Verzichts auf die Aufrechnung kommt es dazu, daß die untergegangenen Forderungen wiederaufleben[36].

Ein derartiges Wideraufleben untergegangener Rechtsbeziehungen stellt aber vor große logische Schwierigkeiten[37]. Die Aufrechnung führt ja dazu, daß im Augenblick, in dem sich zwei aufrechenbare Forderungen gegenüberstehen, der Untergang eintritt. Wie kann das, was nicht mehr besteht, wieder ins Leben zurückgerufen werden?

Savatier äußert zu Recht Kritik an der Theorie der „renonciation tacite"[38]. Die Schwierigkeiten liegen einmal in dem Begriff des Ver-

---

[35] s. *Cass. req.* 21. März 1934, D. P. 1934, 1, 129, mit Anmerkung von *Savatier.*

[36] *Savatier* in der eben zitierten Anmerkung S. 130: „En d'autres termes, par la compensation, la dette est sans doute éteinte, mais elle renaît."

[37] *Beudant-Lerebours-Pigeonnière,* a. a. O., Bd. IX *(Lagarde, Perrot),* Nr. 105: „Il est beaucoup plus délicat en logique, d'admettre une renonciation à la compensation accomplie. Comment une obligation déjà éteinte pourrait-elle revivre? La liberté des conventions ne se heurte-t-elle pas ici, à une impossibilité juridique?"

Nichet macht sich in seiner These über diese Frage keine Gedanken, bezeichnet nur die Folgen des Art. 1299 C. civ., wo der stillschweigende Verzicht gesetzlich zugelassen ist, als restitutio in integrum durch den Gesetzgeber. Diese Lösung ist für die sonstigen Fälle des stillschweigenden Verzichts unbrauchbar *(Nichet,* s. Anm. 33).

[38] *Savatier* in der Anm. 35 zitierten Besprechung.

zichts, zum andern in den Folgen dieses Verzichts. Ein Verzicht sei ein einseitiger Akt, während alle Handlungen, die die Aufrechnung vernichten, die Mitwirkung beider Teile verlangten, weiterhin könne der Verzicht nur von einem Schuldner ausgeübt werden, der die Verzichtsabsicht habe, was jedenfalls Kenntnis von der Aufrechnung voraussetze. Eine Kenntnis von der Aufrechnungslage ist aber bei den Beteiligten keineswegs nötig.

Das Problem des Überlebens der Forderungen über die eingetretene gesetzliche Aufrechnung versucht Savatier dogmatisch-logisch mit der Konstruktion einer auflösenden Bedingung zu lösen: Das Erlöschen soll automatisch eintreten, jedoch unter der auflösenden Bedingung, daß die Parteien nicht nachträglich eine mit der Aufrechnung unvereinbare Handlung vornehmen[39]. Dies sei die Erklärung für die rückwirkende Vernichtung der Aufrechnungswirkungen.

Diese Bedingung ist ihrem Charakter nach eine Potestativbedingung derart, daß für das Schicksal jeder Forderung immer nur der Wille einer Partei maßgeblich ist. Ist die Forderung 1 eine solche von A an B und die Forderung 2 eine solche von B an A, so ist für den Bestand der Forderung 1 nur der Wille B's maßgeblich, der die Forderung entgegenhalten kann oder nicht, wie nur der Wille A's für den Bestand der Forderung 2 maßgeblich ist. Die Wahlmöglichkeit der Parteien spielt somit auch im Rahmen der sog. „compensation légale" die Hauptrolle.

Ist es unter diesen Umständen noch zuviel, zu sagen, das Recht der Parteien sei einem Gestaltungsrecht stark angenähert? Die „compensation légale" hat den Charakter einer technischen Konstruktion, die etwas abseits von der juristischen Wirklichkeit errichtet ist. Die juristische Wirklichkeit ist, wie auch französische Autoren anerkennen[40], gar nicht so weit vom deutschen System entfernt. Schwer vereinbar mit der Konstruktion einer gesetzlichen Aufrechnung ist ja auch der Umstand, daß im Prozeß der Beklagte die Aufrechnung entgegenhalten muß, um nicht verurteilt zu werden; dem Richter steht es nicht zu, die Aufrechnung in den Prozeß einzuführen[41].

Savatiers Versuch, eine Brücke zwischen beiden Konzeptionen zu schlagen, indem er die Forderungen nur unter einer auflösenden Bedingung erlöschen läßt, erscheint gequält. Befreiend ist hier die

---

[39] *Savatier* in der Anm. 35 zitierten Besprechung: „L'extinction se produit sans doute de plein droit, mais seulement à la condition qu'aucun acte inconciliable avec elle ne soit ensuite accompli par les parties. Si un tel acte se produit, la condition résolutoire joue et . . . d'une manière rétroactive."

[40/41] *Josserand*, a. a. O., Bd. II, Nr. 936.

Lösung *Josserands*[42]: „Le débiteur n'a qu'un mot à dire pour être libéré, mais ce mot, il doit le prononcer". Dies ist schwer verträglich mit dem Prinzip des Art. 1290 C.civ.[43], jedoch sind die logischen Schwierigkeiten beim Wiederaufleben einer erloschenen Forderung nicht geringer. Mutiger erscheint es, das Prinzip, nachdem es das Gesetz selbst aufgibt, offen zu verlassen, als mit ungeeigneten Hilfskonstruktionen das Unvereinbare harmonisieren zu wollen[44].

Die Aufrechnung ist entgegen dem Wortlaut des Code civil ein Gestaltungsrecht[45]: Es liegt in der Willensmacht der Partei, sich auf die Aufrechnung zu berufen, sie geltend zu machen. Die Folge der Aufrechnung ist das Erlöschen der aufrechenbaren Forderungen. Die Aufrechnung kann nicht widerrufen werden, einmal erklärt, bringt sie die Forderung zum Erlöschen, da sie eine Art Erfüllung darstellt[46]. Die Möglichkeit eines Wiederauflebens einer erloschenen Forderung gibt es nicht; nur vertragliche Vereinbarungen können diesen Erfolg erzielen.

---

[42] *Josserand*, a. a. O., Bd. II, Nr. 937. Der gleiche Autor hält das System der Willenserklärung für das einzig vernünftige (a. a. O., Bd. II, Nr. 935).

[43] *Josserands* Meinung wird natürlich von der h. L. nicht akzeptiert: *Beudant-Lerebours-Pigeonnière*, a. a. O., Bd. IX *(Lagarde, Perrot)*, Nr. 1051.

[44] Auch *Richter*, a. a. O., S. 50, kommt zu dem Ergebnis, daß in der praktischen Handhabung das französische Recht auf den Willen abstelle und sich die Auslegung von der zugrundeliegenden Theorie entferne. Das Prinzip der ipso-iure-Aufrechnung war nur durch ein Mißverständnis einer Digestenstelle in den Code civil aufgenommen worden. Dig. 16, 2, 10 und 21 sprechen zwar von einer Aufrechnung ipso iure, doch ist man heute darüber einig, daß dies nur die Abkehr von altertümlichen Prozeßformen, hauptsächlich der exceptio doli, ausdrücken sollte (siehe dazu *Colin-Capitant-Julliot de la Morandière*, a. a. O., Bd. II, Nr. 561; *Richter*, a. a. O., S. 38 ff.; *Tomson*, a. a. O., S. 66 ff., der ebenfalls davon spricht, daß trotz des prinzipiellen Unterschiedes zwischen der deutschen und der französischen Konstruktion die Lösungen letztlich die gleichen sind, a. a. O., S. 73).

[45] Für das italienische Zivilrecht, das ebenso wie das französische nach dem Wortlaut des Gesetzes die ipso-iure-Aufrechnung kennt (Art. 1241 ff. ital. C. civ.), nimmt *Messineo (Messineo* Francesco, Manuale di diritto civile e commerciale, Bd. II, 2. Hbbd., Diritto delle obbligazioni, parte generale, Mailand 1951, S. 384) ein Gestaltungsrecht zur Aufrechnung an. *Messineo* schließt daraus, daß die Aufrechnung geltend gemacht werden muß, und jeder Teil die Erfüllung verlangen kann, wenn die Aufrechnung nicht entgegengehalten wird. *Miccio* dagegen *(Miccio* Renato, Commentario del Codice civile, Bd. IV, 1. Hbbd., Delle obbligazioni in generale, Torino 1957, S. 222) verneint den Gestaltungscharakter, da die Rechtsänderung von der einseitigen Aktivität des Rechtssubjekts nicht abhänge. Die Erfüllung trotz der Aufrechnung lasse nur die untergegangene Vertragsbeziehung wiederaufleben aufgrund einer neuen vertraglichen Beziehung (a. a. O., S. 223). Allerdings zeigt die Notwendigkeit, hier einen neuen Vertrag konstruieren zu müssen, wenn die Parteien nur, ohne sich auf die Aufrechnung zu berufen, den alten erfüllen, die Angreifbarkeit der Theorie *Miccio's*. Die Theorie des Gestaltungsrechts bei *Messineo* dürfte den Vorrang verdienen, so auch *Messina*, a. a. O., S. 738, Anm. 3.

[46] *Colin-Capitant-Julliot de la Morandière*, a. a. O., Bd. II, Nr. 576.

9. Die Einrede des nichterfüllten Vertrags und das Zurückbehaltungsrecht

Wenn auch die Aufrechnung noch als Gestaltungsrecht zu bezeichnen war, so fehlt doch dieser Charakter zwei Erscheinungen, die ebenfalls an der Grenze des Begriffs „Gestaltungsrecht" liegen, jedoch wohl den Rahmen sprengen; es handelt sich um das Zurückbehaltungsrecht und die Einrede des nichterfüllten Vertrags. Auf beide Erscheinungen ist daher einzugehen, um ihr Verhältnis zu dem Begriff des Gestaltungsrechts zu klären.

Die beiden Rechtserscheinungen des Zurückbehaltungsrechts und der Einrede des nichterfüllten Vertrags werden in der Regel zusammen genannt und häufig verwechselt. In der Tat ist es nicht einfach, beide Institutionen auseinanderzuhalten. Jedoch ist die Einrede des nichterfüllten Vertrags nur innerhalb des Vertragsrechts denkbar, wo der Gedanke der Erfüllung Zug um Zug Pate steht[47]. Das Zurückbehaltungsrecht dagegen ist eine gesetzliche Rechtsstellung des Gläubigers, der eine Sache seines Schuldners in Händen hält, ohne daß eine vertragliche Beziehung Voraussetzung wäre. So kann ein Zurückbehaltungsrecht gegeben sein ohne eine Einrede des nichterfüllten Vertrags und umgekehrt[48, 49].

Allerdings können die Voraussetzungen so komplizierter Institute wie des Zurückbehaltungsrechts und der Einrede des nichterfüllten Vertrags in diesem Rahmen nur flüchtig gestreift werden; das Hauptgewicht liegt auf der Frage, ob es sich bei beiden Erscheinungen um Gestaltungsrechte handelt.

Der Gedanke der Einrede des nichterfüllten Vertrags ist in den Art. 1612, 1613 und 1653 C.civ. niedergelegt, ohne daß es jedoch eine dem deutschen Recht vergleichbare allgemeine Vorschrift gäbe.

Die Lehre hat, vor allem in Beeinflussung durch die deutsche Gesetzgebung, die Einrede des nichterfüllten Vertrags bei synallagmatischen Verträgen allgemein anerkannt; einmal sei eine Erfüllungsverweigerung nicht nur in den vom Gesetz ausgesprochenen Fällen berechtigt, zweitens, als argumentum a fortiori, sei eine Auflösungsklage gegeben,

---

[47] *Planiol-Ripert*, a. a. O., Bd. VI *(Esmein)*, Nr. 445.

[48] *Mazeaud*, Leçons, a. a. O., Bd. II, Nr. 1131.

[49] Die sehr enge Verwandtschaft beider Erscheinungen ist aber nicht zu leugnen. *Beudant-Lerebours-Pigeonnière*, a. a. O., Bd. VIII *(Lagarde)*, Nr. 743, sagt: „L'exception n'étant que l'application aux contrats synallagmatiques du droit de rétention." Im Art. „Rétention" des *Nouv. Rép. Dr.* wird in dem Zurückbehaltungsrecht „une variante de l'exception non adimpleti contractus" gesehen. Jedoch kann man neben der exception auch das Zurückbehaltungsrecht beim gleichen Tatbestand geltend machen. Dazu siehe *Beudant-Lerebours-Pigeonnière*, a. a. O., Bd. VIII *(Lagarde)*, Nr. 774.

die in ihren Wirkungen weit schwerwiegender sei, drittens müßten gemäß Art. 1134 Abs. 3 C.civ. die Verträge nach Treu und Glauben erfüllt werden[50].

Die Rechtsprechung hat die Einrede des nichterfüllten Vertrags, ohne sie deutlich zu benennen, häufig angewandt[51]. Sie hat eine Regel folgenden Inhalts aufgestellt: Bei den synallagmatischen Verträgen hat die Verpflichtung des einen Vertragsteils ihre „cause" in derjenigen des anderen, derart, daß die Verpflichtung des einen Teils ihre „cause" verliert, wenn die des andern, gleichgültig aus welchem Grund, selbst in einem Fall höherer Gewalt, nicht erfüllt wird[52]. Hat die Verpflichtung aber keine „cause", so braucht sie nicht erfüllt zu werden.

Das Zurückbehaltungsrecht ist im Code civil in einigen besonders gelagerten Fällen statuiert: in den Art. 867, 1673, 1749, 1948, 2280, jedoch auch hier wieder, ohne daß eine Generalklausel existieren würde.

Die Ausdehnung dieser Fälle des Zurückbehaltungsrechts durch analoge Anwendung auf ähnlich gelagerte Tatbestände ist in Lehre[53] und Rechtsprechung allgemein anerkannt. Abgesehen von einer analogen Anwendung selbst hat man jedoch auch einen allgemeinen Grundsatz zugelassen, daß ein Zurückbehaltungsrecht dort existiere, wo die Bedingungen der Konnexität erfüllt seien[54]. Da eine Darstellung der vielfältigen Rechtsprechung in diesem Rahmen zu weit führen würde[55], sei nur darauf hingewiesen, daß es zwei Gruppen von Zurückbehaltungsrechten[56] gibt. Eine erste ergreift die Fälle vertraglicher Beziehungen zwischen den Partnern, seien es synallagmatische oder nicht, vornehmlich aber synallagmatische, wo der Zug-um-Zug-Gedanke eine Rolle spielt. Man denkt hier an Verträge wie den Auftrag, den Transportvertrag, den Werkvertrag und den Beherbergungsvertrag hinsichtlich der eingebrachten Sachen.

---

[50] *Planiol-Ripert,* a. a. O., Bd. VI *(Esmein),* Nr. 440.

[51] *Cass. req.* 20. April 1921, D. 1922, 1, 181, wobei die Urteilsbesprechung von einem Zurückbehaltungsrecht spricht, während es sich um eine Leistungsverweigerung handelt; *Cass. req.* 22. Februar 1932, D. H. 1932, 203; *Cass. civ.* 26. November 1951, Gaz. Pal. 1952, 1, 72.

[52] *Cass. civ.* 4. und 5. Mai 1920, D. P. 1926, 1, 37.

[53] *Planiol-Ripert,* a. a. O., Bd. VI *(Esmein),* Nr. 444.

[54] *Cass. req.* 19. Juli 1904, S. 1909, 1, 133; *Cass. req.* 15. November 1923, S. 1924, 1, 215.

[55] s. dazu *Planiol-Ripert,* a. a. O., Bd. VI *(Esmein),* Nr. 444, 445.

[56] Einteilung bei *Colin-Capitant-Julliot de la Morandière,* a. a. O., Bd. II, Nr. 1480, 1481.

Eine zweite Gruppe von Zurückbehaltungsrechten wird auch ohne Vertragsbeziehungen gewährt, unter der Voraussetzung, daß entweder ein Vertrag bestanden hat[57] oder ein debitum cum re iunctum, d. h. eine objektive Konnexität[58] vorliegt. Von einem debitum cum re iunctum spricht man dann, wenn der Zurückbehaltende Gläubiger des Eigentümers geworden ist, und diese Gläubigerstellung mit der zurückbehaltenen Sache in Verbindung steht[59]. So hat der gutgläubige Besitzer gegenüber dem Eigentümer ein Zurückbehaltungsrecht wegen des Ersatzes seiner ersatzfähigen Aufwendungen.

Sowohl das Zurückbehaltungsrecht wie die Einrede des nichterfüllten Vertrags sind rechtlich als Selbsthilferechte[60] anzusprechen; eine gerichtliche Mitwirkung ist nicht nötig, um den Erfolg herbeizuführen. Noch präziser: es sind Rechte der defensiven Selbsthilfe. Fraglich ist nur, ob es auch Gestaltungsrechte sind. Das Wahlmoment, das für das Gestaltungsrecht Voraussetzung ist, fehlt nicht: Der Berechtigte entscheidet, ob er sich dieser rechtlichen Möglichkeiten bedienen will. Jedoch fehlt die für die Bejahung des Gestaltungsrechts nötige Gestaltungswirkung, sei es, daß man mit Dölle[61] von der Gestaltung den Charakter der Endgültigkeit fordert oder aber darauf abstellt, daß sich das Gestaltungsrecht durch seine Ausübung erschöpfen muß[62]. Beide Kriterien erfüllen das Zurückbehaltungsrecht und die Einrede des nichterfüllten Vertrags nicht. Es wird nicht derart auf die Rechtslage eingewirkt, daß durch die Entscheidung des Berechtigten ein Provisorium abgeschlossen würde und der Berechtigte durch seine Wahl seine Möglichkeit einzugreifen erschöpft sähe. Die beiden Rechte können stets wieder geltend gemacht werden; sie dienen dazu, eine provisorische Regelung zu schaffen[63], während Gestaltungsrechte das Provisorium, den Schwebezustand, beenden sollen.

Symptomatisch ist das Fehlen der Unwiderruflichkeit der Rechtsausübung, in den man eine Art Leitfossil der Gestaltungsrechte erblicken kann. Somit sind die beiden Rechte zwar Selbsthilferechte, die dazu dienen „à conserver ce que l'on doit et qu'on ne nie pas de

---

[57] So Zurückbehaltungsrecht des Pfandleihers am Pfand, wenn der Vertrag annulliert worden ist: *Civ. req.* 26. April 1900, D. P. 1900, 1, 455; hier bestand jedoch ein Quasivertrag.

[58] *Planiol-Ripert,* a. a. O., Bd. VI *(Esmein),* Nr. 445.

[59] *Colin-Capitant-Julliot de la Morandière,* a. a. O., Bd. II, Nr. 1481.

[60] Zum Selbsthilfecharakter siehe vor allem *Demogue,* Notions, S. 644; *Cassin,* a. a. O., passim, besonders S. 331; *Vallimaresco,* a. a. O., S. 397 ff., 402 ff., 395.

[61] *Dölle,* Entdeckungen, Bd. 12.

[62] s. oben, S. 27, 43.

[63] *Beudant-Lerebours-Pigeonnière,* a. a. O., Bd. VIII *(Lagarde),* Nr. 774 bezeichnet die exceptio als „refus provisoire d'exécuter".

devoir afin de garantir ce qui nous est dû"[64], jedoch keine Gestaltungsrechte.

Mit diesen Erscheinungen ist die Behandlung der Gestaltungsrechte des französischen Privatrechts abgeschlossen, soweit sie nicht gerichtlich geltend gemacht werden. Es sei nur am Rande angedeutet, daß beispielsweise das Recht des Begünstigten aus einem Verkaufsversprechen („promesse unilatérale de vente") oder das Recht auf Teilung der Erbschaft (Art. 815 C.civ.), das, obwohl „action en partage" genannt, durchaus auch ohne die Gerichte durchgesetzt werden kann[65], noch Gestaltungsrechte sind[66].

II. Gestaltungsrechte mit gerichtlicher Durchsetzung

Hinsichtlich der Gestaltungsrechte mit gerichtlicher Durchsetzung besteht ein geringeres Interesse an der Herausarbeitung einzelner Beispiele. Nachdem einerseits das Erfordernis gerichtlicher Durchsetzung sich mit dem Gestaltungsrechtscharakter eines Rechts vereinbaren läßt, andererseits das Wesen des Gestaltungsrechts am reinsten in der Verbindung mit der Selbsthilfe zutage tritt, wird auf die gerichtlich durchsetzbaren Gestaltungsrechte des französischen Rechts geringeres Gewicht gelegt. Es werden nur drei Gestaltungsrechte exemplarisch behandelt, deren klagweise Ausübung im Gegensatz zu einer Ausübung durch Willenserklärung im deutschen Recht steht.

1. Die Nichtigkeitsklage

Wo das deutsche Recht das Institut der Anfechtung einer Willenserklärung wegen Irrtums, wegen Zwangs oder Arglist kennt, benötigt das französische Zivilrecht einer Nichtigkeitsklage, um das durch den Willensmangel behaftete Rechtsgeschäft zu beseitigen. Die Nichtigkeitsklage ist sowohl bei relativer wie bei absoluter Nichtigkeit nötig. Grundsätzlich[1] ist die Abgrenzung zwischen beiden Nichtigkeitsarten danach vorzunehmen, daß die relative Nichtigkeit dem Schutz gewisser Einzelinteressen dient, während die absolute dem allgemeinen Interesse, dem ordre public, entspricht.

---

[64] *Cassin,* a. a. O., S. 66.

[65] *Josserand,* a. a. O., Bd. III, Nr. 1054.

[66] Im Verwaltungsrecht ist wohl in der „approbation" des öffentlichrechtlichen Vertrags ein Gestaltungsrecht zu sehen, wie *Tomson,* S. 171 ff. einleuchtend dargestellt hat.

[1] *Julliot de la Morandière,* a. a. O., Bd. II, Nr. 398.

Summarisch aufgeführt sind die Fälle der relativen Nichtigkeit die folgenden: die Willensmängel, die „incapacités d'exercice", d. h. Fälle, in denen der Berechtigte unfähig ist, selbst die Willenserklärung abzugeben, aber vertreten oder autorisiert werden kann, der Verkauf der Sache eines anderen gemäß Art. 1599 C.civ. Bei den Willensmängeln ist der Irrtum ein Nichtigkeitsgrund, wenn er sich auf die Substanz der Sache oder auf die Person, soweit es sich um einen Vertrag intuitu personae handelt, bezieht (Art. 1110 C.civ.). Auch der Rechtsirrtum kann eine Nichtigkeitsklage tragen, wenn er sich als bestimmender und hauptsächlicher Grund für das Eingehen der Verpflichtung darstellt[2]. Gemäß Art. 1116 C.civ. ist die arglistige Täuschung ein Grund für die Nichtigkeit, schließlich ist noch die Gewalt als Willensmangel aufzuführen (Art. 1111—1115 C.civ.). Streitig ist, ob der Wegfall oder der Irrtum über die „cause" absolute oder relative Nichtigkeit mit sich bringt. Die Fälle des Wuchers kann man als der relativen Nichtigkeit zugehörig ansehen, wenn man von gewissen modernen Sondergesetzen absieht, die zu absoluter Nichtigkeit als Rechtsfolge führen[3]. Es gibt keine den Wucher treffende Generalklausel; vielmehr ist das Mißverhältnis von Leistung und Gegenleistung im Zeitpunkt des Vertragsabschlusses nur hinsichtlich gewisser Personen oder im Rahmen bestimmter Verträge relevant (Art. 1118 C.civ.). Im Fall des Wuchers steht dem Geschädigten eine „action en rescision" zur Verfügung, die die Nichtigkeitsfolgen herbeiführt.

Absolute Nichtigkeit ist die Folge des Fehlens, der Unmöglichkeit und der Unerlaubtheit des Objekts, ebenso folgt sie aus der unerlaubten oder unmoralischen „cause". Formfehler bei formbedürftigen Verträgen führen ebenfalls in der Regel zur absoluten Nichtigkeit, jedoch gibt es gewisse Abweichungen von diesem Grundsatz.

Hinsichtlich der Folgen unterscheiden sich relative und absolute Nichtigkeit. Bei der relativen Nichtigkeit steht es den Parteien frei, den Vertrag zu erfüllen; die so geschaffene tatsächliche Lage unterliegt nicht einer richterlichen Intervention[4].

Die Nichtigkeitswirkung tritt nicht automatisch ein; sondern derjenige, den das Gesetz schützen wollte, also bei den Willensmängeln derjenige, auf dessen Seite ein solcher vorlag, kann auf Nichtigkeit klagen. Die Notwendigkeit der Klage ist in Art. 1117 C.civ. noch deutlich für die Willensmängel ausgesprochen.

In den Fällen der absoluten Nichtigkeit sind die Parteien nicht Herren über die Rechtsfolgen; das Gericht hat die Nichtigkeit von

---

[2] *Julliot de la Morandière*, a. a. O., Bd. II, Nr. 330.

[3] *Julliot de la Morandière*, a. a. O., Bd. II, S. 346.

[4] *Beudant-Lerebours-Pigeonnière*, a. a. O., Bd. VIII, *(Lagarde)*, Nr. 278.

Amts wegen zu beachten, wenn es in irgendeiner Weise mit der nichtigen Rechtsbeziehung befaßt wird. So wird das Gericht die Nichtigkeit auch aussprechen, wenn beispielsweise der Schuldner des nichtigen Vertrags zu erfüllen bereit ist, jedoch der Gläubiger durch eine irgendwie geartete Klageerhebung die Rechtsbeziehung dem Gericht unterbreitet. Weiterhin kann jeder Interessierte die Nichtigkeit durch Klage geltend machen. Ipso iure tritt die Nichtigkeit aber auch hier nicht ein[5].

Die Folge der Nichtigkeit ist in beiden Fällen, daß das nichtige Recht angesehen wird, als hätte es niemals existiert; die Vernichtung wirkt für die Vergangenheit und Zukunft. Bei Sukzessivverträgen wird jedoch die Faktizität der rückwirkenden Vernichtung entgegenwirken, ebenso bestehen Einschränkungen der Rückwirkung zugunsten des gutgläubigen Vertragspartners[6].

Als Gestaltungsrechte sind nur die Fälle der relativen Nichtigkeit zu qualifizieren. Unter gewissen Voraussetzungen steht es im Belieben einer Partei, eine unliebsame Rechtsbeziehung zu beseitigen. Daß die Rechtsbeziehung rückwirkend beseitigt wird, ändert nichts am Gestaltungsrechtscharakter. Die Ausübung dieses Gestaltungsrechts erfolgt durch Klage; es ist damit ein Gestaltungsklagerecht.

2. Klage auf Wandlung und auf Minderung

Der Verkäufer übernimmt durch den Abschluß des Kaufvertrags, wenn nicht abweichend speziell vereinbart, die Garantie für die Fehlerfreiheit der Kaufsache. Wird diese Garantie nicht erfüllt, so hat der Käufer die Wahl zwischen der Wandlungs- und der Minderungsklage.

Die Voraussetzungen für das Vorliegen eines zu diesen Klagen berechtigenden Fehlers sind genau umschrieben. Aus Art. 1641 C.civ. ergibt sich, daß der Fehler die Kaufsache ungeeignet zu der bestimmungsgemäßen Verwendung machen muß. Wird die bestimmungsgemäße Verwendung zwar nicht unmöglich gemacht, aber doch beeinträchtigt, so liegt ein zur Wandlungsklage berechtigender Fehler vor, wenn der Käufer bei Kenntnis des Fehlers den Kauf nicht abgeschlossen oder nur einen geringeren Kaufpreis geboten hätte. Weiterhin muß der Fehler verborgen sein („vice caché"), was in Art. 1642 C.civ. erläutert wird, daß der Käufer die Existenz des Fehlers im Zeitpunkt

---

[5] Das komplizierte Problem der „inexistence" ist hier beiseite gelassen.

[6] *Julliot de la Morandière*, a. a. O., Bd. II, Nr. 415 zählt fünf Einschränkungen des Grundsatzes auf: „L'acte nul est censé n'avoir jamais existé."

des Kaufes nicht feststellen konnte, oder daß er trotz dieser Feststellung eine Beeinträchtigung des Gebrauchs nicht annehmen mußte[7]. Eine weitere Bedingung ist, daß der Fehler vor dem Eigentumsübergang bestand, da der Verkäufer nicht verantwortlich sein kann für eine spätere Verschlechterung. Außerdem durfte der Käufer das Fehlen nicht zum Zeitpunkt des Kaufes kennen, wie sich aus Art. 1641 am Ende C.civ. schließen läßt[8].

Ob sich der Käufer für die Wandlung oder die Minderung entscheidet, in beiden Fällen muß er Klage erheben, auch Widerklage; eine bloße Einrede genügt nicht. Von der einen Klage kann zur andern gewechselt werden, so lange das Urteil nicht rechtskräftig ergangen ist[9] oder der Beklagte anerkannt hat. Die Klage muß gemäß Art. 1648 C.civ. innerhalb eines kurzen Zeitraums erhoben werden, wobei die Natur des Mangels und die Usagen des Ortes, wo der Kauf abgeschlossen wurde, eine Rolle spielen.

Der Berechtigte hat gemäß Art. 1644 C.civ. die Wahl zwischen beiden Klagen. Übt er die Wandlungsklage aus, so wird er zur Rückerstattung der Kaufsache, der Verkäufer zur Rückgabe des Kaufpreises verpflichtet. Dabei handelt es sich nicht um eine Vertragsaufhebung mit rückwirkendem Charakter; die Rechte der Dritten bleiben unberührt, nur den Vertragspartnern werden gewisse Verpflichtungen auferlegt[10]. Hinsichtlich der Verpflichtungen des Verkäufers wird je nach dessen gutem oder schlechtem Glauben differenziert: Bei schlechtem Glauben haftet der Verkäufer außer für die Rückgabe des Kaufpreises für den Ersatz jedes dem Käufer entstandenen Schadens, während bei gutem Glauben nur die anläßlich des Kaufs entstandenen Kosten zu dem Kaufpreis hinzutreten (Art. 1645, 1646 C.civ.). Diese „frais occasionnés par la vente" werden jedoch von der Rechtsprechung derart weit ausgedehnt, daß lediglich der entgangene Gewinn ausgeschlossen wird[11]. Dem Käufer obliegt die Verpflichtung, die

---

[7] *Planiol-Ripert*, a. a. O., Bd. X *(Hamel, Givord, Tunc)*, Nr. 130.

[8] s. dazu *Planiol-Ripert*, a. a. O., Bd. X *(Hamel, Givord, Tunc)*, Nr. 128-132.

[9] *Cass. civ.* 20. Juni 1917, D. P. 1917, 1, 140 und *Cass. civ. sect. comm.* 22. Juli 1953, D. 1953, 587. Diese Lösung ergibt sich daraus, daß die beiden Rechtsbehelfe ausschließlich als Klagen angesehen werden. Eine Klagänderung liegt deshalb nicht vor, weil die eine Klage in der anderen enthalten ist (so anonyme Anm. zu D. P. 1917, 1, 140, und Stichwort „Demande nouvelle", Nr. 31, in *Dall. Nouv. Rép. Dr.)*. Dies liegt daran, daß der Rechtsgrund für beide Klagen gleich ist. Jedenfalls kann die Wahl einer der beiden Klagen nicht als Verzicht auf die andere angesehen werden, da ein Verzicht nicht vermutet wird.

[10] *Planiol-Ripert*, a. a. O., Bd. X *(Hamel, Givord Tunc)* Nr. 134.

[11] *Planiol-Ripert*, a. a. O., Bd. X *(Hamel, Givord, Tunc)* Nr. 134; *Cass. req.* 28. März 1898, D. 1903, 2, 447; *Cass. req.* 21. Oktober 1925, D. P. 1926, 1, 9 mit Anm. von *Josserand*, der diese Rechtsprechung deshalb kritisiert, weil sie die vom Gesetz gewollte Differenzierung nach gutem oder schlechtem Glauben des Verkäufers einebnet, sofern nicht entgangener Gewinn inmitten steht.

Kaufsache in dem Zustand zurückzugeben, in dem er sie erhalten hat, somit auch z. B. ohne die Belastungen, die seit dem Erwerb der Kaufsache neu entstanden sind. Ist der Käufer dazu nicht in der Lage, so steht ihm nicht die Wandlungs-, sondern nur die Minderungsklage zur Verfügung.

Bei der Klage auf Minderung des Kaufpreises wird die Wertminderung, die durch die Rückerstattung ausgeglichen wird, von Experten geschätzt (Art. 1644 C.civ.).

Ohne daß auf weitere Einzelheiten dieser beiden Rechte des Käufers eingegangen werden kann, ist der Schwerpunkt auf die Frage zu legen, ob es sich hier um Gestaltungsrechte handelt. Ohne Schwierigkeit ist die Exklusivfunktion der tatbestandlichen Voraussetzungen zu bejahen, ferner die Wahlmöglichkeit des Berechtigten, ob er die Sachmängel geltend machen will, sowie die materielle Veränderung der Rechtslage.

Nun muß man in der Klageerhebung die Ausübung dieses Gestaltungsrechts sehen, wobei die Gestaltung sowohl das Ob als auch das Wie (Wandlungs- oder Minderungsklage) betrifft. Der sonst beim Gestaltungsrecht angetroffenen Unwiderruflichkeit der Ausübung steht hier die Möglichkeit entgegen, solange kein rechtskräftiges Urteil ergangen ist oder die andere Partei anerkannt hat, von einer Klage zur anderen zu wechseln. Jedoch war oben die Beschränkung der Theorie der Unwiderruflichkeit auf die Selbsthilfegestaltungsrechte dargestellt worden. Eine Selbstbindung tritt erst da ein, wo eine Bindung des Gestaltungsgegners erfolgt ist. Die Einordnung beider Rechte in die Gestaltungsrechte wird durch die Möglichkeit eines Wechsels nach Klageerhebung somit nicht betroffen.

3. Die Klage auf Vertragsauflösung

Bei synallagmatischen Verträgen kann gemäß Art. 1184 C.civ. der Partner des nichterfüllenden Vertragsteils auf Auflösung klagen. Aus dem gleichen Rechtsgrund und unter den gleichen Voraussetzungen steht dem Berechtigten eine Klage auf Vertragserfüllung zu (Art. 1184 Abs. 2 C.civ.)[12]. Hier wird nur die Auflösungsklage betrachtet, da sie sich von der Rücktrittserklärung des deutschen Rechts

---

[12] Hinsichtlich dieses Optionsrechts der Partei ist die gleiche Beobachtung zu machen wie bei der Option zwischen der Wandlungs- und der Minderungsklage. Selbst nach Erhebung der Aufhebungsklage kann die Partei in einer neuen Klage die Erfüllung fordern. Da es sich um ein Gestaltungsklagerecht handelt, gilt der Grundsatz der Unwiderruflichkeit hier wieder nicht (siehe dazu *Cass. civ.* 27. Oktober 1953, D. 1954, 20).

(§ 326 BGB) abhebt, während die Erfüllungsklage in beiden Rechtssystemen den gleichen Prinzipien unterliegt.

Die Voraussetzungen für die Auflösungsklage sind einmal die Nichterfüllung der anderen Partei, zweitens, daß jene in Verzug gesetzt worden ist, welches Erfordernis auch durch die Klageerhebung erfüllt wird. Art. 1184 C.civ. spricht nicht davon, ob eine Klage auf Vertragsauflösung selbst dann gegeben ist, wenn Zufall oder höhere Gewalt zu der Nichterfüllung des anderen Teils führten, was gegen Bedenken der Literatur[13] die Rechtsprechung bejaht[14].

Die Auflösung des Vertrags wird durch den Richter ausgesprochen. Dieser hat gemäß Art. 1183 Abs. 3 C.civ. die Möglichkeit, dem Beklagten nach Berücksichtigung der Umstände eine Nachfrist zu setzen. Es wird sogar noch weitergegangen, indem man dem Richter zugesteht, die Nichterfüllung in ihrer Bedeutung abzuwägen. In Analogie zu den Art. 1636, 1638 C.civ. wird von den Gerichten die Auflösung ausgesprochen, wenn die nichterbrachte Vertragsleistung sich als „cause" der Verpflichtung des Klägers darstellt[15]. Ist dies nicht der Fall, so werden die Gerichte dem Kläger lediglich Schadensersatz oder eine proportionelle Minderung der eigenen Verpflichtungen zugestehen.

Von diesen Rechtsfolgen einer Klage des Berechtigten wird hier nur die Auflösung des Vertrages kurz beleuchtet, da diese Wirkung das größte Interesse bietet. Durch die Auflösung wird der Vertrag rückwirkend vernichtet, und die Parteien werden so gestellt, als hätte er nie bestanden. Ist die Rückerstattung der erbrachten Leistung in natura nicht mehr möglich, so ist Wertersatz zu leisten in Höhe des Wertes der nicht mehr zu erbringenden Leistung. Es ist einleuchtend, daß bei Sukzessivverträgen eine Rückwirkung nicht möglich ist; hier kann der Vertrag nur für die Zukunft aufgelöst werden. Ein eventueller Dritterwerber des Vertragsobjekts wird so behandelt, als hätte er es vom Nichtberechtigten erworben gemäß dem Rechtssprichwort: „Resoluto iure dantis resolvitur ius accipientis". Auf die Sonderbehandlung der Verwaltungshandlungen, die zugunsten gutgläubiger

---

[13] *Ripert-Boulanger*, a. a. O., Bd. II, Nr. 527.

[14] *Cass. civ.* 14. April 1891, D. 1891, 1, 329;
Cass. req. 2. Mai 1892, D. 1893, 1, 501;
Cass. req. 19. Oktober 1897, D. 1897, 1, 576;
Cass. civ. 6. Dezember 1909, D. 1910, 1, 71;
Cass. req. 26. Juli 1909, D. 1911, 1, 55;
Cass civ. 5. Mai 1920, D. 1926, 1, 37.

[15] *Cass. civ.* 31. Oktober 1962, D. 1963, 363; *Julliot de la Morandière*, a. a. O., Bd. II, Nr. 563.

Dritter Bestand haben sowie auf die Einschränkungen des Grundsatzes, die Immobilien betreffen, kann hier nicht eingegangen werden[16].

Richter[17] hat aufgrund der dem Gericht zur Verfügung stehenden Skala von Entscheidungen, in der es nach seiner souveränen Entscheidungsgewalt („pouvoir souverain") seine Wahl treffen könne, das Vorliegen eines Gestaltungsrechts bezweifelt. Eine wirkliche Wahlmöglichkeit des Berechtigten, meint Richter, bestehe nicht[18]. Die Skala der Entscheidungsmöglichkeiten des Gerichts geht von der Klagabweisung mit Zusprechung von Schadensersatz über die Fristsetzung zur der Auflösung des Vertrages, wobei im letzten Fall noch Verurteilung zu Schadensersatz bei Verschulden des nichterfüllenden Teils hinzukommen kann[19].

Von einem Gestaltungsrecht könnte man zweifellos dann nicht sprechen, wenn die Gerichte nach freiem Belieben die eine oder die andere Rechtsfolge aussprechen könnten. Ist dagegen für eine bestimmte tatbestandliche Voraussetzung eine bestimmte Rechtsfolge vorgesehen, so verfügt der Berechtigte über ein Gestaltungsrecht hinsichtlich der jeweils angeordneten Rechtsfolge. Daran ändert es nichts, wenn etwa ein geringerer als der vom Berechtigten gewollte Gestaltungserfolg eintritt.

Bei einer gänzlichen Nichterfüllung muß das Gericht die Auflösung aussprechen, wenn eine Verpflichtung, zu unterlassen oder eine Verpflichtung zu tun, die nur in einem bestimmten Zeitpunkt erfüllt werden konnte, nicht eingehalten wurde. Unabhängig von diesen Fällen hat der Richter die Umstände des Falls abzuwägen, die für und wider die Zubilligung einer Frist sprechen. Um in der Terminologie des Verwaltungsrechts zu sprechen, die Gerichte haben hier nicht eine Ermessensentscheidung zu treffen, sondern einen unbestimmten Rechtsbegriff auszufüllen (hier die „circonstances"), die die Setzung einer Frist begünstigen oder verbieten. Zu diesen Umständen, die berücksichtigt werden müssen, gehören z. B. auch das während des Pro-

---

[16] Zu den Folgen der Auflösung siehe *Ponsard,* a. a. O., Nr. 60-66.

[17] *Richter,* a. a. O., S. 135; *Messina,* a. a. O., S. 743; Anm. 4 kommt hinsichtlich der stillschweigenden auflösenden Bedingung des italienischen Rechts wegen der richterlichen Möglichkeit, eine Nachfrist zu setzen, ebenfalls zu einer Ablehnung des Gestaltungsrechts: „Riguardo alla condizione risolutiva tacita in materia civile non credi che vi si possa vedere un diritto potestativo, perché la risoluzione può mancare per provvedimento discrezionale del giudice che conceda termine di grazia".

[18] Wenn *Tomson,* a. a. O., S. 152, ohne dieses Argument ein Gestaltungsrecht nicht annimmt, da nur die Gerichte die Auflösung aussprechen können, so beruht dies auf der oben abgelehnten Einschränkung der Gestaltungsrechte auf die Selbsthilfegestaltungsrechte.

[19] *Julliot de la Morandière,* a. a. O., Bd. II, Nr. 563.

zesses erfolgende Leistungsangebot des Schuldners, der bisher nicht erfüllt hatte. Diese Möglichkeit, durch eine verspätete Erfüllung die Verurteilung abzuwenden, besteht nur bis zum Rechtskrafteintritt des Urteils; schon vorher kann das Gericht das verspätete Angebot bei einer besonders gravierenden Nichterfüllung zurückweisen.

Bei einer nur teilweisen Nichterfüllung wird in Analogie zu den Art. 1636 und 1638 C.civ. auf die Willensrichtung des Gläubigers abgestellt[20]. Hätte er den Vertrag auch abgeschlossen, wenn er von dem Mangel der Erfüllung gewußt hätte, so wird ihm nur Schadensersatz zugesprochen, andernfalls ist auf Vertragsauflösung zu erkennen.

Einem bestimmten Tatbestand ist daher eine bestimmte Rechtsfolge zugeordnet. Die Wahl des Berechtigten besteht daher hinsichtlich der dem Tatbestand entsprechenden Rechtsfolge. Ein Gestaltungsrecht darf nicht deshalb geleugnet werden, weil die Wahlmöglichkeit sich nicht auf eine nicht entsprechende Rechtsfolge erstreckt. Wenn gesagt wird, Treu und Glauben bei der Vertragserfüllung hielten den Kläger an, nicht die Vertragsauflösung zu fordern, wenn ein weniger schwerwiegender Eingriff der Bedeutung der Vertragsverletzung des andern Teils entspreche[21], so wird damit nur der Grundsatz der objektiven Zuordnung eines Gestaltungserfolgs zu gewissen tatbestandlichen Voraussetzungen in subjektiver Weise formuliert.

Demgegenüber hat das Gericht überhaupt keine Wahl, da nur eine Entscheidung die theoretisch richtige ist, wenn auch praktisch sich das Gericht bei der Entscheidung für diese oder jene Rechtsfolge in einer Wahlsituation finden mag.

So hat der Berechtigte ein Gestaltungsrecht: Durch seine Entscheidung kann er die Rechtslage mit Hilfe des Richterspruches modifizieren, indem er die der Schwere der Nichterfüllung zugeordnete Rechtsfolge eintreten läßt oder sich für die Erfüllung des Vertrags durch den andern Teil entscheidet.

Der Umstand, daß das französische Recht bei so wichtigen Instituten wie der Nichtigkeit, der Vertragsauflösung und der Wandelung und Minderung des Klagesystems dem deutschen System der einseitigen Willenserklärung[22] gegenüberstellt, ist für die französische Haltung zu einer Theorie des Gestaltungsrechts bedeutungsvoll. Es ist möglich, von einer gewissen Verschiebung vom Selbsthilfe- zum Klagegestaltungsrecht zu sprechen. Die Gründe für diese Verschiebung werden noch unten erörtert und die Bedeutung der Verschiebung erläutert.

---

[20] *Ponsard,* a. a. O., Nr. 38-49.
[21] *Ponsard,* a. a. O., Nr. 49.
[22] Hier wird vorläufig und ohne Prüfung für die Sachmängel des deutschen Rechts die Herstellungstheorie zugrundegelegt.

Dritter Teil

Das Fehlen einer Theorie des Gestaltungsrechts im französischen Recht

Während die Lehre vom Gestaltungsrecht außer im deutschen, vor allem auch im schweizerischen, österreichischen und im italienischen Recht bekannt ist, und in der amerikanischen Theorie ein zumindest verwandter Begriff, der der „power“ als der Macht, durch Willensbetätigung Veränderungen der rechtlichen Welt hervorzurufen, entwickelt worden ist[1], kennt die französische Doktrin, von einigen vereinzelten Annäherungsversuchen abgesehen, eine Lehre von den Gestaltungsrechten nicht[2].

I. Die mögliche Einordnung der Gestaltungsrechte in das französische System

Nachdem nun festgestellt ist, daß das französische Recht über Gestaltungsrechte so wohl verfügt wie das deutsche, daß es fernerhin Gestaltungsrechte mit gerichtlicher Geltendmachung und ohne diese kennt, ist von Interesse, wie in der französischen Rechtssystematik die Gestaltungsrechte eingeordnet werden, ferner ob sie überhaupt als eigene Gruppe verstanden werden.

Die herrschende deutsche Lehre teilt die Rechte nach der Natur der in ihnen liegenden Rechtsmacht in Beherrschungsrechte, Ansprüche und Gestaltungsrechte ein[3] und wird so der Eigenständigkeit der Gestaltungsrechte gerecht.

---

[1] Wesley Newcomb *Hohfeld*, Fundamental legal conception as applied in juridical reasoning and other legal essays, New Haven, Yale University Press 1923, zitiert und besprochen durch *Dölle*, Theoretische Jurisprudenz in Nordamerika, S. 492 ff. Der Begriff der „power“ ist jedoch weiter als der des Gestaltungsrechts ,da er „jedes rechtliche Können überhaupt“ deckt *(Dölle*, S. 496). Das Korrelat zur „power“ ist die „liability“, die der Unterwerfungssituation des Gestaltungsgegners entspricht.

[2] So konnte *Boyer*, a. a. O., S. 27, im Jahre 1949 schreiben: „Il pourra sembler peut-être excessif de proposer l'introduction dans notre système juridique de cette notion nouvelle qu'est le droit potestatif ...“.

[3] *Nipperdey* in *Enneccerus-Nipperdey*, a. a. O., § 73, I.

Fenkart[4] geht für das schweizerische Recht von der gleichen Unterteilung aus, faßt jedoch die Beherrschungsrechte und die Ansprüche als Herrschaftsrechte, auf ein Lebensgut gerichtete Rechte, zusammen und stellt sie noch eindeutiger den Gestaltungsrechten, den auf ein Rechtsgut gerichteten Rechten entgegen.

Auch die italienische Doktrin arbeitet mit der Dreiteilung in „diritti protestativi", „diritti reali" und „diritti di credito", wobei die beiden letzteren wieder in dem Begriff der „diritti di signoria" zusammengefaßt werden[5].

Das französische Recht berücksichtigt die Sondernatur der Gestaltungsrechte in seiner Klassifizierung der Rechte nicht. Zwar ist die Doktrin von der klassischen Zweiteilung in „droits réels" und „droits personnels" nach der Kritik *Planiols*[6] und der anderen Personalisten abgegangen, jedoch nicht, um Planiols Vorstellungen entsprechend die Gruppe der „droits réels" in der der „droits personnels" aufgehen zu lassen, sondern um die als unvollständig erkannten Kategorien durch weitere zu ergänzen: die „droits intellectuels" und die „droits de la personnalité" werden hinzugenommen, so daß die Rechte nach ihrem Objekt in vier Arten eingeteilt werden[7, 8].

Da die „droits réels" als Ausdruck einer unmittelbaren Person-Sach-Beziehung, die „droits personnels" als Relation von Person zu Person und die „droits intellectuels ou de clientèle", deren Objekt in einer geistigen Aktivität besteht, den Gestaltungsrechten fremd sind, bleiben allenfalls die „droits de la personnalité" darauf zu überprüfen, ob sie die Gestaltungsrechte zu erfassen in der Lage sind oder nicht. Nun ist allerdings der Begriff der „droits de la personnalité" alles andere als klar[9]; außerdem wird er in einer engeren und einer weiteren Bedeutung verwendet.

Im engeren Sinne erfaßt er die Attribute der Persönlichkeit, die für alle Personen gleich sind[10], und deren hauptsächliche die Rechte auf die physische und moralische Integrität und auf die Elemente der Iden-

---

[4] *Fenkart*, a. a. O., S. 5 und 6.

[5] *Messina*, a. a. O., S. 737.

[6] *Planiol* Marcel-*Ripert* Georges, Traite elémentaire de droit civil, Bd. I, 11. Aufl., Paris 1928, Nr. 2159.

[7] *Nerson*, a. a. O., S. 16, bleibt bei der Dreiteilung stehen; er erkennt als Vermögensrechte nur die „droits réels", die „droits de créance" und die „droits dits intellectuels" an.

[8] *Marty-Raynaud*, a. a. O., Bd. I, Nr. 145.

[9] *Marty-Raynaud*, a. a. O., Bd. I, Nr. 145: „L'expression droits de la personnalité dont la vogue est croissante, est plus séduisante que claire".

[10] *Marty-Raynaud*, a. a. O., Bd. I, Nr. 333.

tifizierung und des Ausdrucks der Person[11] sind. Auch das „Avant-projet de textes sur les droits de la personnalité" der Reformkommission *(Houin)*[12], das in seinem Art. 1 als hauptsächliche „droits de la personnalité" die Rechte der physischen Person, die moralischen und die Familienrechte, die beruflichen und sozialen Rechte aufführt, sowie die Diskussion der Reformkommission in der Sitzung vom 12. April 1951[13], in der eine Gleichsetzung mit den „droits de la personne humaine" vorgenommen wurde, zeigen, daß der Begriff hier in seinem engeren Sinn gebraucht worden ist.

Der weitere Begriff der „droits de la personnalité" umfaßt sämtliche Rechte der rechtlichen Freiheit[14].

Dazu gehören neben den bereits aufgeführten Rechten die sog. „facultés"[15] oder auch „facultés à caractère potestatif"[16]. Als Beispiele für diese „facultés" werden die Optionsrechte, wie das Recht, eine Erbschaft, ein Vermächtnis oder die „communauté" anzunehmen oder auszuschlagen, angesehen, ferner die Optionsrechte in vertraglicher Hinsicht, das Recht, aus dem Verein auszutreten, das Recht, die Verjährung geltend zu machen oder nicht.

Nun gebührt *Dabin* das Verdienst, den Charakter der konkreten Wahlfreiheit dieser Rechte erkannt und sie von den allgemeinen abstrakten Freiheiten abgehoben zu haben. Was er über diese „droits de liberté" schreibt, liest sich fast wie eine Doktrin der Gestaltungsrechte:

> „Il ne s'agit point là en effet de cette liberté qui intervient comme élément caractéristique nécessaire dans la définition de tout droit subjectif (ainsi la libre disposition de la chose, incluse dans le droit de propriété), il s'agit d'un droit spécifique de liberté où à propos d'une matière donnée, c'est la liberté du sujet qui fait l'objet propre du droit: le sujet est, en l'espèce, reconnu maître de sa décision ou de son option[17]."

Dabin schließt aus dieser konkreten Wahlmöglichkeit des Berechtigten auf die Zugehörigkeit der Rechte zu den „droits de la personnalité" und erwähnt sogar in einer Fußnote[18] die „droits potestatifs", also Gestaltungsrechte, wobei er sich auf die Definition *Messinas* aus dem italienischen Recht stützt.

---

[11] *Marty-Raynaud,* a. a. O., Bd. I, Nr. 332.

[12] *Travaux de la Commission de Réforme du Code civil,* 1950—1951, Paris 1952 *(Houin,* S. 31—36).

[13] s. die in Anm. [12] zitierten „Travaux" S. 37 ff.

[14] Hierzu hauptsächlich *Dabin,* a. a. O., S. 171.

[15] *Dabin,* a. a. O., S. 171.

[16] *Marty-Raynaud,* a. a. O., Bd. I, Nr. 145.

[17] *Dabin,* a. a. O., S. 171.

[18] *Dabin,* a. a. O., S. 172, Anm. 2.

Innerhalb der französischen Doktrin sind die Gestaltungsrechte in die größere Gruppe der „droits de la personnalité“ einzuordnen. Das Verständnis ihrer Eigenständigkeit ist nicht einmal bei Dabin, der hier am weitesten geht, fortgeschritten; auch hier erscheinen die „droits potestatifs“ mehr als ein Kuriosum der italienischen Doktrin, denn als sinnvolle Kategorie im System des Code civil. Der Begriff der „faculté“ und sein Verhältnis zum Gestaltungsrecht ist unten noch zu klären.

Die Klasse der „droits de la personnalité“ im weiteren Sinn ist eine Auffangkategorie, in die diejenigen Rechte eingeordnet werden, die in die anderen schärfer umgrenzten Kategorien nicht passen[19]. Es sind hier Rechte mit Grundrechtscharakter vereint mit dem Recht am eigenen Namen, am eigenen Bild, an der Integrität der Person und verwandten Erscheinungen. Durch die Zusammenfassung inhomogener Rechte wird die Kategorie zu weit, als daß sich damit arbeiten ließe. Gemeinsame Charakterzüge der „droits de la personnalité“ lassen sich nicht feststellen; eine Lehre kann nicht entwickelt werden, die wie die Lehre von den Gestaltungsrechten eine wirkliche Erhellung einer Erscheinung der Rechtswelt mit sich brächte.

Folgt man dagegen dem engen Begriff[20] der „droits de la personnalité“, der nur Rechte ohne Vermögenscharakter umfaßt[21], so lassen sich hier die Gestaltungsrechte nicht eingliedern. Die „droits de la personnalité“ in diesem Sinn sind unmittelbar aus der menschlichen Persönlichkeit in ihrem physischen und moralischen Aspekt abgeleitet, was bei den Gestaltungsrechten nicht zutrifft; im Gegensatz zu den Gestaltungsrechten läßt nur die Verletzung das Recht ans Tageslicht treten. Schließlich fehlt jede Verbindung der Gestaltungsrechte mit der Frage des Vermögenscharakters; es gibt Gestaltungsrechte mit[22] und ohne[23] Vermögenscharakter.

Das Ergebnis der bisherigen Untersuchung ist, daß die französische Rechtssystematik, wo sie überhaupt die ungeteilte Aufnahme der Gestaltungsrechte erlaubt, nur eine so weite wie die der „droits de la

---

[19] *Marty-Raynaud*, a. a. O., Bd. I, Nr. 145: „... la catégorie des droits de la personnalité ... ne trouve sa limite que dans les autres catégories distinctes reconnues parmi les droits“.

[20] Dieser Begriff ist durchaus der herrschende: *Mazeaud*, Leçons, Bd. I, Nr. 167; *Planiol-Ripert*, a. a. O., Bd. III *(Picard)*, Nr. 323.

[21] *Planiol-Ripert*, a. a. O., Bd. III *(Picard)*, Nr. 323.

[22] Der Vermögenscharakter dieser Gestaltungsrechte geht daraus hervor, daß sie mit der „action oblique“ ausgeübt werden können, so das Recht, Minderung zu verlangen oder die Erbschaft anzunehmen, siehe dazu *Julliot de la Morandière*, a. a. O., Bd. II, Nr. 741.

[23] Beispielsweise ein Optionsrecht des Gläubigers hinsichtlich gleichwertiger Leistungen des Schuldners.

personnalité“ zur Verfügung stellt, die zu wenig präzis ist, um die Herausarbeitung gemeinsamer Regeln zu erlauben.

Bei einer Gleichsetzung der „droits de la personnalité“ mit Rechten ohne Vermögenscharakter bleiben ohnehin für das Gestaltungsrecht nur die beiden ungeeigneten Kategorien der „droits réels“ und „droits personnels“ zur Verfügung.

II. Kategorien der französischen Dogmatik, die sich in Nachbarschaft zu der Kategorie des Gestaltungsrechts befinden

1. Die „droits éventuels“

Zu Anfang dieses Jahrhunderts entdeckte Demogue[1], daß es rechtliche Erscheinungen gibt, denen noch ein Merkmal fehlt, um Vollrechte zu werden, die andererseits aber den Bereich der bloßen Hoffnungen oder Erwartungen bereits überschritten haben. Es ist beispielsweise ein Kaufversprechen geschlossen[2]; was fehlt, ist ein weiterer Willensakt des Berechtigten, um den Kaufvertrag zustande zu bringen. Noch extremer gedacht: Es wird nicht nur der Wille des Vertragspartners abstrahiert, sondern alle anderen für die Entstehung des Vertrags erforderlichen Elemente, um schließlich in einem einseitigen Willen das einzige Erfordernis für das Inslebentreten eines Rechtes zu finden[3]. Der Ausdruck dieses einseitigen Willens, wo das Gesetz ihn bereits eine bestimmte Macht zuschreibt, genügt, um eine rechtlich relevante Situation entstehen zu lassen, die sich von dem Nichts abhebt[4]. Die herkömmliche Doktrin besaß keine Möglichkeit, die Rechtsmacht desjenigen zu umschreiben, der durch seinen Willensakt die Rechtsänderung herbeizuführen imstande ist. Demogue erkennt, daß eine „faculté“ im Sinn des Art. 2232 C.civ. nicht vorliegt, daß es sich vielmehr um eine „faculté“ mit Ausschließlichkeitscharakter handelt, d. h. in Wahrheit um ein Recht, das der Berechtigte nicht auszuüben braucht[5].

Das gewöhnliche Recht ist insofern zweiseitiger Natur, als der Schuldner durch seine Angebote dem Gläubiger die Erfüllung aufoktroyieren kann. Im Gegensatz dazu hat das „droit éventuel“ nur eine Richtung, es ist ein „droit à une seule face“[6], ein „droit facul-

[1] *Demogue*, Droits éventuels, 1905; ebenso Droits éventuels, 1906.
[2] *Demogue*. Droits éventuels, 1906, S. 259 ff.
[3] *Demogue*, Droits éventuels, 1906, S. 232: „Quand cette volonté existe, il y a immédiatement un droit éventuel“.
[4] *Demogue*, Droits éventuels, 1906, S. 232.
[5] *Demogue*, Droits éventuels, 1906, S. 312.
[6] *Demogue*, Droits éventuels, 1906, S. 312.

tatif"[7]. Der Gläubiger hat das Recht zu seiner Verfügung, der Schuldner kann den Gläubiger nicht zwingen, die Erfüllung anzunehmen.

Neben dem „droit éventuel" im Schuldrecht soll es nach Demogue auch ein „droit réel éventuel" geben, ein dingliches Recht, das sich auf eine gegenwärtig noch nicht existierende Sache bezieht[8]. Hier liegt der Versuch der Personalisten zugrunde, das dingliche Recht auf ein Bündel von obligatorischen Rechten zurückzuführen, so daß das Prinzip, zukünftige Sachen könnten das Objekt einer Verpflichtung sein, anwendbar erschien. Bei der Kritik des Begriffs der „droits éventuels" kann diese historisch bedingte Ausweitung, die naturgemäß Anlaß zu heftiger Kritik gab[9], beiseite gelassen und eine Beschränkung auf das schuldrechtliche Gebiet vorgenommen werden, wo der Begriff ernsthaften Bedenken nicht zu begegnen scheint[10].

Die Lehre Demogues ist für uns in dreifacher Weise interessant: Einmal ist die Bedeutung des einseitigen Willens erkannt — Demogue hat sich auch sonst mit dem Problem der einseitigen Verpflichtung befaßt[11] —; bei der „promesse de vente" genügt eine Willensäußerung, um den rechtlichen Erfolg herbeizuführen;

zum anderen ist das „droit éventuel" als gegnerloses Recht gesehen, als Recht, dem nicht die Verpflichtung einer anderen Partei gegenübersteht, wenn man davon absieht, daß es einen Gegner im Sinn des Gestaltungsgegners gibt,

und drittens ist das „droit éventuel" als eine besondere Möglichkeit im Gegensatz zu den allen zustehenden Möglichkeiten aufgefaßt.

Eine Reihe von gedanklichen Bausteinen, die zur Konstruktion des Gestaltungsrechts führen, ist hier verwendet. Dennoch wird die rechtliche Wirklichkeit unter einem anderen Aspekt betrachtet. Was Demogue interessiert, ist, die Rechtserscheinungen, die zwischen der bloßen Erwartung und dem Vollrecht, auch dem bedingten, stehen, zu erfassen. So ist der Begriff der „droits éventuels" eine Kategorie nach der Stärke der Rechte[12] und wird daher dem zukünftigen Recht und dem Vollrecht gegenübergestellt. Das „droit éventuel" ist nicht eine dritte Kategorie, die sich von dem „droit réel" und dem „droit de créance" abhebt, sondern das Recht, sei es obligatorisch oder dinglich,

---

[7] *Demogue*, Droits éventuels, 1906, S. 312.

[8] *Demogue*, Droits éventuels, 1906, S. 263.

[9] *Girard*, a. a. O., S. 19, spricht von einem „véritable tour de force", die *Demogue* vollführe, um zu diesem Begriff zu kommen.

[10] *Girard*, a. a. O., S. 18.

[11] *Demogue*, Modifications.

[12] *Ripert-Boulanger*, a. a. O., Bd. I, Nr. 652.

in einem gewissen Entwicklungsstadium. Es ist daher nicht erstaunlich, daß der Versuch gemacht wurde, das Problem der „droits éventuels“ durch die Einführung des deutschen Begriffs der Anwartschaft zu lösen[13]. Auch die neuere Lehre hat dem Begriff der „droits éventuels“ durchaus anwartschaftsähnliche Züge gegeben: bei Unterschieden in den Einzelheiten werden als „droits éventuels“ etwa bezeichnet das Recht des Erben vor dem Tod des Erblassers[14] oder die Rechte aus dem Ehevertrag vor Abschluß der Ehe[15].

Das „droit éventuel“ wird definiert als das zukünftige Recht, dessen Erwerb bereits geschützt ist[16]. Das „droit éventuel“ und das Vollrecht verdanken der gleichen Rechtsnorm die Entstehung[17], weiterhin besteht ein Mittel-Zweckverhältnis zwischen beiden rechtlichen Erscheinungen[18].

Das „droit éventuel“ der heutigen Theorie ist keine mögliche Grundlage mehr für die Entwicklung des Begriffs des Gestaltungsrechts. Verdier selbst trifft eine klare Unterscheidung zwischen dem „droit éventuel“ und dem sog. „droit dérivé“, dem Gestaltungsrecht auf Modifizierung einer rechtlichen Situation, an Hand von zwei Merkmalen: das „droit dérivé“ entsteht aufgrund einer Rechtsnorm, während eine andere die Folgen seiner Ausübung regelt[19], weiterhin ist der Natur des „droit dérivé“ ein Mittel-Zweckverhältnis zur vorangegangenen Rechtssituation fremd, wie sie die Beziehung des „droit éventuel“ zum Vollrecht bestimmt[20].

Gerade das erste Kriterium erinnert an die Abgrenzung, die oben zwischen Warterechten und Gestaltungsrechten getroffen wurde: beim Gestaltungsrecht begegnet man zwei Normen, der das Gestaltungsrecht gewährenden und der die Folgen seiner Ausübung bestimmenden, während die Anwartschaft ein Zwischenstadium in einer einheitlichen Tatbestandskette darstellt[21]. Es besteht daher eine wesensmäßige Verschiedenheit zwischen „droit éventuel“ und Gestaltungsrecht.

2. Die „droits discrétionnaires“

Der Entwicklung einer Lehre des „abus du droit“[22], die seit Anfang dieses Jahrhunderts hauptsächlich von Josserand[23] vorgenommen

---

[13] *Girard*, a. a. O.
[14] *Ripert* Georges, Stichwort „Droits“ in *Dall. Rep. Dr. Civ.* Nr. 75.
[15] *Ripert-Boulanger*, a. a. O., Bd. I, Nr. 652.
[16] *Verdier*, a. a. O., Nr. 376.
[17] *Verdier*, a. a. O., Nr. 386.
[18] *Verdier*, a. a. O., Nr. 386.
[19] *Verdier*, a. a. O., Nr. 386—388.
[20] *Verdier*, a. a. O., Nr. 389—394.
[21] s. oben S. 28, 29, *Würdinger*, a. a. O., S. 79.
[22] Über diese Lehre beispielsweise *Marty-Raynaud*, a. a. O., Bd. II, 1 Hbbd., Nr. 417, 418.

wurde, nachdem die Rechtsprechung schon vorher eine schrankenlose Rechtsausübung für unzulässig erklärt hatte, mußte die Erkenntnis auf dem Fuße folgen, daß es Rechte gibt, die einer Ausübungsbeschränkung nicht unterliegen. Es sind dies solche rechtlichen Erscheinungen[24], die ihrer Natur nach dem persönlichen Gutdünken des Berechtigten gemäß ausgeübt werden können, so daß für eine „faute“ bei der Rechtsausübung kein Raum ist. Diese rechtlichen Erscheinungen werden unter der Bezeichnung „droits discrétionnaires“[25] oder „droits arbitraires“ zusammengefaßt.

Allerdings ist zunächst eine Verbindung der „droits discrétionnaires“ zu den Gestaltungsrechten nicht ersichtlich. Man könnte geradezu behaupten, daß bei den Gestaltungsrechten mißbräuchliche Rechtsausübung besonders gefährlich ist, da hier der Rechtserfolg allein an den Willen des Rechtssubjekts geknüpft ist. Auch war oben bei den verschiedenen Gestaltungsrechten des französischen Privatrechts aufgedeckt worden, daß die Lehre des „abus du droit“ anzuwenden ist, so bei der Auflösung der Gesellschaft nach Art. 1869 C.civ. oder bei der einseitigen Vertragsauflösung.

Immerhin ist es auffällig, daß die als „droits discrétionnaires“ anerkannten Rechte zum großen Teil Gestaltungsrechte sind. Dies beginnt mit dem gesetzlichen „droit discrétionnaire“ des Widerspruchs der Aszendenten gegen die Eheschließung (Art. 179 C.civ.), dem Recht der Frau, eine Vormundschaft abzulehnen (Art. 428 C.civ); weitere „droits discrétionnaires“ sind die Rechte der Eltern, der Heirat (Art. 148 C.civ) oder der Adoption (Art. 348 C.civ.) des Minderjährigen zuzustimmen, das Recht des Miteigentümers, Teilung zu verlangen (Art. 815 C.civ.), das Recht, einen Erben im Rahmen des frei verfügbaren Teils des Nachlasses („quotité disponible“) zu enterben, das Recht, die Grenzgemeinschaft zu verlangen (Art. 661 C.civ), das Recht, die Nichtigkeit eines Geheimvertrages zur Hintergehung des Fiskus aussprechen zu lassen, das Recht, eine widerrufliche Vollmacht zu widerrufen, allgemein, das Recht, einen Sukzessivvertrag zu einer bestimmten Zeit aufgrund der Vertragsbestimmungen zu beenden[26].

Daneben werden noch die Rechte des Eigentümers, aus dem Grundstück des Nachbarn übergreifende Wurzeln und Zweige abzuschneiden

---

[23] *Josserand* Louis, De l'esprit des lois et de leur relativité, 2. Aufl., Paris 1927.

[24] *Marty-Raynaud,* a. a. O., Bd. II, 1. Hbbd., Nr. 418, spricht von „droits, pouvoirs, facultés, libertés“.

[25] *Rouast,* a. a. O., S. 1—19.

[26] Diese Aufzählung ist dem Aufsatz von *Rouast,* a. a. O., S. 1 und 2, entnommen.

(Art. 673 C.civ.) oder Anpflanzungen in dem nötigen Abstand von der Grenze zu machen, als „droits discrétionnaires" genannt. Bei diesen beiden Erscheinungen ist wohl nur im ersten Fall ein Selbsthilferecht gegeben; um Gestaltungsrechte handelt es sich überhaupt nicht. Streitig ist, ob das Recht, einen Vertrag zu schließen oder nicht, ein „droit discrétionnaire" ist[27]; ein Gestaltungsrecht ist es sicher nicht, da das Exklusivmoment fehlt, das für den Gestaltungsrechtscharakter nötig ist.

Es fragt sich, ob zwischen dem Gestaltungsrecht und dem „droit discrétionnaire" irgendeine Beziehung besteht.

Dabei ist voranzuschicken, daß das Erfordernis einer präzisen Festlegung der tatbestandlichen Voraussetzungen des Gestaltungsrechts mit dem Verzicht auf eine Ausübungskontrolle ohne weiteres harmoniert. So ist das Recht, die Aufhebung des Vertrags durch Willenserklärung zu erreichen, durch vertragliche, gesetzliche oder auch von der Rechtsprechung entwickelte Voraussetzungen genau umschrieben: Nach dem Vorliegen dieser Voraussetzungen ist der Berechtigte in der Ausübung frei[28] und einer Kontrolle nicht unterworfen.

Bei dem Vergleich der beiden Rechtsinstitute fragt man sich zunächst, ob nicht zwischen der Wahlmöglichkeit, die jedem Gestaltungsrecht eignet, und der persönlichen Würdigung („appréciation personnelle")[29], die bei den „droits discrétionnaires" vorauszusetzen ist, sich eine gedankliche Verbindung herstellen läßt. Zumindest kann es als widersprüchlich erscheinen, die Wahl einerseits zu gewähren, sie andererseits durch eine Sittenwidrigkeitskontrolle zu beschränken oder, anders ausgedrückt, die Rechtsgestaltung zuzulassen, die Mittel der Rechtsgestaltung dann aber für sittenwidrig zu erklären[30].

Diese Problematik spielte eine Rolle in dem Streit, der vor Inkrafttreten des Kündigungsschutzgesetzes darüber bestand, ob eine Kündigung schon mit Rücksicht auf ihre Motive oder ihren Zweck gegen die guten Sitten verstoßen und aus diesem Grund nichtig sein könne.

---

[27] s. dazu *Marty-Raynaud*, a. a. O., Bd. II, 1. Hbbd., Nr. 418.

[28] *Rouast*, a. a. O., S. 14: „La faculté de rompre un contrat est un véritable droit défini qui dépend de la durée illimitée de ce contrat ou des clauses qui y sont insérées. Ce droit est en général discrétionnaire dans les limites précisées par la loi ou le contrat lui-même". Wenn *Martin de la Moutte*, a. a. O., S. 243, von der Aufhebung des Vertrags auf unbestimmte Dauer als einem „droit contrôlé" spricht, so scheint dies auf einer Vermengung der Ausübungsvoraussetzungen und der Ausübung selbst zu beruhen. Wird, wie *Martin de la Moutte* meint, der Anwendungsbereich der einseitigen Vertragsaufhebung beschnitten, so macht das aus ihr noch kein „droit contrôlé".

[29] *Marty-Raynaud*, a. a. O., Bd. II, 1. Hbbd., Nr. 418.

[30] *Molitor*, a. a. O., S. 223.

Gegen das Reichsarbeitsgericht, das aus praktischen Gründen eine sittenwidrige Kündigung für nichtig erklärte, gab es Autoren[31], die eine Kündigung aus jedem Motiv, seien es politische oder sonstige mit dem Betrieb unzusammenhängende Gründe, ja auch aus reiner Willkür, für gültig hielten. Ein Gestaltungsrecht hat einen gewissen ihm inhärenten Zweck: die Vernichtung, die Veränderung oder die Begründung eines Rechtsverhältnisses. Dieser Zweck als solcher kann nun nicht sittenwidrig sein, „wenn eine derartige Gestaltung vom Recht zugelassen“[32] ist.

Das praktisch notwendige Filter wird dadurch gewährleistet, daß die Existenz des Gestaltungsrechts dort verneint wird, wo die Ausübung offenbar rechtsmißbräuchlich wäre; es wird das Recht entzogen, um nicht die Ausübung kontrollieren zu müssen[33].

Die Bedenken, die gegen die Nichtigkeit von Gestaltungsgeschäften aufgrund von Sittenwidrigkeit bestehen, erinnern an eine gleichgelagerte Situation bei den abstrakten Verfügungsgeschäften. Zwar kann man das Gestaltungsgeschäft als solches nicht als abstrakt bezeichnen[34]; die Parallele ist aber wohl darin zu sehen, daß man es bei beiden Erscheinungen mit einem stereotypisierten Inhalt zu tun hat. Wie bei den abstrakten Geschäften ist bei den Gestaltungsgeschäften naturgemäß der Inhalt innerhalb gewisser Grenzen immer derselbe[35]. Dieser „von der Stereotypisierung erfaßte Inhalt ... ist so eng bemessen, daß gegen ihn weder der Vorwurf der Unsittlichkeit noch der Gesetzwidrigkeit erhoben werden kann“[36]. Der Gedanke der Stereo-

---

[31] *Hueck-Nipperdey*, a. a. O., 3. Aufl., S. 305; *Molitor*, a. a. O., S. 223 ff.

[32] *Molitor*, a. a. O., S. 224, über die Kündigung; Ausnahme daher dort zu machen, wo die Gestaltung nicht durch die erstrebte Gestaltungswirkung, sondern durch Form und Inhalt gegen die guten Sitten verstößt, siehe *Molitor*, S. 224.

[33] *Molitor*, a. a. O., S. 225. Für diesen Fall darf man nach *Molitor* „den Ausschluß der Kündigung ... auch nicht auf § 138 stützen, sondern muß sie davon herleiten, daß sie im gegebenen Fall dem Inhalt des Rechtsverhältnisses nicht entspricht, wie die Beteiligten es gestalten wollen“.
Bötticher, Besinnung, S. 68, will den Schritt von der Rechtsgeschäftskontrolle zur Rechtsausübungskontrolle, wenn er bei Gestaltungsrechten von einer Bekämpfung des Mißbrauchs spricht, einem „abus de droit . . ., innerhalb dessen es keine Rechte mehr gibt“.

[34] *Molitor*, a. a. O., S. 224.

[35] *Cohn*, a. a. O., S. 81, hält die Stereotypisierung des Inhalts für das Wesensmerkmal der Abstraktion. Damit wird die alte Vorstellung der Abstraktion gesprengt.

[36] *Cohn*, a. a. O., S. 82, 83; *Hueck-Nipperdey*, a. a. O., 3. Aufl., S. 305, Anm. 22, drücken zur Kündigung den gleichen Gedanken aus. „Wie eine Übereignung, die aus einem gegen die guten Sitten verstoßenden Grunde oder zu einem gegen die guten Sitten verstoßenden Zwecke vorgenommen wird, nicht selbst unsittlich ist, weil sie lediglich eine Rechts-

typisierung erlaubt es, die abstrakten Verfügungsgeschäfte und die Gestaltungsgeschäfte zusammenzusehen. Der Gedanke der Stereotypisierung des Gestaltungsgeschäfts und des damit verbundenen Verhältnisses zu der Ausübungskontrolle kann hier nicht weiter ausgeführt werden, es genügt der Hinweis, um die Berührungspunkte der „droits discrétionnaires" mit den Gestaltungsrechten anzudeuten.

Von der Frage der Bezeichnung der Kontrolle abgesehen, die nicht überzubewerten ist[37], ist es jedoch eindeutig, daß eine schrankenlose Freiheit zugunsten des Gestaltungsberechtigten nicht besteht. Eine Gestaltung, die beispielsweise ausschließlich den Zweck verfolgt, den Gegner zu schädigen, wird von dieser Kontrolle, ob man sie Rechtsgeschäfts- oder Rechtsausübungskontrolle heißt, erfaßt werden[38].

Eine irgendwie geartete, wenn auch im Verhältnis zu anderen Rechten abgeschwächte, Motivkontrolle besteht bei den Gestaltungsrechten, während sie bei den „droits discrétionnaires" völlig wegfällt. Ist die Macht des Gestaltungsberechtigten schon erheblich, indem die Veränderung der Rechtslage seiner Entscheidung überlassen wird, wie z. B. bei den Selbsthilfegestaltungsrechten besonders deutlich, so ist sie bei den „droits discrétionnaires" noch vermehrt, indem auch die Motive der Rechtsausübung keiner Kontrolle mehr unterliegen. Die „appréciation personnelle" im „droit discrétionnaire" läßt sich als Steigerung des bloßen Wahlcharakters des Gestaltungsrechts auffassen. Auch hinsichtlich der gerichtlichen Mitwirkung kann man einen geraden Weg sehen von dem Ausschluß der gerichtlichen Mitwirkung bei den Selbsthilfegestaltungsrechten zu dem Ausschluß der nachträglichen gerichtlichen Motivkontrolle bei den Gestaltungsrechten mit diskretionärem Charakter[39, 40].

änderung zum Gegenstand hat, und ein solcher Gegenstand des Rechtsgeschäfts nicht sittenwidrig ist, so ist die Kündigung lediglich auf eine an sich erlaubte Rechtsänderung gerichtet, der Inhalt der Kündigung ist also ebenfalls sittlich absolut indifferent, und das unsittliche Motiv genügt nicht, um die Nichtigkeit der Kündigung zu begründen."

[37] Immerhin ist es eine Stilfrage, so *Bötticher,* Besinnung, S. 68.

[38] Im schweizerischen Recht ist die Anwendung des Art. 2 ZGB auf Gestaltungsrechte unbestritten, siehe *L'Huillier,* a. a. O., S. 235; vgl. auch Beispiele der französischen Gestaltungsrechte, wie z. B. die Aufhebung des Gesellschaftsvertrags durch einseitige Willenserklärung.

[39] Dabei wird nicht verkannt, daß nicht alle „droits discrétionnaires" Gestaltungsrechte sein müssen.

[40] Dies bezieht sich auf die nach der Interessensituation zu treffende legislatorische Entscheidung, dem Einzelnen dieses oder jenes Maß an Freiheit einzuräumen. Dem widerspricht nicht, daß beispielsweise das Gestaltungsrecht des französischen Rechts, die Nichtigkeit eines Rechtsgeschäfts gerichtlich geltend zu machen, auch als „droit discrétionnaire" zu bezeichnen ist (*Rouast,* a. .a O., S. 14).

Man könnte daher die „droits discrétionnaires", soweit sie Gestaltungsrechte sind, als solche mit einer besonders starken Ausprägung des Gestaltungsrechtscharakters betrachten, so wie oben in den Selbsthilfegestaltungsrechten besonders typische Gestaltungsrechte erkannt worden sind. Auf dem gleichen Wege, wie die Erfassung der Selbsthilfegestaltungsrechte im deutschen Recht zu der Bildung eines allgemeinen Begriffs des Gestaltungsrechts geführt hat, so hätte im französischen Recht von der Erkenntnis der „droits-discrétionnaires"-Gestaltungsrechte her vorgegangen werden können.

Jedoch wurde in der Faszination durch die Unkontrollierbarkeit der primäre Tatbestand einer Wahl- d. h. Gestaltungsmöglichkeit unberücksichtigt gelassen[41]. Die rechtlichen Möglichkeiten, um einen neutralen Ausdruck zu wählen, deren Ausübung von einer Kontrolle nicht erfaßt werden, werden als „droits" oder „fonctions" qualifiziert, der mögliche Schritt zu den Gestaltungsrechten wird nicht getan.

3. Die „facultés"

Der Gebrauch der Worte „faculté" oder „droit facultatif" im französischen Privatrecht scheint auf ein dem deutschen Gestaltungsrecht verwandtes Institut hinzudeuten[42]. Der Gebrauch des Wortes „faculté" in der französischen Rechtssprache ist keineswegs einheitlich: Das Gesetz verwendet es in Art. 214 C.civ. als tatsächliche Möglichkeit, in den Art. 1658, 1660 C.civ. („faculté de rachat") als verjährbares Recht, in den Art. 661, 875, 1048, 1453, 1514, 1717, 2085 C.civ. als unverjährbares Recht[43].

Auch die Rechtsprechung gebraucht das Wort „faculté" in verschiedener Weise[44]. Im wissenschaftlichen Sinn wird der Begriff „faculté" gebraucht, um die Unverjährbarkeit eines Rechtes zu bezeichnen[45].

---

[41] Dafür wurde viel Wert auf die Unterscheidung der „droits discrétionnaires" und der „fonctions discrétionnaires" gelegt.

[42] *Thon* hat in seinem oben zitierten Werk den dem Gestaltungsrecht eng verwandten Begriff der Befugnis gefunden, als dessen römisches Korrelativ die „facultas" bezeichnet wird, a. a. O., S. 341.

[43] s. *Lecompte*, a. a. O., S. 10 und 11.

[44] Belege bei *Lecompte*, a. a. O., S. 14—19.

[45] *Lecompte*, a. a. O., S. 60, und *Planiol-Ripert*, a. a. O., Bd. III *(Picard)*, Nr. 25. Für die Lehre der „facultés" wird hier die Monographie von *Lecompte* zugrundegelegt, auf die auch die Lehrbücher wie *Planiol-Ripert* und *Ripert-Boulanger*, a. a. O., Bd. I, Nr. 651, verweisen. Dabei wird nicht verkannt, daß terminologisch eine erhebliche Verwirrung herrscht, daß *Dabin* etwa (a. a. O., S. 171) die Optionsrechte als „pures facultés" bezeichnet. *Lecompte* andererseits sieht in der „pure faculté", von der in Art. 2232 C. civ. die Rede

So wird die „faculté" der Obligation und dem verjährbaren Recht gegenübergestellt. Diese „facultés" sind an eine dauernde juristische Situation oder an ein unverjährbares Recht geknüpft, von dem sie den Charakter der Dauer entnehmen. Die Definition der „faculté" wird von *Lecompte* folgendermaßen gegeben:

> „Les facultés sont les pouvoirs juridiques de l'homme accessoires à une situation juridique permanente, à un droit complexe imprescriptible, à qui elles empruntent ce caractère de permanence et d'imprescriptibilité[46]."

Die Verjährbarkeit ist das Unterscheidungsmerkmal zwischen Rechten und „facultés"[47]. Die „facultés" können nicht durch die Parteien geschaffen werden, da unverjährbare juristische Situationen durch das Gesetz geschaffen werden müssen[48], es sei denn, es handele sich um Menschenrechte, die das Gesetz nicht schaffen, sondern nur garantieren kann[49].

Die aus diesen „facultés" dem Rechtssubjekt gewährten Rechtspositionen sind die „droits facultatifs", die in solche mit und solche ohne Vermögenscharakter eingeteilt werden. Diese „droits facultatifs" sind Rechte, deren Ausübung unbegrenzt frei ist und werden den Rechten, deren Ausübung obligatorisch ist („droits-fonctions" wie die väterliche Gewalt) und denjenigen, deren Ausübung durch die Zeit beschränkt ist, gegenübergestellt[50]. Zu den „droits facultatifs" ohne Vermögenscharakter gehören die öffentlichen Freiheiten, das Recht, zu kommen und zu gehen, das Recht auf Sicherheit, auf Freiheit des Handelns und der Arbeit, auf Gewissens- und Kultusfreiheit, Freiheit der Versammlung und der Lehre[51]; zu den „droits facultatifs" mit Vermögenscharakter werden gerechnet das Recht, die Begrenzung von Grund und Boden zu verlangen („droit au bornage"), das Recht, die Teilung der

---

ist, den einfachen Vorteil, der aus der Lage von Örtlichkeiten entsteht. Der Begriff der „pure faculté" hat nach *Lecompte* mit der „faculté" nichts zu tun (a. a. O., S. 304).

Setzt man aber die „pure faculté" *Dabins* mit der „faculté" *Lecomptes* gleich, was angängig erscheint, so bleibt doch der Verzicht *Dabins* auf das Erfordernis der Unverjährbarkeit. *Dabin*, der die „facultés" als Rechte der juristischen Freiheit auffaßt und sie den „droits de la personnalité" zurechnet, nähert sich daher stärker der deutschen Lehre vom Gestaltungsrecht.

Ripert-Boulanger, a. a. O., Bd. I, Nr. 651, leugnen jede juristische Begründung der Unterscheidung zwischen Recht und „faculté".

[46] *Lecompte*, a. a. O., S. 70.

[47] *Lecompte*, a. a. O., S. 60.

[48] *Lecompte*, a. a. O., S. 102; jedoch Entscheidung *Cass. civ.* 18. Dezember 1900, D. 1901, 1, 251, wo die Unverjährbarkeit einer durch Vertrag geschaffenen „faculté" anerkannt wird.

[49] *Lecompte*, a. a. O., S. 90.

[50] *Lecompte*, a. a. O., S. 183 ff.

[51] *Lecompte*, a. a. O., S. 189.

„indivision" zu verlangen („faculté de demander le partage", Art. 816 C.civ.), das Recht der Anlieger, das Miteigentum an Grenzeinrichtungen zu verlangen („faculté de demander la mitoyenneté", Art. 661 C.civ.) und andere Rechte, die entweder an das Eigentum des Rechtsinhabers oder an seine Stellung als Einwohner anknüpfen, wie Weide- und Holzrechte[52].

Um das Bild der „facultés" noch abzurunden, wird erwähnt, daß die Optionsrechte nicht unter die „facultés" gerechnet[53] werden. Bezieht sich die Option auf die Modalität der Erfüllung einer Verpflichtung oder der Rechtsausübung oder auf die Aufrechterhaltung oder Beseitigung eines Rechtsverhältnisses, so ist sie deshalb keine „faculté", da sie innerhalb einer gewissen zeitlichen Frist ausgeübt werden muß. Bezieht sich das Wahlrecht auf die Möglichkeit, ein Recht zu erwerben oder nicht, so kann es nur bei einer völligen zeitlichen Freiheit der Ausübung als „faculté" angesprochen werden[54].

Die „facultés" als Rechte des rechtlichen Könnens zu übersetzen, ist sicherlich angängig. Damit nähert man sich der Terminologie Zitelmanns[55] für die Gestaltungsrechte. Der Unterschied zu den Gestaltungsrechten liegt nicht darin, daß die „facultés" keine Rechte, sondern bloße rechtliche Möglichkeiten wären. Vielmehr ist das Definitionsmerkmal der Unverjährbarkeit den Gestaltungsrechten fremd. Mit dem Gestaltungsrecht ist die zeitliche Beschränkung seiner Ausübung, wie die Beispiele der Anfechtungs-, der Options- und der Sachmängelrechte zeigen, durchaus zu vereinbaren. In Verbindung mit der Unverjährbarkeit steht die Anknüpfung der „faculté" an die dauernden juristischen Situationen oder an das unverjährbare Recht. An die gemeinsame juristische Situation aller Menschen schließen die „facultés" ohne Vermögenscharakter an und bilden daher keine Vorrechte, keine Exklusivrechte, keine Rechte, die von einem genau umschriebenen Tatbestand abhängen wie die Gestaltungsrechte. Die Aufnahme dieser allen Menschen zustehenden Rechte in den Rahmen der „facultés" zeigt den deutlichen Unterschied zwischen „facultés" und Gestaltungsrechten.

Das Erfordernis einer Veränderung der rechtlichen Situation und die damit verbundene Konsumtion des Gestaltungsrechts durch die Ausübung ist der „faculté" fremd: Gerade diese Grundrechts-„facultés"

---

52 *Lecompte*, a. a. O., S. 210 ff.

53 s. dazu die infolge der verschiedenen Grundkonzeption notwendig entgegengesetzte Meinung *Dabins*, auf die oben, Anm. 45, bereits Bezug genommen ist.

54 Über Optionsrechte und „facultés" s. *Lecompte*, a. a. O., S. 52—59.

55 Dazu s. oben, 1. Teil, I, 4.

verändern durch ihre Ausübung nicht die Rechtslage und sind auch nicht verbrauchbar.

Auch die Unmöglichkeit, durch Vertrag „facultés" zu schaffen, während Gestaltungsrechte ihre Entstehung ohne weiteres einem Vertrag verdanken können, beleuchtet den Unterschied zwischen beiden Begriffen.

Wenn einige „facultés", vor allem diejenigen vermögensrechtlicher Art wie das Recht auf Teilung der Gemeinschaft („indivision"), auf Begrenzung des Grundstücks, das Recht, das Miteigentum an Grenzeinrichtungen zu verlangen, da sie Exklusivcharakter haben[56], zugleich Gestaltungsrechte sind, so ändert das nichts an der grundsätzlichen systematischen Verschiedenheit der beiden Begriffe.

Was andererseits erlaubt, den Begriff der „facultés" als dem der Gestaltungsrechte verwandt zu behandeln, ist, daß eine menschliche Wahlmöglichkeit, eine menschliche Freiheit in den Vordergrund gestellt ist. Dadurch allerdings, daß man an diese menschliche Freiheit außerordentlich hohe Ansprüche stellt[57] und die Freiheit auch als solche der zeitlichen Ausübung auffaßt, verengt man den Begriff der „facultés" gegenüber dem der Gestaltungsrechte[58].

Man erweitert ihn andererseits wieder, indem man hinsichtlich der Rechtsfolgen der Ausübung keine Anforderungen stellt[59].

Den möglichen Weg, die Lehre der „facultés" zu einer Lehre der Gestaltungsrechte fortzuentwickeln, ist die französische Doktrin nicht gegangen.

4. Das „droit de critique"

Die nächste dogmatische Erscheinung, die in Nachbarschaft zum Gestaltungsrecht steht, ist das „droit de critique". Die Lehre vom „droit de critique" hat *Japiot* für die Nichtigkeit im französischen Recht entwickelt. Obwohl nur durch eine Klage die Nichtigkeit im französischen

---

[56] *Lecompte,* a. a. O., S. 254.

[57] Die Rechtsausübung muß unbedingt frei sein („indéfiniment libre"), *Lecompte,* a. a. O., S. 183.

[58] Der Äußerung *Tomsons,* a. a. O., S. 17, daß die Gestaltungsrechte „facultés" seien, kann daher nicht zugestimmt werden, wenn, wie hier, der Begriff *Lecomptes* von den „facultés" zugrunde gelegt wird.

[59] Für das italienische Recht sieht *Messina,* a. a. O., S. 742, gegenüber den Autoren, die in den „diritti potestativi" nur „facoltà individualizzate" sehen, den Hauptunterschied beider Institutionen darin, daß der Unterwerfungseffekt („soggezione") des Gestaltungsgegners bei den „facoltà" fehlt.

Recht geltend gemacht werden kann, sieht Japiot hinter der Klage ein materielles Recht des Klagberechtigten. Das „droit de critique“ als verwandte Erscheinung des Gestaltungsrechts ist deshalb besonders interessant, weil allein es im Unterschied zu den anderen hier behandelten Instituten die Barriere überspringt, die sonst zwischen Rechten mit und ohne klagweiser Durchsetzung aufgerichtet ist.

Man kann an die Nichtigkeit eines rechtsgeschäftlichen Akts unter zwei Aspekten herangehen: einmal, indem man den Zustand der Nichtigkeit betrachtet („nullité maniére d'etre“)[60] wie die traditionelle französische Lehre, zum anderen, indem man die Rechtsmacht, die Nichtigkeit geltend zu machen, in den Vordergrund stellt, das „droit de critique“ des Berechtigten. Japiot macht sich diese zweite Betrachtungsweise zu eigen. Das allmächtige Gesetz bedarf, um die Nichtigkeit eines Rechtsgeschäfts in den Bereich der Tatsachen zu übertragen, der Mittlerdienst der Rechtssubjekte, die die Nichtigkeit erst geltend machen[61]. Die Anfechtbarkeit des deutschen Rechts wird von Japiot[62] als „attaquabilité“ übersetzt, das Anfechtungsrecht ist das „droit de critique“.

Dieses „droit de critique“ unterscheidet sich von anderen Rechten dadurch, daß es für sich genommen nicht ein positives Ziel erreichen will wie die anderen Rechte[63]. Wie ein Gestaltungsrecht bewirkt es die Veränderung der Rechtslage. Die Ausübung des „droit de critique“ ermöglicht die Ausübung eines anderen Rechts: Hier begegnet man einer Doppeltatbestandslehre wie der Würdingers[64] zum Gestaltungsrecht wieder.

Japiot unterzieht die Rolle des Richters bei der Geltendmachung eines „droit de critique“ durch eine Partei einer genauen Analyse. Die klassische Lehre hatte zwischen der absoluten Nichtigkeit unterschieden, die der Richter nur feststellt, und der relativen, die er schafft[65]. Im ersten Fall verhalte er sich passiv, im zweiten spiele er eine aktive Rolle. Japiot dagegen betont, daß mit Ausnahme der Nichtigkeit aufgrund einer Verletzung des ordre public sich der Richter passiv verhalte; nicht der Wille des Richters, sondern der des klagen-

[60] *Japiot,* Nullités, S. 285.

[61] *Japiot,* Nullités, S. 286: „Si la loi ... est toute-puissante pour déclarer en droit la nullité, elle ne peut la faire passer dans le domaine des faits que par l'intermédiaire des individus. En soi, la nullité, même de plein droit, n'est rien, si l'on ne l'invoque.“

[62] *Japiot,* Nullités, S. 288.

[63] *Japiot,* Nullités, S. 289.

[64] s. oben, 1. Teil, III, 3 a.

[65] *Japiot,* Nullités, S. 335.

den Rechtsinhabers sei entscheidend[66]. Die einzige Funktion des Richters sei es, das Hindernis aufzuheben, das durch den Satz „Nul ne peut ist[67].

Das „droit de critique" wird bereits als Optionsrecht klassifiziert und damit der für das Gestaltungsrecht bedeutsame Wahlcharakter erkannt[68]. Ferner wird in noch weiterreichender Weise die Parallele zur deutschen Anfechtung durch einseitige Willenserklärung gezogen und hinter dem scheinbaren großen Unterschied die grundsätzliche Übereinstimmung gesehen[69]. Die deutsche Konstruktion beruhe nur auf einer feineren Analyse der Situation; stelle man jedoch auf die Abhängigkeit der Rechtsänderung von dem Parteiwillen ab, so falle die Übereinstimmung ins Auge[70].

Eine eigentlich schöpferische Tätigkeit wird der Partei nicht zugestanden: Das Rechtsgeschäft hat ja nur provisorischen Charakter; durch ihre Rechtsausübung beseitigt die Partei aber den Schwebezustand und die Unsicherheit[71].

Bei einem Prozeß über die relative Nichtigkeit eines Rechtsgeschäfts gibt es somit zwei Elemente: Das erste ist die richterliche Entscheidung über die Voraussetzungen der Option, das andere die Option selbst[72]. Aus Beweisgründen hält Japiot jedoch durchaus die französische Lösung für die sinnvollere, da im deutschen Recht der einseitigen Willenserklärung der Option eine im Hinblick auf die Beweisschwierigkeiten unverhältnismäßig große Bedeutung zugestanden worden sei[73].

Das „droit de critique" kann in dreierlei Formen ausgeübt werden: einmal durch einseitige Willenserklärung, zum anderen durch eine vertragliche Vernichtung des anfechtbaren Rechtsgeschäfts, drittens durch Klage. Die zweite und die dritte Form genießen nach Japiot wegen der Schwierigkeit, die einseitige Willenserklärung zu beweisen, den Vorzug[74].

Bei einer Beurteilung des „droit de critique" im Sinne Japiots ist zunächst die Trennung von Recht und Klage zu unterstreichen, die den Weg zu einer Konzeption des Gestaltungsrechts bei Zitelmann geöffnet

---

[66] *Japiot*, Nullités, S. 337, 338: „La solution adoptée dans le jugement n'est pas issue de la volonté du juge, mais de celle du plaideur qui avait le droit de la faire prévaloir."
[67] *Japiot*, Nullités, S. 346.
[68] *Japiot*, Nullités, S. 396, 397.
[69] *Japiot*, Nullités, S. 397, Anm. 1.
[70] *Japiot*, Nullités, S. 397, Anm. 1.
[71] *Japiot*, Nullités, S. 397.
[72] *Japiot*, Nullités, S. 486.
[73] *Japiot*, Nullités, S. 494.
[74] *Japiot*, Nullités, S. 493, 494.

hat. Das „droit de critique" bleibt das gleiche, ob es durch Willenserklärung oder durch Klage ausgeübt wird, wie das Gestaltungsrecht durch die Form der Ausübung in seinem Charakter unangetastet bleibt.

Daß das „droit de critique" durch vertragliche Vereinbarung ausgeübt werden kann, wirkt allerdings zunächst überraschend. Im Rahmen der Lehre des Gestaltungsrechts löst sich das gleiche Problem folgendermaßen:

Der Gesetzgeber ist frei, dem Berechtigten ein Gestaltungsrecht oder einen Anspruch auf eine vertragliche Vereinbarung zu verleihen (vgl. dazu die Probleme der Wandlung im deutschen Recht); desungeachtet können auch bei Vorliegen des Gestaltungsrechts die Parteien die Rechtsfrage durch Vereinbarung lösen. Diese Vereinbarung wird dann jedoch nicht in Ausübung des Gestaltungsrechts getroffen, sondern eher in Verzicht auf die Ausübung.

Beim „droit de critique" kann die Lösung nicht anders sein: Nur die Situation, in der ein „droit de critique" gewährt wird, kann auch auf vertraglichem Wege gelöst werden, nicht ist die vertragliche Lösung eine Ausübungsform des „droit de critique"[75]. Das „droit de critique" gibt dem Berechtigten gerade eine eigene Änderungsmöglichkeit, aber nicht einen Anspruch auf die Mitwirkung des anderen Teils. Insofern also ist Japiots Lehre etwas ungenau.

Andererseits ist mit großer Schärfe gesehen, daß die unmittelbare Folge der Ausübung des „droit de critique" sich in der Rechtswelt abspielt. Das Optionsrecht der Partei wird in den Vordergrund gestellt; sie verändert die rechtliche Situation in weit größerem Umfang als der Richter, der im wesentlichen nur die Option der Partei im Hinblick auf die Voraussetzungen überprüft und konstatiert. Damit wird die Bedeutung der richterlichen Mitwirkung bei der Ausübung von Gestaltungsrechten mit gerichtlicher Durchsetzung im richtigen Maßstab gesehen und die Überbetonung vermieden, die viele Autoren zur Verneinung eines Gestaltungsrechts dort geführt hat, wo die Wirkung der Ausübung erst an den Urteilsspruch geknüpft ist.

Das „droit de critique" hat somit wesentliche Merkmale mit dem Gestaltungsrecht gemeinsam. Allerdings erfaßt es nur eine verhältnismäßig kleine Gruppe von Gestaltungsrechten: die Gestaltungsrechte, die zur Nichtigkeit eines Rechtsgeschäfts führen, also Rechte mit

---

[75] Oben schon war bei der Auseinandersetzung mit *Böttichers* Lehre zur Widerruflichkeit des Gestaltungsrechts (1. Teil IV 1 b, bb) die grundsätzliche Unvereinbarkeit des Gestaltungsrechts mit dem Anspruch auf Mitwirkung dargestellt worden.

destruktivem Charakter[76]. Man zieht hier leicht die Parallele zu dem Begriff der negativen Rechte bei Becker[77], durch den wertvolle Vorarbeit für die Erfassung des Gestaltungsrechts geleistet worden ist.

Die Ansatzpunkte Japiots werden jedoch in der Folgezeit nicht ausgebaut, sondern geraten in Vergessenheit. Japiot selbst hat fünf Jahre nach Erscheinen seiner These sich in einem Zeitschriftenartikel von seiner ursprünglichen Auffassung distanziert[78]. In seiner These habe er, schreibt nun Japiot, gewaltsam die vereinfachende Theorie, daß Recht und Interesse Voraussetzungen für die Klageerhebung seien, in das Recht der Nichtigkeit hineingetragen und neben dem Klagerecht ein „droit de critique" sehen wollen, während sich tatsächlich aber Klagerecht und Recht vollständig vereinigen könnten[79]. Die Suche nach einem materiellen Recht im Bereich der Lehre von der Nichtigkeit sei künstlich[80], da Klagerecht und Recht identisch seien[81]. Die feinere Analyse der These wird also später wieder aufgegeben; auch sonst ist nicht ersichtlich, daß sie auf die Lehre einen größeren Einfluß ausgeübt hätte.

III. Boyers Versuch, den Begriff der „droits potestatifs" (Gestaltungsrechte) in die französische Doktrin einzuführen

Boyer ist, soweit ersichtlich, der einzige Autor, der den Begriff der Gestaltungsrechte in das französische Recht einzuführen vorschlägt.

---

[76] *Japiot*, Nullités, S. 279.

[77] s. oben 1. Teil I 2.

[78] *Japiot*, Jurisprudence française, S. 679 ff.

[79] *Japiot*, Jurisprudence française, S. 680.

[80] *Japiot*, Jurisprudence française, S. 680: „. . . . il semble artificiel de vouloir à toute force distinguer, de l'action, un droit, qui serait une condition distincte de celle-ci, l'action étant la faculté de s'adresser à la justice et le droit pouvant n'être que le droit de s'adresser à la justice."

Zum Verhältnis von „droit" und „action" s. noch im einzelnen unten S. 111 ff.

[81] Unter diesem Gesichtspunkt greift auch *Nerson Japiots* ursprüngliche These an. Bei der Nichtigkeitsklage, der Nichtigkeitsklage wegen Wuchers, der Aufhebungsklage gebe es kein anderes Recht als dasjenige, klageweise diese Erfolge herbeizuführen (*Nerson*, a. a. O., S. 317). Ganz allgemein wird die Theorie des „droit de critique" dem Zwang zugeschrieben, in Verbindung zu jeder Klage ein Recht zu sehen. *Nerson*, a. a. O., S. 318: „N'aperçoit-on pas là . . . cette obligation d'imaginer un droit parce que le syllogisme le commande." *Nerson* sieht hier nur ein „droit sanctionnateur", d. h. das publizistische Recht, sich an die Gerichte zu wenden (S. 334); dieses könne entweder ein „droit sanctionnateur de résultat" oder „de moyen" sein (in Anlehnung an *Demogues* Lehre von den Obligationen). Die einem „droit sanctionnateur de moyen" folgenden Urteile dürften sich mit den sog. Urteilen im Regelungsstreit in der Terminologie *Böttichers* treffen (*Bötticher*, Gestaltungsrecht und Unterwerfung, S. 16).

In einem Aufsatz „Les promesses synallagmatiques de vente“[1] unterscheidet der Autor deutlich die „promesse“ stricto sensu, also den Vorvertrag, der dem Berechtigten nur eine Forderung auf Abschluß des Hauptvertrages gewährt, von dem Optionsabkommen („pacte d'option“)[2]. Diese zweite Variante erregt nun die Aufmerksamkeit Boyers, er stellt fest, daß die Verwirklichung des Vertrags einzig und allein von dem Willen des Optionsberechtigten abhängt[3]. Der Optionsgegner ist nicht einem gewöhnlichen Schuldner gleichzusetzen; zur Verwirklichung des Rechtserfolgs kommt es auf seine Mitwirkung nicht an. Ohne es zu wollen, hätten auch die Gerichte den gestaltenden Effekt der Willenserklärung anerkannt, indem sie bei einem Prozeß nach Ausübung der Optionserklärung nur den bereits abgeschlossenen Kaufvertrag konstatiert hätten[4].

Die traditionelle Alternative: „droits réels“ und „droits personnels“ wird als unzureichend erkannt[5], da die Einordnung der „droits d'option“ in die Kategorie der „droits personnels“ nicht zu rechtfertigen ist. Der einzige Ausweg ist die Einführung des Begriffs der Gestaltungsrechte, für die der Ausdruck „droits potestatifs“ vorgeschlagen wird. Dies ist eine unmittelbare Übersetzung des italienischen „diritto potestativo“; auch die Definition des Gestaltungsrechts wird von dem italienischen Autor Messina entlehnt. Der deutsche Begriff der Gestaltungsrechte berührt somit nur auf dem Umweg über die italienische Dogmatik, die hier der deutschen gefolgt ist, das französische Recht.

Hinsichtlich der Lehre des „droit potestatif“, wie sie Boyer andeutet, genügen kurze Ausführungen, da sie mit der klassischen Lehre vom Gestaltungsrecht übereinstimmt. Die Stellung des Gestaltungsgegners wird als „sujetion“ bezeichnet, was genau der Unterwerfungssituation der Nomenklatur Böttichers entspricht[6]. Die Rechtsmacht des Gestaltungsberechtigten bezieht sich nicht auf eine Sache, sondern auf eine juristische Situation („pouvoir direct sur une situation juridique“)[7]. In

---

[1] *Boyer*, Promesses, S. 1 f.

[2] *Boyer*, Promesses, S. 26.

[3] *Demogue*, Droits éventuels, 1906, S. 231 bis 319, war bereits durch die Erscheinung der „promesse de vente“ angezogen worden, die der Option im Sinne *Boyers* gleichzusetzen ist, da auch hier der einseitige Wille zur Entstehung des Rechtserfolgs genügt. *Demogue* sieht in der rechtlichen Stellung des Berechtigten ein Recht, das sich von den anderen Rechten durch seine einseitige Natur unterscheidet, ein „droit facultatif, un droit à une seule face“ (a. a. O., S. 312). Über die weitere Klassifizierung als „droit éventuel“ s. oben II 1.

[4] *Boyer*, Promesses, S. 26.

[5] *Boyer*, Promesses, S. 27.

[6] *Boyer*, Promesses, S. 26; *Bötticher*, Gestaltungsrecht und Unterwerfung, S. 7 ff.

[7] *Boyer*, Promesses, S. 27.

die Gruppe der Gestaltungsrechte werden eingegliedert die Rechte, die weder als „droits réels“ noch als „droits personnels“ bezeichnet werden können, so neben dem Grundbeispiel das Recht der Erben, auszuschlagen oder anzunehmen, das Recht, die Nichtigkeit zu verlangen[8], das Recht, vor Gericht zu klagen[9] und die „retrait“-Rechte („retrait d'indivision“ und „retrait litigieux“).

Boyer macht sich jedoch wenig Illusionen über die Wahrscheinlichkeit, den Begriff des Gestaltungsrechts in der französischen Systematik heimisch zu machen, seine Einführung könne als exzessiv erscheinen[10]. Andererseits wirbt er dafür, da sich der Begriff als außerordentlich fruchtbar erwiesen habe und ein neues Licht auf die klassische Unterscheidung zwischen Feststellungs- und Gestaltungsurteilen werfe[11].

Die französische Dogmatik hielt tatsächlich die Einführung des neuen Begriffs für exzessiv, und der Vorschlag Boyers blieb ohne Widerhall.

Selbst wo der Begriff der „droits potestatifs“ genannt wird, wie bei Martin de la Moutte[12], bleibt er ein unfruchtbarer Fremdkörper. Dieser Autor erkennt an, daß man im Gefolge italienischer Autoren beispielsweise die Vertragsleistung als Gestaltungsrecht des zur Erfüllung Verpflichteten auffassen könne, hält jedoch den Begriff der Gestaltungsrechte im Rahmen seiner Untersuchung über das einseitige Rechtsgeschäft für unerheblich, da er viel mehr einen juristischen Vorgang beschreibe als ihn erkläre. Schließlich wird die Unterwerfungssituation des Gestaltungsgegners verkannt, es handele sich um eine gewöhnliche Verpflichtung, nämlich diejenige, sich der Gestaltung nicht zu wider-

---

[8] Es ist anzunehmen, daß *Boyer* hier das Recht, auf Nichtigkeit zu klagen, meint und nicht etwa ein dem „droit de critique“ ähnliches materielles Recht. Neben dem oben behandelten *Lecompte* hat auch *Dabin*, a. a. O., S. 103, Anm. 1, bei der Nichtigkeit ein zugrundeliegendes materielles Recht anerkannt: das Recht auf Nichtigkeit, das beispielsweise dem Gestaltungsrecht auf Scheidung entspricht.

[9] Auch *Chiovenda*, a. a. O., S. 43, hielt schon die Klage für ein Gestaltungsrecht. Diese Frage war oben wegen der Beschränkung auf die zivilrechtlichen Gestaltungsrechte ausgeklammert worden, da durch die Klageerhebung jedenfalls keine unmittelbare Änderung der materiellen Rechtslage eintritt.

[10] *Boyer*, Promesses, S. 27.

[11] In Analogie zu dem deutschen Paar Gestaltungsurteil — Gestaltungsrecht müßte die französische Terminologie vom „jugement constitutif“ auf ein „droit constitutif“ kommen. *Boyer* übernimmt jedoch das „diritto potestativo“ des italienischen Rechts und weist nur kurz auf die „jugements constitutifs“ hin. Am Rande erwähnt *Boyer* die schweizerische Terminologie „droit formateur“. Die Prägung „droit constitutif“ schlägt *Tomson* in seiner These über die Gestaltungsrechte vor.

[12] *Martin de la Moutte*, a. a. O., S. 58, 59.

setzen[13]. Die Befreiung von dem traditionellen Begriffspaar Recht—Verpflichtung erweist sich als sehr schwer, und die Einführung eines neuen Begriffspaars von Gestaltungsmacht und Unterwerfung stößt auf große gedankliche Widerstände. Mit *Tomson*[14] kann man von einer Scheu gegenüber der Einführung des Begriffs des Gestaltungsrechts sprechen.

Generell läßt sich sagen, daß durch Boyers Versuch die traditionelle Klassifizierung der Rechte nicht geändert worden ist.

[13] *Martin de la Moutte*, a. a. O., S. 59, für das Beispiel der Erfüllung: „Il paraît difficile de détacher clairement cet état de sujétion . . . du concept traditionnel de l'obligation. Si l'on admet pour le débiteur le droit de se libérer, il semble rationnel d'affirmer corrélativement que le créancier est tenu d'une obligation de ne pas s'opposer à cette libération . . ."

[14] *Tomson*, a. a. O., S. 258.

Vierter Teil

Gründe für das Fehlen einer Theorie der Gestaltungsrechte im französischen Recht und der Satz: „Nul ne peut se faire justice à soi-même"

Im vorangegangenen Teil waren die Möglichkeiten einer Einordnung der Gestaltungsrechte in die französische Systematik und die in der Nähe zum Gestaltungsrecht befindlichen Denkkategorien der französischen Lehre diskutiert worden. Eine Übernahme der Kategorie der Gestaltungsrechte in das französische Recht erscheint trotz der vorhandenen Ansatzpunkte als unwahrscheinlich. Die reservierte Haltung der französischen Lehre zu dem Konzept des Gestaltungsrechts beruht auf einer Reihe von Gründen.

Bei der Behandlung der Gestaltungsrechte im französischen Recht war die gegenüber dem deutschen Recht stärkere Ausbreitung der Gestaltungsrechte mit gerichtlicher Durchsetzung zutage getreten. Dabei handelt es sich um Gestaltungsrechte, die so sehr im Mittelpunkt des dogmatischen Interesses stehen wie das Recht auf Anfechtung des relativ nichtigen Vertrags, das Recht auf Wandlung und Minderung sowie das Rücktrittsrecht. Daß die dogmatische Analyse dieser Rechte nicht zu einer Entdeckung des Gestaltungsrechts geführt hat, hängt mit der in Frankreich besonders stark vertretenen Theorie einer Identität von Recht und Klagerecht zusammen. Auf die Frage des Verhältnisses zwischen Recht und Klagerecht ist daher hier einzugehen.

Als weitere Hemmnisse, die der Einführung des Gestaltungsrechts in das französische Recht entgegenstehen, werden die Verbindung des obligatorischen mit dem dinglichen Rechtsgeschäft sowie die allgemeine Vorsicht gegenüber dem einseitigen Rechtsgeschäft behandelt. Schließlich wird noch die Stellung zur Selbsthilfe im französischen Recht in ihrer Bedeutung für das Gestaltungsrecht erläutert.

I. Das Verhältnis von Recht und Klagerecht im französischen Recht

Japiots Versuch, ein vom Klagerecht verschiedenes materiell-rechtliches „droit de critique" zu konstruieren, erhält seinen Rahmen durch die allgemeine Lehre des Verhältnisses von Recht und Klagerecht. Die

Leistung Japiots sticht noch mehr ins Auge vor dem Hintergrund der traditionellen französischen Theorie einer Einheit von „droit" und „action". Wenn auch diese Einheit im 19. Jahrhundert unstreitig war, so hat sich doch später ein berühmter Schulenstreit[1] über das Verhältnis der beiden Begriffe entwickelt. Dieser Streit kann nur in den Grundzügen dargelegt werden.

Es ist hier von Bedeutung, daß das Wort „action" in der französischen Rechtssprache nicht eindeutig ist. Einmal kann man „action" als den formellen Rechtschutzanspruch auffassen, als die Rechtsmacht, von den Gerichten eine Entscheidung zu erlangen, andererseits wird „action" aber darüber hinausgehend als die Rechtsmacht interpretiert, von dem Gericht die Feststellung und den Schutz des fraglichen Rechts zu erlangen[2]. Nur in diesem zweiten Sinn ist das Rechtssprichwort sinnvoll: „Pas de droit, pas d'action". Daß weiterhin „action" manchmal auch den Akt der Klagerhebung selbst bedeutet, macht die Klärung nicht leichter[3]. Für unsere Zwecke ist es jedoch nur bedeutsam zu wissen, in welcher Beziehung das materielle Recht zum Recht, das Gericht anzurufen, steht.

Für die herkömmliche französische Doktrin fällt die Antwort auf diese Frage leicht. Ein Unterschied zwischen beiden Begriffen wird nicht gesehen. Zum Beweis für die Identität beruft man sich darauf, daß die Rechte, die der gerichtlichen Durchsetzung nicht fähig sind, einen unvollständigen Charakter haben[4]. Recht und Klage sind nur verschiedene Erscheinungsformen der gleichen Institution, die im statischen Zustand als unverletztes ruhendes Recht auftritt, im dynamischen Zustand als verletztes, in Bewegung geratenes Recht, d. h. als Klage erscheint[5, 6].

Gerade die Fälle, in denen ein Recht nur gerichtlich durchgesetzt werden kann. liefern den Anhängern dieser Einheitstheorie ein gutes

---

[1] *Béquet*, a. a. O., S. 143.

[2] *Solus-Perrot*, a. a. O., Nr. 95.

[3] *Solus-Perrot*, a. a. O., Nr. 109.

[4] *Cuche*, 1924, Nr. 127.

[5] *Cuche*, 1924, Nr. 127.

[6] s. dazu die entsprechende Darstellung der Einheitstheorie bei *Binder*, a. a. O., S. 104, 105. Recht und Rechtsschutzinteresse sind für *Binder* dasselbe Ding, nur von verschiedenen Gesichtspunkten betrachtet. Dies wird damit begründet, daß Recht Recht nur durch die Rechtsschutzmittel sei (S. 12). Da das funktionelle Wesen alles Rechtes eine äußerlich durchsetzbare Macht sei, müsse auch das Wesen des Privatrechts Macht sein. Diese Macht bestehe in der staatlichen Rechtsschutzorganisation; folglich falle der Privatanspruch mit dem Recht an den Staat auf Rechtsschutz zusammen.

Argument[7], die Trennung wird hier als künstlich abgetan[8]. Von dieser, als klassisch zu bezeichnenden Auffassung her ist es nur logisch, wenn *Garsonnet* und Cézar-Bru die Ausdrucksweise „droits et actions", die man gelegentlich findet, als Pleonasmus tadeln[9].

Diese Einheitstheorie ist von neueren Autoren einer lebhaften Kritik unterzogen worden. Nach ihrer Meinung ist die bisher vertretene Doktrin unzutreffend: Das Klagerecht ist etwas anderes als das materielle Recht selbst, die Voraussetzungen der Entstehung, der Ausübung und die jeweiligen Objekte sind verschieden[10].

Zu den Entstehungsvoraussetzungen wird darauf hingewiesen, daß es Rechte gibt, die keine Klageberechtigung geben, die sog. Naturalobligationen. Andererseits gibt es Rechte, deren klagweise Durchsetzung nicht unmittelbar möglich ist, so die befristeten oder aufschiebend bedingten Verbindlichkeiten. Ein verjährtes Recht schließlich kann allenfalls im Wege der Einrede, nicht aber mehr in dem der Klage geltend gemacht werden[11]. Zu den Voraussetzungen ist wohl auch die gewährende Norm zu rechnen; die Norm, die beispielsweise an einen allgemeinen Deliktstatbestand das Recht auf Schadensersatz knüpft, gewährt nicht zugleich das Klagerecht[12].

Auch hinsichtlich der Ausübungsvoraussetzungen bestehen erhebliche Unterschiede: Das Klagerecht bedarf bei der Ausübung der Erfüllung besonderer Bedingungen, z. B. hinsichtlich Form und Frist, deren Mißachtung zwar den Verlust des Klagerechts, jedoch nicht den des materiellen Rechts herbeiführt. Auch ist die Rechtsfähigkeit nicht identisch mit der Prozeßfähigkeit[13]. Der Inhaber des Klagerechts

---

[7] s. hier *Japiot*, Jurisprudence française, S. 680, wo er sich von seiner früheren Theorie des „droit de critique" distanziert.

[8] Im deutschen Recht hat kürzlich wieder *Henckel*, a. a. O., S. 34, die Meinung vertreten, das Recht auf Scheidung sei nichts anderes als der Rechtsschutzanspruch in seiner klassischen Form. Die Argumentation *Henckels* basiert auf der Vorstellung, die Anhänger der Trennungstheorie legten ein privates Recht des Klägers gegen den Beklagten zugrunde. Diese Meinung findet sich bereits bei *Binder*, a. a. O., S. 185. Dabei wird übersehen, daß sich der Gestaltungsgegner lediglich in einer Unterwerfungssituation befindet. Diese aber ist bei Gestaltungsrecht und Gestaltungsklagerecht nicht verschieden.

[9] *Garsonnet — Cézar-Bru*, a. a. O., Br. I, Nr. 351, Anm. 5.

[10] *Solus-Perrot*, a. a. O., Nr. 99; *Dabin*, a. a. O., S. 101, unterstreicht die Verschiedenheit des Objekts, während *Morel*, a. a. O., Nr. 25, von einer Verschiedenheit des Objekts, der „cause", der Ausübungsbedingungen und der Folgen spricht.

[11] *Solus-Perrot*, a. a. O., Nr. 100.

[12] *Dabin*, a. a. O., S. 101, 102.

[13] *Cuche*, 1951, S. 11.

braucht nicht mit dem Rechtsinhaber identisch zu sein[14]; man braucht nur den Fall der actio obliqua heranzuziehen[15].

Das Recht besteht weiter, auch wenn der Berechtigte auf die Klage verzichtet hat[16]. Die Verschiedenheit wird auch durch die Tatsache beleuchtet, daß ein neues Gesetz eine Modifizierung des Klagerechts bringen kann, ohne daß die vorangegangene rechtliche Situation geändert würde; das entstandene Recht bleibt der zur Zeit seiner Entstehung herrschenden Rechtsordnung unterworfen[17].

Die Verschiedenheit des Objekts wird dadurch bewiesen, daß das Objekt des Klagerechts stets der Schutz des materiellen Rechts ist, der in verschiedenen Formen vor sich gehen kann: Verurteilung zu Schadensersatz, zur Vertragserfüllung, erhaltende und provisorische Maßnahmen[18] etc. Die Existenz des Rechts genügt noch nicht für die Klageerhebung; das Interesse des Klägers an der gerichtlichen Entscheidung muß zusätzlich gefordert werden[19].

Der Fall des „cumul d'actions", d. h. des Entstehens mehrerer auf verschiedene Objekte gerichteter Klagen aus derselben Rechtsbeziehung wird ferner von den Befürwortern der Trennungstheorie als Argument für ihre Auffassung herangezogen[20].

Nach diesen Hauptunterscheidungsmerkmalen wird noch darauf hingewiesen, daß das Recht durch das Klagerecht, dieses aber seinerseits durch das Verbot der Rechtsverweigerung und das Gebot an den Richter, alle ihm vorgelegten Streitfälle zu entscheiden, geschützt wird. In der Rechtsgeschichte läßt sich eine Entwicklung von der Einheits- zur Trennungstheorie feststellen. Erst als Frucht einer langen Arbeit dogmatischer Analyse wird das Recht als ein von der Klage verschiedenes Element erkannt[21].

Wie stark eingewurzelt jedoch die ursprüngliche Auffassung einer Verbindung von Recht und Klagerecht ist, zeigt sich darin, daß Autoren, die an sich der Trennungstheorie zuneigen, dabei für die Rechte eine Ausnahme machen, die nur durch Klage ausübbar sind, wie das Recht, die Nichtigkeit anzurufen, das Recht, die Scheidung zu begehren, und

---

14 *Béquet*, a. a. O., S. 143.
15 *Solus-Perrot*, a. a. O., Nr. 101.
16 *Dabin*, a. a. O., S. 101, 102.
17 *Motulski*, a. a. O., Nr. 31.
18 *Solus-Perrot*, a. a. O., Nr. 102.
19 *Dabin*, a. a. O., S. 101, 102.
20 *Solus-Perrot*, a. a. O., Nr. 102.
21 *Morel*, a. a. O., Nr. 25.

ähnliche Fälle[22]. Beispielsweise führt *Nerson* aus, nachdem er grundsätzlich die Trennungstheorie anerkannt hat[23], die Klage sei nicht immer die Sanktion eines Rechts, sondern häufig die Ausübung eines autonomen Rechts[24]. Bei rechtlichen Erscheinungen wie der Nichtigkeitsklage, der Auflösungsklage, ebenso bei der Scheidungsklage oder der Klage auf Trennung von Tisch und Bett gebe es kein anderes Recht als eben das Recht zu klagen[25]. Dieses Recht ist ein „droit sanctionnateur". Es ist ein „droit sanctionnateur de résultat", wenn der Berechtigte das Recht auf ein gewisses Ergebnis hat, und es ist ein „droit sanctionnateur de moyen", wenn der Berechtigte nur das Recht hat, etwas vom Gericht zu fordern, wobei dem Richter ein erheblicher Beurteilungsspielraum bleibt[26].

Von anderer Seite dagegen wird die Berechtigung einer Trennung auch für diese Fälle behauptet, da sich aus genauer Analyse die Existenz eines Rechtes schließen lasse, das vor der gerichtlichen Durchsetzung existiere und dessen Schutz die Klage diene[27].

Auch unter den Anhängern der Trennungstheorie besteht kein Einverständnis über die rechtliche Qualifizierung des Klagerechts: *Motulski* sieht in ihm ein subjektives Recht wie jedes andere, es gehe auf Eingreifen des staatlichen Zwangs, die Adressaten seien die Richter[28], *Cuche* versucht, es als „faculté", sich an die Gerichte zu wenden, einzuordnen[29], Solus-Perrot schließlich wählen den Ausdruck „pouvoir légal", dessen Hauptaufgabe es sei, dem einzelnen die Versuchung und die Möglichkeit zu nehmen „de se faire justice à eux-mêmes"[30]. Hier ist nicht der Ort, auf dieses Problem näher einzugehen.

Bedeutsam ist, daß trotz der guten Gründe, die die Trennungstheorie für sich anführen kann, die Einheitstheorie noch in neuerer Zeit ver-

---

[22] So *Béquet*, a. a. O., S. 144: „Et dans sa forme la plus poussée, cette théorie se refuse même à confondre le droit et l'action, dans le cas, où ce droit ne peut cependant se réaliser que par une action en justice: divorce, recherche de la paternité naturelle, annulation ou résiliation du contrat."

[23] *Nerson*, a. a. O., S. 314.

[24] *Nerson*, a. a. O., S. 315.

[25] *Nerson*, a. a. O., S. 317; ebenso *Béquet*, a. a. O., S. 144.

[26] *Nerson*, a. a. O., S. 334, 335; s. auch oben 3. Teil II, Anm. 81.

[27] *Glasson-Tissier*, a. a. O., Nr. 183; es fällt auf, daß hier auf den Versuch *Japiots*, ein „droit de critique" zu konstruieren, nicht eingegangen wird.

[28] *Motulski*, a. a. O., Nr. 31. Die Auffassung der Klage als subjektives Recht findet sich auch bei *Chiovenda*, a. a. O., S. 47: „Azione ed obbligazione . . . sono dunque due diritti soggettivi distinti, che insieme uniti soltanto coprono la volontà concreta di legge che diciamo diritto obiettivo." Weiter S. 51: „L'azione è dunque un diritto a sè consistene in un rapporto fra la volontà di un singolo e l'ordinamento giuridico."

[29] *Cuche*, 1951, S. 12. Darüber, daß die „faculté" kein subjektives Recht ist, s. oben S. 102.

[30] *Solus-Perrot*, a. a. O., Nr. 96.

treten wird. So meinen *Brèthe de la Gressaye—Laborde—Lacoste,* mit zwei hauptsächlichen Argumenten die Theorie erschüttern zu können: einmal habe normalerweise der Kläger ein Recht, oder glaube wenigstens es zu haben, eine Trennung kompliziere daher unnötig die Realität, zum andern werde selbst bei einem dem Kläger negativen Prozeßausgang entschieden, ob der Kläger ein Recht, somit ein Klagerecht habe[31].

Diese Gegenargumente haben gegenüber den aufgeführten für die Trennung sprechenden Argumenten geringes Gewicht, es wird nur das zähe Festhalten an der traditionellen Vorstellungswelt dokumentiert.

Diese traditionelle Vorstellungswelt wurde, wenn man von Vorläufern wie *Glasson-Tissier* absieht, im wesentlichen erst nach dem zweiten Weltkrieg verlassen: *Morel,* Dabin, Motulski, *Béquet,* Solus-Perrot, Cuche (10. Aufl.) sind als Beispiele zu nennen. Dem steht die deutsche Lehre gegenüber, die in großer Breite sich schon frühzeitig der Trennungstheorie verschrieben hat; man denkt an Zitelmann[32] im Jahre 1898, Seckel[33] im Jahre 1903, von Tuhr[34] im Jahre 1912, um nur einige der Väter des Gestaltungsrechts zu nennen.

Die Kritik Kischs[35] daran ist zwar bei Henckel[36] wieder aufgenommen, hat jedoch sonst keinen großen Anklang gefunden[37].

Diese Verschiebung in der Entwicklung im Verhältnis der deutschen zur französischen Dogmatik kann nicht ohne Einfluß sein für die Entdeckung des Gestaltungsrechts.

Die Bildung eines Begriffs des Gestaltungsrechts ist an die Abstrahierung von der äußeren Form seiner Ausübung gebunden, wie sie Zitelmann und Seckel vornehmen.

Die französische Theorie, die traditionell der Betrachtung der äußeren Form verhaftet war, indem sie Klage und Klagerecht gleichsetzte, und die nur zögernd sich von dieser hergebrachten Auffassung zu lösen imstande ist, ist naturgemäß wenig disponiert, einen Begriff des Gestaltungsrechts zu entdecken oder auch nur zu akzeptieren. Erst

---

[31] *Brèthe de la Gressaye-Laborde-Lacoste,* a. a. O., Nr. 470. Hier handelt es sich doch wohl um das Argument des „plerumque fit", das *Cornu-Foyer,* a. a. O., S. 272 zu Recht als oberflächlich bezeichnen.

[32] *Zitelmann,* a. a. O., S. 44.

[33] *Seckel,* a. a. O., S. 239 ff.

[34] *von Tuhr,* a. a. O., S. 156, wo deutlich vom privatrechtlichen Recht auf Scheidung gesprochen wird.

[35] *Kisch,* a. a. O., S. 71 ff.

[36] *Henckel,* a. a. O., S. 32 ff.

[37] Im übrigen wird auf die Ausführungen im 1. Teil III 3 b verwiesen.

eine breite Durchsetzung der Trennungstheorie, die uneingeschränkt auch die Gestaltungsklagerechte erfaßt, kann den Weg zu diesem Schritt freimachen. Gerade die Gestaltungsrechte, die besonders ins Auge fallen, die historisch die Entdeckung des Begriffs herbeigeführt haben, werden im französischen Recht klageweise ausgeübt; man denkt dabei besonders an das Anfechtungsrecht, aber auch an das Recht auf Wandlung und Minderung, sowie an das Vertragsaufhebungsrecht, das letztere mit den oben behandelten Einschränkungen.

Diese Rechte sind nun von einer Systematisierung im privatrechtlichen Sinne, die allein hier interessiert, ausgeschlossen, solange sie noch als reine Klagerechte in Entsprechung zu der deutschen Minderheitsmeinung konstruiert werden. Vom Gesichtspunkt der historischen Wahrscheinlichkeit mußte die Entdeckung des Gestaltungsrechts im französischen Recht daher fernerrücken, da die anderen Fälle einer privatrechtlichen Rechtsmacht zur Gestaltung in sehr viel geringerem Umfang das Interesse der Theoretiker erwecken.

II. Die Verbindung von dinglichem und obligatorischem Geschäft

Eine weitere Eigenheit des französischen Rechts ist der Aufnahme des Gestaltungsrechts wenig günstig: die Verbindung von dinglichem und obligatorischem Geschäft bei Verträgen, die einen Eigentumsübergang betreffen[1].

Allerdings handelt es sich weniger um eine unmittelbare als eine mittelbare Wirkung, insofern als sie das Übergewicht der Gestaltungsklagerechte gegenüber den Selbsthilfegestaltungsrechten begründet und somit die eben beschriebenen Folgen mitauslöst.

Die rechtsübertragende Wirkung der Verträge ist einer der wichtigsten Grundsätze der sog. „obligations de donner“, wie sie aus Kauf, Tausch oder Schenkungsvertrag entstehen. Art. 1138 C.civ. spricht diesen Grundsatz aus:

> „L'obligation de livrer la chose est parfaite par le seul consentement des parties contractuelles. Elle rend le créancier propriétaire . . . dès l'instant où la chose a dû être livrée, encore que la tradition n'en ait point été faite.“

Der Ausdruck „l'obligation rend le créancier propriétaire“ muß dahin ausgelegt werden, daß die Obligation durch sich selbst und unmittelbar denjenigen durch die Wirkung des Rechtsübergangs zum

---

[1] Über die geschichtliche Entwicklung, die zu diesem Grundsatz führte, siehe *Beudant-Lerebours-Pigeonnière*, a. a. O., Bd. VIII *(Lagarde)*, Nr. 315 bis 321.

Eigentümer macht, der theoretisch nur Gläubiger ist und einmal auch nur als solcher betrachtet wurde[2]. Den gleichen Grundsatz findet man wieder in den Art. 711, 938, 1583 C.civ.

Aus diesem Prinzip der unmittelbaren Rechtsübertragung durch den obligatorischen Vertrag folgt, daß im Falle der rückwirkenden Vernichtung des Vertrags, also bei Nichtigkeit und bei Vertragsaufhebung nach Art. 1184 C.civ., nicht dagegen bei der Wandlung, auch der Rechtsübergang als nicht stattgefunden behandelt wird. Mit dem Ausspruch des Urteils fällt hier die dingliche Rechtsposition wieder auf den Veräußerer zurück, und auch für Dritterwerber, die ihr Recht vom Erwerber herleiten, gilt grundsätzlich die Regel: „Resoluto iure dantis resolvitur ius accipientis“[3]. Nun sind sich in aller Regel die Parteien über die Berechtigung der geltend gemachten Nichtigkeit nicht einig. So hat das gerichtliche Urteil die wichtige Wirkung, Klarheit über die dingliche Rechtslage zu schaffen. Diese Klarheit wird über die Parteien hinaus auf alle Dritten ausgedehnt durch die Publizitätswirkung des Urteils, die zumal im Sachenrecht bedeutsam ist[4].

Die Verbindung des Klageprinzips mit der dinglichen Wirkung ist sachgerecht, wenn auch beispielsweise *Baudry-Lacantinerie — Barde* der Meinung sind, das römische und deutsche System einer Aufrechterhaltung der dinglichen Lage selbst bei Vernichtung des obligatorischen Rechtsgeschäfts sei vom wirtschaftlichen Standpunkt her und unter Berücksichtigung des Vertrauensschutzes vorzuziehen[5]. Eine derartige Betrachtung legt das größte Gewicht auf die Interessen etwaiger Dritterwerber. Im französischen Recht kann sie jedoch nur de lege ferenda erwähnt werden. De lege lata ist von der gemeinsamen Niederreißung des dinglichen und des obligatorischen Geschäfts auszugehen. Diese ist auch unter dem Gesichtspunkt der Symmetrie die richtige Konstruktion: Die Veränderung, die durch *einen* Akt eingetreten war (den Vertragsschluß), wird auch durch *einen* Akt wieder beseitigt, nämlich das Urteil.

Nachdem schon einmal diese Koppelung zwischen der obligatorischen und der dinglichen Rechtsänderung besteht, würde eine Ausübung des

---

[2] *Beudant-Lerebours-Pigeonnière,* a. a. O., Bd. VIII *(Largade),* Nr. 318.

[3] Auf Einzelheiten und Besonderheiten, beispielsweise des Immobilienrechts, kann im Rahmen dieser Untersuchung nicht eingegangen werden; die Darlegung der Grundsätze genügt für die Zwecke der Arbeit.

[4] Der gleiche Gedanke wird, allerdings für die primäre Rechtsübertragung, angeschnitten bei *Colin-Capitant,* a. a. O., Bd. I, Br. 1234: „Dans une législation posant le principe que les transmissions de propriété ou de droits réels résultent du contrat, le seul remède topique aux inconvénients . . . consiste dans l'organisation d'une publicité efficace autour des actes translatifs.“

[5] *Baudry-Lacantinerie-Barde,* a. a. O., Bd. II, Nr. 935.

Gestaltungsrechts durch einseitige Willenserklärung zu einer erheblichen Unklarheit der dinglichen Rechtslage führen.

Eine derartige Unklarheit über die dingliche Rechtslage ist außerordentlich unerwünscht. War oben[6] ausgeführt worden, daß unter dem Gesichtspunkt des Schutzes der anderen Partei das System der Gestaltungserklärung demjenigen der Klage gegenüber nicht eindeutig unterlegen sei, da die Unsicherheit über die Wahl des Berechtigten im System der Gestaltungsklage keinesfalls angenehmer sei als diejenige über die Berechtigung dieser Wahl im System der Gestaltungserklärung, so müssen davon Abstriche gemacht werden, soweit auch die dingliche Rechtslage betroffen ist[7]. Insofern ist es auch gut verständlich, daß die Kommission einer Reform des Code civil[8] vorgeschlagen hat, die traditionelle Lösung der klagweisen Durchsetzung der Nichtigkeit beizubehalten[9].

Der Schluß ist daher, daß die übertragene Wirkung der Obligationen („effet translatif"), die folgerichtig zur Nichtigkeit des dinglichen Rechtsübergangs bei Vernichtung der Obligation führt, die Zerstörung solcher Rechtsverhältnisse durch gerichtliches Urteil begünstigt.

Die Schwierigkeiten aber, von den Ausgangspunkten der französischen Theorie aus dem Begriff der Gestaltungsklage denjenigen des Gestaltungsrechts zu abstrahieren, waren oben schon dargestellt worden.

III. Das einseitige Rechtsgeschäft im französischen Recht

Im Jahre 1891 faßt René *Worms* das Ergebnis seiner These „De la volonté unilatérale considérée comme source d'obligations"[10] in dem

---

[6] Oben s. 1. Teil IV 1 a.

[7] *Saleilles,* Déclaration, S. 363: „Avec le système de la déclaration privée, si l'incertitude est moins redoutable avant l'annulation, puisque la moindre déclaration émise à ce sujet tranchera la situation, toute une nouvelle période d'incertitude va s'ouvrir après, dont la durée dépendra de l'autre partie: les rôles se trouvent renversés." Dennoch beurteilt *Salleiles* anschließend die Unsicherheit im deutschen Rechtssystem als weniger schwerwiegend gegenüber derjenigen im französischen. Möglicherweise hat *Saleilles* hier die Probleme der dinglichen Zuordnung außer acht gelassen.

[8] *Travaux de la Commission de Réforme du Code civil,* 1946, 1947, Art. 19: „L'acte de nullité absolue ou relative produit tous ses effets tant que l'une ou l'autre nullité n'a pas été prononcée par le juge"; dazu auch *Mazeaud,* Leçons, Bd. II, Nr. 297.

[9] Außerdem ging man von dem Gedanken aus, daß im Streitfall ohnehin die Gerichte angerufen werden müßten. Die Hoffnung, die den deutschen Gesetzgeber geleitet habe, daß das System der Willenserklärung zu einer tatsächlichen Vereinfachung führe, habe damit getrogen.
Siehe dazu auch *Mazeaud,* Leçons, Bd. II, Nr. 297.

[10] *Worms,* a. a. O.

Satz zusammen: „La volonté individuelle est souveraine sur celui qui l'a émise et impuissante à l'égard des tiers“[11]. Im Jahre 1949 räumt Martin de la Moutte zu Beginn seiner These[12], nachdem er in anderen Worten den Grundsatz Worms' als scheinbares Postulat der individuellen Freiheit dargestellt hatte, ein: „Mais en revanche, très souvent aussi l'acte unilatéral produit des effets qui débordent le patrimoine de son auteur pour atteindre celui des tiers et cela de façon tout à fait directe.“

Oben schon war dargelegt worden, daß das Rechtsdenken eher geneigt ist, eine Selbstbindung durch einseitige Willenserklärung zu gestatten als einen Eingriff in die fremde Sphäre. Wenn eine Rechtsordnung daher gegenüber einer Selbstbindung durch einseitige Willenserklärung äußerst vorsichtig ist, so wird sie dies noch mehr sein im Hinblick auf die Zerstörung der Rechte anderer durch einseitige Willenserklärung[13].

Nach der Einführung des BGB in Deutschland, das eine Bindung durch einseitige Willenserklärung beim Angebot und bei der Auslobung kennt, gab es in Frankreich heftige Diskussionen über die einseitige Willenserklärung als Verpflichtungsgrund. Grundsätzlich wich jedoch die französische Doktrin nicht von ihrer traditionellen Einstellung ab. Die Ablehnung der Bindung durch einseitige Willenserklärung wird mit den Argumenten gestützt, daß einmal eine einseitige Zerstörung mit einer einseitigen Bindung Hand in Hand gehen müsse, was den Begriff der Obligation sprenge[14], daß es ferner ein Unding sei, sich eine Obligation ohne Gläubiger vorzustellen[15], wozu aber die neue Lehre kommen müsse, wenn sie nicht die ebenfalls abwegige Konstruktion einer Verpflichtung sich selbst gegenüber vornehmen wolle. Es wird allenfalls anerkannt, daß bei einer Unterstützung des einseitigen Willens durch eine bestimmte Situation oder durch ein bestimmtes Formerfordernis eine rechtlich relevante Wirkung entstehen könne[16].

Was schließlich die Bindung des Offerenten an sein Angebot betrifft, so konkurrieren bei der Erklärung dieses Phänomens mit der Lehre von der einseitigen Willenserklärung[17] die Lehren von der

---

[11] *Worms*, a. a. O., S. 195.
[12] *Martin de la Moutte*, a. a. O., S. 41.
[13] *Martin de la Moutte*, a. a. O., S. 105.
[14] *Ripert-Boulanger*, a. a. O., Bd. II, Nr. 1175; *Martin de la Moutte*, a. a. O., S. 269.
[15] *Martin de la Moutte*, a. a. O., S. 267.
[16] *Ripert-Boulanger*, a. a. O., Bd. II, Nr. 1175.
[17] *Colin-Capitant*, a. a. O., Bd. II, Nr. 46.

deliktischen Haftung[18] und vom Vorvertrag. Die Lehre der Bindung des Offerenten durch einseitigen Willen ist keineswegs einhellig angenommen, ebenso wird das Phänomen der Auslobung durch Konstruktionen wie diejenige erklärt, daß die Rücknahme jedem, der von der Auslobung Nutzen ziehen will, nicht entgegengehalten werden kann[19].

Der einseitige Wille ist jedoch zu einer Enthüllung und zu einer Feststellung imstande, indem er einem Recht, das schon vorher bestand, die bisher fehlende Wirksamkeit verleiht[20]. Die Gruppe dieser einseitigen Rechtsgeschäfte, zu der etwa Eingeständnis und Anerkennung des unehelichen Kindes gehören[21], führt allerdings nur zu einer Belastung des Urhebers der Erklärung.

Größere Widerstände bestehen dagegen, es zuzulassen, daß die rechtliche Position eines anderen durch einseitige Willenserklärung in Mitleidenschaft gezogen wird. Zwar hat Demogue bereits im Jahre 1907 in einem Zeitschriftenartikel[22] eine Reihe von Fällen aufgezeigt, in denen der einseitige Wille imstande ist, zu einer beide Teile berührenden Modifizierung des Vertrags zu führen: das Zurückbehaltungsrecht, das Streikrecht, bei den sog. „contrats d'aide ou de commandement" das Recht, dem Vertrag einen anderen Inhalt zu geben, die Einrede des nichterfüllten Vertrags sind Beispiele davon. Diese Änderungen können sich jedoch nach Demogue[23] nur auf nebensächliche Punkte beziehen. Andererseits wird erkannt, daß es a priori keinen Vertrag gibt, der nicht durch den einseitigen Willen eines Vertragspartners modifiziert werden könnte.

Der einseitigen Modifizierung und in noch stärkerem Maß der einseitigen Zerstörung des Vertrags ist die Theorie der Symmetrie feindlich, die aus dem römischen Recht stammt. Dort mußte zwischen den Formalitäten des Vertragsschlusses und der Vertragsauflösung Symmetrie bestehen. Demogue[24] schreibt im Jahre 1911, es sei bemerkens-

---

[18] *Ripert-Boulanger,* a. a. O., Bd. II, Nr. 1177.

[19] *Ripert-Boulanger,* a. a. O., Bd. II, Nr. 1178.

[20] Vgl. hierzu die obigen Ausführungen zur Anerkennung des unehelichen Kindes, 2. Teil I 7.

[21] *Martin de la Moutte,* a. a. O., S. 243 ff.

[22] *Demogue,* Modifications.

[23] *Demogue,* Modifications, S. 308.

[24] *Demogue,* Notions, S. 90, 91: „Et il est remarquable que nous vivions encore sous l'empire d'une théorie si archaïque. Celle-ci, c'est la symétrie des formes pour la naissance et l'extinction des droits, ou leur modification, ce qui n'est en somme tant qu'une extinction partielle." Nachdem der Autor über das römische Recht gesprochen hat, sagt er: „Mais il est curieux de le constater, nous nous plaçons aujourd'hui à un point de vue un peu différent mais qui n'en est pas fort éloigné." Dazu auch *Martin de la Moutte,* a. a. O., S. 105.

wert, daß man noch zum großen Teil unter der Herrschaft einer so archaischen Theorie lebe. In den letzten fünfzig Jahren dürfte sich nichts an der Berechtigung dieser Feststellung gewandelt haben. Die Theorie der Symmetrie hat heute zwar weniger in dem Sinn Bedeutung, daß überall für die Vernichtung eines Rechtsgeschäfts die gleichen Formalitäten[25] einzuhalten seien wie für die Entstehung, als insoweit, daß die gleichen Personen in beiden Fällen mitzuwirken haben. Dies wird als Grundsatz der Gleichheit und der gegenseitigen Unabhängigkeit der Parteien bezeichnet[26].

Der in diesem Grundsatz ausgedrückte Gedanke einer statischen Sicherheit muß jedoch konfrontiert werden mit der Notwendigkeit, sich neuen Situationen anzupassen[27]. Bei dieser Konfrontation spielt der Zweck des Vertrages eine große Rolle: Oft kann der Fall eintreten, daß nur eine Partei in der Lage ist, diesen Zweck einzuschätzen und den Wert der zur Erreichung des Zweckes angewandten Mittel zu beurteilen[28].

Hier denkt man an das Recht jedes Vertragspartners, Dauerrechtsverhältnisse aufzulösen, oder allgemein bei eindeutigem Verstoß gegen Treu und Glauben, bei einer Weigerung des Vertragspartners, den Vertrag zu erfüllen, sowie bei Gefahr im Verzug Verträge zu vernichten, wie oben bei der Behandlung der einzelnen Gestaltungsrechte des französischen Rechts dargestellt worden ist.

Wenn gezeigt wurde, daß das französische Recht einseitige Rechtsgeschäfte kennt, daß ferner gewisse Autoren versucht haben, eine Theorie des „acte unilatéral" zu errichten, so kann das nicht über eine grundsätzliche Reserve dem einseitigen Rechtsgeschäft gegenüber hinwegtäuschen[29]. Der Code civil ist auf dem Vertrag als Hauptform rechtsgeschäftlichen Tätigwerdens aufgebaut. Das einseitige Rechtsgeschäft ist, vor allem im 19. Jahrhundert, als Phänomen allenfalls zweitklassiger Bedeutung aufgefaßt worden.

Die Kommission zur Reform des Code civil hatte sich mit der Frage zu befassen, ob man, der Tradition folgend, die Vorschriften über

---

[25] Abstriche von dem Postulat der Form-Symmetrie finden sich etwa bei der Formalisierung der Abwicklung auch formfrei abgeschlossener Rechtsgeschäfte (siehe unten S. 140).

[26] *Planiol-Ripert*, a. a. O., Bd. VI *(Esmein)*, Nr. 9; eine Ausnahme ist beispielsweise der Verzicht auf einen Nießbrauch, der trotz der vertraglichen Begründung einseitig durch den Berechtigten ausgesprochen werden kann.

[27] *Demogue*, Notions, S. 91.

[28] *Demogue*, Notions, S. 92.

[29] *Tomson* stellt in seiner These, a. a. O., S. 257, fest: „Le droit français est hostile aux déclarations unilatérales de volonté pour créer ou modifier une situation juridique . . ."

die Verträge auch auf alle anderen Rechtsgeschäfte ausdehnen solle[30], oder ob man eine allgemeine Lehre vom Rechtsgeschäft voranstellen und so deutlich ausdrücken solle, daß es gleichberechtigt neben den Verträgen auch andere Rechtsgeschäfte, so vor allem die einseitiger Art gibt. In der Abstimmung vom 23. 3. 1946 hat die Vollversammlung der Kommission sich dafür entschieden, in einen Allgemeinen Teil eines Code civil die Theorie des „acte juridique" aufzunehmen. Die Heftigkeit, mit der um diese Entscheidung gerungen wurde, zeigt, wie zäh sich bis in die Gegenwart die Meinung gehalten hat, das einseitige Rechtsgeschäft sei, wenn überhaupt anzuerkennen, doch nur eine Spielerei der Theoretiker ohne Auswirkung auf Gesetzgebung und Praxis. *Bonnecase* bemerkt, daß die klassische französische Doktrin die Theorie des Rechtsgeschäfts und der Rechtshandlung zu ausschließlich dem Obligationenrecht zugeordnet hätte[31]. Dieser Zug des französischen Rechts erklärt sich sehr stark auch durch die Tendenz französischer Autoren, im Obligationsrecht das Zentrum des ganzen Zivilrechts zu sehen[32, 33].

Das französische Privatrecht rechtfertigt die oben[34] aufgestellte Behauptung, eine Rechtsordnung sei in dem Maße geneigt, eine Theorie des Gestaltungsrechts zu entwickeln, als sie eine Theorie der einseitigen Willenserklärung entwickelt habe und so gewöhnt sei, Rechtsfolgen an diese zu knüpfen. Eine derartige Gewöhnung fehlt jedoch noch im französischen Recht.

IV. Die Selbsthilfe im französischen Recht und der Satz: „Nul ne peut se faire justice à soi-même"

Die Selbsthilfegestaltungsrechte sind die Urgestaltungsrechte. Die Selbsthilfegestaltungsrechte haben, geschichtlich gesehen, in der deutschen Theorie die Herausarbeitung einer Lehre der Gestaltungsrechte erlaubt. Sowenig zutreffend es ist, die Gestaltungsklagerechte aus dem Rahmen der Gestaltungsrechte auszuschließen, so ist doch die reinere Erscheinungsform der Gestaltungsrechte dort zu sehen, wo auf die gerichtliche Mitwirkung verzichtet werden kann.

---

[30] Dafür waren beispielsweise *Mazeaud* und *Labbé*; siehe zu der Frage *Travaux de la Commission de Réforme du Code civil*, 1945, 1946, Paris 1946, Sitzungen vom 23. 10. 1945 (S. 97 ff.) und vom 23. 3. 1946 (S. 198 ff.).

[31] *Bonnecase*, a. a. O., Bd. II, Nr. 268.

[32] Darauf weist *Bonnecase*, a. a. O., Bd. II, Nr. 271 hin.

[33] *Planiol-Ripert*, a. a. O., Bd. VI (*Esmein*), Nr. 1. Damit hängt wohl auch der Versuch zusammen, das Gestaltungsrecht in die Kategorien von Forderungsrecht und Verpflichtung hineinzupressen, der oben schon bemerkt worden war.

[34] s. oben 1. Teil IV 2.

Das französische Rechtssprichwort: „*Nul ne peut se faire justice à soi-même*“ ist daher für die Frage bedeutsam, warum die französische Theorie eine Doktrin der Gestaltungsrechte nicht kennt.

1. Geschichte des Rechtssprichwortes

Dabei ist der historische Hintergrund, vor dem der Satz entstanden ist, für die Frage interessant, ob etwa angesichts einer Veränderung der Gegebenheiten sich die Berechtigung des Satzes gewandelt hat. Daher wird die Entstehung des Rechtssprichworts im französischen Mittelalter dargelegt, ferner die römischen Vorläufer und Vorlagen des Satzes gestreift. Sowohl bei den römischen wie bei den mittelalterlich-französischen Selbsthilfeverboten ist auf die Zusammenhänge des gesetzgeberischen Befehls einzugehen.

a) Die „Etablissements“ Ludwigs des Heiligen als Quelle des Sprichworts

Seinen unmittelbaren Ursprung hat der Satz in den „Etablissements“ des französischen Königs Ludwig des Heiligen. In diesen „Etablissements“, Band I., Nr. 138 wird eine Frage der Grenzsetzung auf Grund und Boden behandelt[1]:

> „Se frere qui fussent costumiers partissoient ensemble, il porroient bien seigner lor parties de piex ou de pierres sanz garde de joutise, mes il ne porroient metre bonnes, ne ne devroient sanz garde de joutise. Et s'il metoient bonnes sanz garde de joutise, il en feroient l'amande à la joutise de chascune bonne LX s. Et itiex parties qui sunt seigniées sanz joutise, si ne sont pas estables se li quieux que soit s'an descordoit; mais iceles qui sunt bien estables. Ne nule persone ne doit faire bonage sanz joutise; car nus ne se doit faire joutise, ne de son deteur ne doit nus prandre sanz joutise, se ses detierres ne li baille de sa bone volonté; mais il doit venir à la joutise et requerre droit et demander. Et que ce soit voirs que nus ne se doit faire joutise, ne prandre de l'autrui sanz le commandement et la volonté à la joutise, il est écrit en la Digeste, au titre Des choses qui sunt faites par force ou par peur, en la loi qui se commance: Extat enim decretum, où il est escrit de ceste matière.“

Dieser Text ist folgendermaßen zu übersetzen: Wenn Brüder, die Erben waren, eine Teilung vornahmen, konnten sie ihre Teile mit Steinen oder Pfählen[2] bezeichnen ohne gerichtliche Aufsicht, aber sie konnten nicht Grenzsteine[3] setzen noch durften sie es ohne gerichtliche Aufsicht. Und wenn sie Grenzsteine setzten ohne gerichtliche

---

[1] *Viollet*, a. a. O., Bd. II, „Etablissements“, Buch I, Nr. 138.

[2] „piex“ ist Plural von „pieu“ = Pfahl; siehe dazu *Gamillscheg*, Etymologisches Wörterbuch der französischen Sprache, Heidelberg 1928, S. 694.

Aufsicht, zahlten sie dafür Buße an das Gericht für jeden Grenzstein 60 Sous. Und die Teile, die ohne Mitwirkung des Gerichts bezeichnet sind, sind nicht feststehend[4], wenn der bestehende Rechtsfriede dadurch gestört wird; aber diejenigen, die mit Mitwirkung des Gerichts gemacht und mit Grenzsteinen versehen sind, sind wohl feststehend. Keine Person darf die Begrenzung mit Grenzsteinen vornehmen ohne Mitwirkung des Gerichts; denn niemand darf sich selbst Gerechtigkeit verschaffen, noch darf jemand von seinem Schuldner etwas wegnehmen, wenn er ihm nicht seine Schulden freiwillig zahlt; sondern er muß vor Gericht gehen und sein Recht verlangen und klagen. Und daß es wahr[5] ist, daß niemand sich selbst Gerechtigkeit verschaffen kann noch dem anderen etwas wegnehmen ohne Befehl und Willen des Gerichts, steht in den Digesten unter dem Titel: Über die Dinge, die durch Gewalt oder Furcht[6] gemacht sind, in dem Gesetz, das beginnt: „Extat enim decretum", wo von diesem Stoff geschrieben ist.

Der Text hat deutlich erkennbar zwei Teile, die durch den Satz: *„Car nus ne se doit faire joutise"* abgegrenzt werden. Der erste Teil behandelt das enge Thema des Rechts, „bonnes" zu setzen, der zweite spricht sich allgemein über das Problem der Selbsthilfe aus.

Die im ersten Teil behandelten Fragen der Grenzziehung spielen in der Coutumenliteratur überhaupt eine große Rolle. Die „bonnes" oder „bornes" entsprechen den „termes" der südfranzösischen Provinzen. Beide müssen aufgrund gerichtlicher Ermächtigung gesetzt werden unter Beiziehung der Beteiligten und in Gegenwart von Zeugen[7]. Die „Etablissements" entnehmen diesen ersten Teil der Coutume von Anjou, die sonst über weite Strecken dem Kompilator der „Etablissements" zur Vorlage gedient hat[8, 9].

---

[3] „bonne" ist sowohl der Grenzstein (siehe *Gamillscheg)*, als auch ein Ackermaß („nom d'une mesure de terre", s. *Godefroy* Frédéric, Dictionnaire de l'ancienne langue française du IXème au XVème siècle, Paris 1880, S. 681).

[4] „estable" ist die altfranzösische Form von „stable".

[5] „voirs" ist die altfranzösische Form von „vrai", s. *Gamillscheg* (zitiert Anm. 2), S. 898.

[6] Es dürfte sich um eine Übersetzung von „vis" und „metus" handeln.

[7] *Viollet*, a. a. O., Bd. IV, S. 145.

[8] *Viollet*, a. a. O., Bd. I, S. 11.

[9] Es handelt sich um Art. 280 der „Coutume d'Anjou" (zitiert nach Charles A. *Bourdot de Richebourg*, Nouveau Coutumier Général, Paris 1724, S. 558): „Frarescheurs qui ont départy la succession à eux advenue, n'y peuvent mettre n'assoir bornes ne divises sans auctorité de justice. Bien y peuvent mettre paux et enseignes en attendant que par justice bornes y soient mises. Et s'ils y mettent bornes sans appeler justice, ils en feront soixante sols tournois d'amende, laquelle amende appartient au seigneur de la justice foncière, qui aurait droit d'y mettre et faire mettre lesdites bornes: toutefois de bornes ostées et arrachées, les bas justiciers n'ont pas la cognoissance, comme dit est dessus."

Im „Abrégé Champenois", das nach Viollet im Jahre 1278 geschrieben wurde, und das im wesentlichen eine Zusammenfassung der „Etablissements" bietet, findet sich dieser erste Teil in seinen Hauptzügen wieder[10]. Auch in weiteren Coutumen des 13. Jahrhunderts, den „Coutumes du Beauvoisis" von *Beaumanoir*[11] findet sich das Verbot der Selbsthilfe bei der Grundstücksbegrenzung, mit der Androhung der gleichen Strafe von 60 Sous.

Auch im „Droit Commun de la France et la Coutume de Paris" *Bourjons* erscheint das formelle Verfahren des „bornage" unter Hinzuziehung von Sachverständigen, wobei auf die besondere Gefahr verbotener Eigenmacht hingewiesen wird[12].

Im Code civil schließlich erscheint der „bornage" in Art. 646, als gerichtliches Verfahren, um die Trennungslinie von zwei anliegenden Grundstücken zu fixieren, und zwar mit Hilfe materieller Zeichen, der sog. „bornes".

Was den zweiten Teil angeht, so fehlen hier die Parallelen zu anderen Quellen der zeitgenössischen Coutumen. Dieser Teil ist in der Coutume von Anjou nicht enthalten, er fehlt in dem „Abrégé Champenois" und hat auch in den „Coutumes du Beauvoisis" von Beaumanoir keine Entsprechung.

Der Satz, der hier besonders interessiert: *„Car nus ne se doit faire „joutise"* ist die Urform des Rechtssprichworts *„Nul ne peut se faire*

[10] Abrégé Champenois, LX (zitiert nach *Viollet*, a. a. O., Bd. III, S. 159): „Nus ne se doit boner sans joutise qui ne soit an amande à la joutise de chascune bone de LX s. Mais cil qui partissent pevent seigner les parties de piex ou de pierres; mais ce n'est pas chose estable."

[11] *Beaumanoir*, Coutumes du Beauvoisis, Ausgabe Salmon, Paris 1899, 1900, Bd. I, Kapitel 30, § 851: „Toutes gens qui requierent bonnage le doivent avoir et bien pueent les parties s'eles s'accordent, bonner sans justice, mes que ce ne soit en divers seignourages ou était pluseurs seigneurs; car en devise de pluseurs seigneurs li tenant ne pueent bonner sans les seigneurs apeler. Ne pourquant il i a pluseurs viles en la contée, tout soit ce qu'ils tiegnent d'un seignourage, ou il ne pourroient bonner sans leur seigneur et s'ils bonnoient l'amende seroit de LX s; et pour se convient il garder en chascune vile selon la coutume."

[12] François *Bourjon*, Le Droit Commun de la France et la Coutume de Paris, Paris 1775, Buch VI, Titel V, Kapitel III, S. 526, 527: „Les bornes ne doivent être posées qu'après un arpentage fait par experts sur les titres de propriété qui doivent à cet effet leur être remis, n'étant que sur cet arpentage qu'on peut justement fixer l'endroit où les bornes doivent être posées, c'est ce qu'en assure la certitude et la légitimité.

Le rapport doit désigner et constater ces bornes et l'endroit des limites: c'est l'objet et la fin d'un tel rapport qui forme sur ce un titre par écrit et plus fixe que ce titre matériel que les bornes peuvent produire, puisque les bornes par voie de fait pourroient être facilement changées. C'est à ce changement et à l'effet injuste qu'il pourroit produire que la forme ci-dessus expliquée pare."

justice à soi-même", wobei das Hinzutreten des Reflexivpronomens „soi-même" und die Auswechslung des „doit" durch „peut" nicht irritieren darf.

Das spezielle Verbot der Selbsthilfe bei der Setzung von „bornes" wird im zweiten Teil allgemein formuliert: Selbsthilfe in jeder Form ist unerlaubt; als weiteres Beispiel wird das Verbot einer selbständigen Pfandnahme durch den unbefriedigten Gläubiger angeführt.

Die Textstelle selbst gibt einen Hinweis auf ihre Herkunft; es wird auf die Digesten verwiesen. Zu der Coutume von Anjou hat der Verfasser der „Etablissements" ganz allgemein Hinweise auf das römische und kanonische Recht hinzugefügt. Hier ist aber der dem römischen Recht entnommene Teil länger als die sonstigen bloßen Anspielungen. Auch fällt auf[13], daß die Abschweifung nur eine entfernte Beziehung zu dem in der Coutume von Anjou behandelten Thema hat. Nun ist diese Mischung der Coutumentradition mit römischen Recht nicht zufällig; in Orléans existierte bereits im 9. Jahrhundert eine Schule des römischen Rechts, die sich um eine Verbindung des römischen Rechts mit dem Recht der Coutumen bemühte. Diese Schule von Orléans ist wohl verantwortlich dafür, daß die „Etablissements" sich hier auf die Digesten beziehen.

b) Die römische Vorlage des Selbsthilfeverbots: Das Dekret Marc Aurels

Die Bezugsstelle des römischen Rechts ist das Dekret des Kaisers *Marc Aurel.* Dieses Dekret ist in zwei Fassungen überliefert, die sich in Digesten 4. 2. 13 und Digesten 48. 7. 7. finden. In den hier interessierenden Punkten divergieren die beiden Texte wohl nicht, jedoch ist nach der Meinung der Interpolationenforscher[14] der Text Digesten

---

[13] s. dazu *Viollet,* a. a. O., Bd. I, S. 11.

[14] *Schulz,* Fritz, Einführung in das Studium der Digesten, Tübingen 1916, S. 47: „Der Text des Fragments 7 ist offenbar der echte, die Kompilatoren haben ihn in Fragment 13 gekürzt und mit einem Einleitungssatz versehen. Daraus darf man aber auch schließen, daß die sachlichen Abweichungen des Fragments 13 auf Interpolationen beruhen: Marc Aurel sprach allein von Wegnahme der Sachen (daran erinnert in Fragment 13 noch das stehengebliebene in eam rem); er sprach auch nur von der vis absoluta, die Kompilatoren dehnten die Entscheidung auf vis compulsiva aus, was die Einfügung des Wortes sponte in Fragment 13 nötig machte."

Ebenso ist *Archi,* a. a. O., S. 229 der Meinung, daß die Überlieferung des Textes Digesten 48. 7. 7. auf sichererer Basis ruht, ebenso *Wesener,* a. a. O., S. 103. Die Parallelstelle lautet, wobei die nach der Meinung *Schulz'* vorgenommenen Interpolationen gesperrt geschrieben sind: Digesten 4. 2. 13.: „Callistratus libro quinto de cognitionibus. Extat enim decretum divi Marci

48. 7. 7. der echte, so daß es berechtigt ist, sich auf diesen Text zu stützen.

Digesten 48.7.7.hat den folgenden Wortlaut[15]:

„Callistratus libro quinto de cognitionibus: Creditores si adversus debitores suos agant, per iudicem id, quod deberi sibi putant, reposcere debent. Alioquin, si in rem debitoris sui intravenerint, id nullo concedente: divus Marcus decrevit ius crediti eos non habere. Verba decreti haec sunt: Optimum est, ut, si quas putas te habere petitiones, actionibus experiaris: interim ille in possessione debet morari, tu petitor es et cum Marcianus diceret: vim nullam feci, Caesar dixit: tu vim putas esse solum, si homines vulnerentur, vis est tunc quotiens quis id quod deberi sibi putat, non per iudicem reposcit: non puto autem, nec verecundiae nec dignitati nec pietati tuae convenire quicquam non iure facere. Quisquis igitur probatus mihi fuerit rem ullam debitoris non ab ipso sibi traditam sine ullo iudice temere possidere eumque sibi ius in eam rem dixisse ius crediti non habere."

Callistratus im fünften Buch de cognitionibus: Wenn Gläubiger gegen ihre Schuldner vorgehen, müssen sie das, was ihnen nach ihrer Meinung geschuldet wird, gerichtlich zurückfordern. Sonst, wenn sie in das Eigentum ihres Schuldners eingedrungen sind, ohne daß es jemand erlaubt hat, hat der göttliche Markus dekretiert, daß die das Forderungsrecht nicht haben. Das Dekret hat folgenden Wortlaut: Das Beste ist es, daß Du, wenn Du irgendwelche Forderungen hast, sie gerichtlich geltend machst: einstweilen muß jener im Besitz bleiben, Du bist der Kläger; und als Marcian sagte, ich habe keine Gewalt angewandt, sagte der Kaiser: Du glaubst, Gewalt liege nur dann vor, wenn Menschen verwundet würden; Gewalt liegt dann stets vor, wenn jemand seine vermeintliche Forderung nicht durch den Richter geltend macht. Ich meine aber nicht, daß es Deiner Ehrfurcht, Deiner Würde und Deinem Pflichtgefühl entspricht, irgend etwas nicht auf rechtliche Art und Weise zu tun. Von wem also bewiesen ist, daß er sich irgendeiner Sache des Schuldners, die ihm dieser selbst nicht übergeben hat, ohne richterliche Mitwirkung voreilig bemächtigt und eigenmächtig diese Sache in Besitz nimmt, derjenige geht des Forderungsrechts verlustig.

Bei der Beurteilung dieses Dekrets ist die bisherige Rechtslage zu streifen, die durch die leges Iuliae de vi privata und de vi publica

---

in haec verba: Optimum est, ut, si quas putas te habere petitiones, actionibus experiaris, cum Marcianus diceret, vim nullam feci, Caesar dixit: tu vim putas esse solum, si homines vulnerentur. Vis est et tunc quotiens quis id quod deberi sibi putat, non per iudicem reposcit. Quisquis igitur probatus mihi fuerit rem ullam debitoris vel pecuniam debitoris non ab ipso sibi sponte datam sine ullo iudice temere possidere vel accepisse isque sibi ius in eam rem dixisse, ius crediti non habebit."

[15] Digestenstellen sind zitiert nach Corpus Iuris Civilis, Bd. I, Ausgabe *Krueger-Mommsen*, 16. Aufl., Berlin 1954.

markiert war. Diese Gesetze enthielten kein allgemeines Verbot der Selbsthilfe, sondern verboten in kasuistischer Weise einige Fälle der Gewaltanwendung; beispielsweise wurden Fälle der einfachen vis, im Gegensatz zur vis atrox, durch die lex Iulia de vi privata nicht erfaßt[16, 17].

Prinzipiell galt die Selbsthilfe durchaus bis weit in die Kaiserzeit hinein als rechtmäßig; die Auffassung einer verbindlichen staatlichen Mitwirkung bei der Rechtsdurchsetzung dürfte erst mit der Ausbildung des Kognitionsprozesses entstanden sein[18].

Das Dekret des Kaisers Marc Aurel[19] ist in seinem Inhalt außerordentlich weitgreifend. Zunächst wird nicht an dem Begriff der Gewalt als solcher angeknüpft, sondern an dem der Selbsthilfe[20], so daß auch gewaltlose Selbsthilfe ergriffen wird[21]. Zum andern werden rein privatrechtliche Sanktionen verhängt und es wird nicht an eine strafrechtliche Folge gedacht[22]. Die Bedeutung des Dekrets liegt also darin, daß es einen besonderen Tatbestand der Selbsthilfe im Rahmen des zivilen Deliktsrechts schafft[23].

Dieses radikale Selbsthilfeverbot[24] hat einen revolutionierenden Charakter: Eigenmacht war dem seine Familie verteidigenden pater

---

[16] *Wesener*, a. a. O., S. 102.

[17] Zu den leges Iuliae s. Sententiae Pauli, 5. 26. 1—4 (in Fontes iuris Romani anteiustiniani, herausgegeben von *Baviera*, Bd. II, Florenz 1940), Digesten 4. 2. 12. 2, wo allerdings eine Qualifizierung der vis für die Anwendung der lex Iulia nicht erwähnt ist, und Digesten 48. 7. 3. Die Folge der gewaltsamen Selbsthilfe ist nach Digesten 4. 2. 12. 3. der Verlust der Forderung; nach den Sententiae Pauli ist bei der hier interessierenden vis privata die Folge gestaffelt: bei den Vornehmeren Verlust des dritten Teils der Güter und Verschickung auf eine Insel, bei den Niedrigeren Verurteilung zur Arbeit in den Bergwerken.

[18] *Wesener*, a. a. O., S. 103; s. auch *Cohen Boaz*, Self-help in jewish and roman law, Revue internationale des droits de l'antiquité, 3. Série, Bd. II, 1955, S. 107—133, S. 128: „Naturally the more complete juridical authority was, the less occasion there was for the self-realization of rights."

[19] Vgl. über den Fall, den das Reskript des Kaisers betrifft, *Archi*, a. a. O., S. 230.

[20] s. *Crémieu*, a. a. O., S. 215 sowie *Scialoja*, a. a. O., S. 53, dem rechtzugeben ist, wenn er die Regelung des Dekrets als subtiler gegenüber der lex Iulia bezeichnet.

[21] *Scialoja*, a. a. O., S. 53, 54; *Archi*, a. a. O., S. 230: „Il renverse l'idée de vis."

[22] *Archi*, a. a. O., S. 230 bemerkt die völlige Freiheit, mit der der Fall nicht nur gelöst, sondern auch gestellt ist.

[23] *Vallimaresco*, a. a. O., S. 94.

[24] Über die Ausdehnung auf bewegliche und unbewegliche Sachen s. *Wesener*, a. a. O., S. 104, 105; Selbsthilfe jedoch zulässig bei eigenmächtiger Pfandnahme, in Ausübung eines vertraglichen Pfandrechts und in anderen Fällen, s. *Wesener*, a. a. O., S. 120.

familias etwas schlechthin Selbstverständliches gewesen. Für dieses Institut ist jedoch innerhalb des Beamtenstaats des 2. Jahrhunderts kein Raum mehr. „Der Boden für weitgehendste Zurückdrängung der Selbstdurchsetzung von Rechten ist naturgemäß in einer Gerichtsverfassung, die den Beamten die Vollgerichtsbarkeit gibt, ganz anders vorbereitet, als wo der Staat nur das Notwendigste tut, um das private Schiedsverfahren zu autorisieren und zu stützen", schreibt *Wenger*[25]. Mit der sich verstärkenden Verbeamtung wächst die Feindschaft gegenüber der Selbsthilfe; der Beamtenstaat verträgt nicht mehr die eigenständige Aktivität der Bürger. So findet sich in den justinianischen Digesten ein generelles Selbsthilfeverbot[26].

Was aber in die „Etablissements" Ludwigs des Heiligen eingegangen ist, ist das Verbot des „ius sibi dicere"[27] aus dem Dekret[28], das dem *„se faire justice à soi-même"* gleichzusetzen ist.

---

[25] *Wenger,* a. a. O., S. 8 Anm. 11.

[26] Digesten 50. 17. 176: „Non est singulis concedendum quod per magistratum publice possit fieri, ne occasio sit maioris tumultus faciendi." Weitere Spuren der Selbsthilfefeindschaft des spätrömischen Kaiserstaats sind die Codexstellen: 4. 24. 11; 8. 14. 3; 8. 4. 2; 8. 4. 7. Sehr charakteristisch ist die ungewöhnlich beteiligte Ausdrucksweise bei der letzten Stelle, der Konstitution der Kaiser *Valentinian, Theodosius* und *Arcadius* — am unerwünschtesten mußte Selbsthilfe gegenüber dem Fiskus sein —: „Si quis in tantam furoris pervenerit audaciam, ut possessionem rerum apud fiscum vel apud homines quoslibet constitutarum ante eventum iudicialis arbitrii violenter invaserit . . ."; Novellae 52 und 137. 7.

[27] Die Redewendung „ius sibi dicere" findet sich noch beispielsweise in den Stellen Digesten 2. 1. 10: „Qui iurisdictioni praeest, neque sibi ius dicere debet neque uxori vel liberis suis neque libertis vel ceteris quos secum habet" oder Codex 3. 5. 1, *Valens, Gratian* und *Valentin:* „Generali lege decernimus neminem sibi esse iudicem vel ius sibi dicere debere."

[28] Nur am Rande sei auf den reizvollen Zufall hingewiesen, daß sich das Reichsgericht damit auseinandersetzen mußte, ob das Dekret des Kaisers Marc Aurel nach dem Inkrafttreten des StGB für das Deutsche Reich weiter gelte. In zwei Entscheidungen, der ersten vom 22. 2. 1884 (*RGZ* 11, S. 239), der zweiten vom 22. 4. 1889 (*RGZ* 18, S. 218), hat das Reichsgericht die Weitergeltung verneint. Das im Dekret ausgesprochene Verbot der Selbsthilfe in Verbindung mit Codex 8. 4. 7 gehöre zum Landesstrafrecht im Sinne des § 2 EGStGB. Die Materie der Selbsthilfe sei aber durch das neue StGB abschließend geordnet, so daß eine Weitergeltung des Landesstrafrechts hierin nicht möglich sei.

„Zwar fehlt eine Definition des Begriffes und die Aufstellung eines besonderen Straffalles der unerlaubten Selbsthilfe. Allein das Gesetz konnte diese Materie auch dadurch ordnen, daß es Handlungen mit Strafe bedrohte, welche nach dem bisherigen Rechte als unerlaubte Selbsthilfe strafbar waren. Kann es keinem Zweifel unterliegen, daß gerade die schweren Formen der unerlaubten Selbsthilfe, die eigenmächtige Rechtsverfolgung mittels vis und vis atrox sich auch als strafbare Handlungen des RStGB qualifizieren, demgemäß auch einheitlich zu allen Rechtsfolgen allein vom RStGB geregelt werden, so erscheint die Materie als geordnet durch das RStGB und ist demgemäß anzunehmen, daß die Selbsthilfe, soweit sie nicht in den Formen einer nach dem RStGB strafbaren Handlung auftritt, als strafbare Handlung nicht mehr anzusehen ist." (*RGZ* 18, S. 218).

Die römischen Selbsthilfeverbote fallen in eine Zeit der Schwäche, sie haben das Ziel, Verfallsercheinungen zurückzudämmen, die anarchischen Symptome zu kurieren, die die Ordnung erschüttert hatten[29]. So verdient die Frage Interesse, ob die Aufnahme des Selbsthilfeverbots im französischen Mittelalter vor Zeitumständen ähnlichen Charakters erfolgt.

c) Der Hintergrund des Selbsthilfeverbots in den „Etablissements"

Die Aufnahme des selbsthilfefeindlichen Dekrets Marc Aurels in die „Etablissements" des Jahres 1257[30] fällt in die Zeit der allgemeinen Zurückdrängung der spontanen Anarchie, die dem karolingischen Ordnungsversuch gefolgt war[31]. Privatkriege verwüsteten das Land und die Durchsetzung des Rechts durch Gewaltanwendung war weit verbreitet[32]. Die außergerichtliche Pfandnahme war gang und gäbe, selbst nach den meisten älteren Coutumen war mit jeder Forderung das Recht der Selbsthilfe verbunden[33]. Dies war so in allen Ländern der germanischen Rechtstradition, sei es im Spanien der nach-westgotischen Zeit[34], in Deutschland[35] oder in Frankreich[36]. Die Selbsthilfe hatte zwei große Gegner: das Königtum und die Kirche[37]. Sie wurde zuerst abgeschafft innerhalb der Gemeinden, „wo sie mit der inneren Sicherheit nicht verträglich war"[38], hielt sich jedoch länger in den

---

[29] *Vallimaresco,* a. a. O., S. 33: „A Rome nous verrons que les mesures contre la justice privée interviennent lorsque l'ordre romain commence à fléchir (lois Iuliae, Decretum Marci etc.)."

[30] Datierung nach *Vallimaresco,* a. a. O., S. 33, *Crémieu,* a. a. O., S. 44.

[31] *Viollet,* a. a. O., Bd. I, S. 328; *Hübner,* a. a. O., S. 434.

[32] *Vallimaresco,* nachdem er über die Zeit des Dekrets gesprochen hatte, a. a. O., S. 33: „Le même phénomène se produit au Moyen-age, lorsque tous les pays sont ravagés par les guerres privées."

[33] *Schäffner,* a. a. O., S. 238.

[34] Eduardo *de Hirojosa,* Das germanische Element im spanischen Rechte, Savigny-Zeitschrift 31, Germ. Abt., S. 338.

[35] *Hübner,* a. a. O., S. 432; S. 434: „Erst gegen Ende des Mittelalters überwand das deutsche Recht die primitiven Formen der eigenmächtigen und außergerichtlichen Pfändung."

[36] *Esmein,* Etudes sur les contrats dans le très ancien droit français, Nouvelle Revue historique de droit français et étranger, 1883, S. 99: „Dans le vieux droit coutumier, les choses sont à peu près dans le même état. La saisie privée se retrouve, il est même naturel que sur bien des points elle ait gagné du terrain dans l'âge de violence et de décomposotion sociale d'où sortit la féodalité."

[37] *Esmein,* zitiert Anm. 36, S. 130, 131.

[38] *Schäffner,* a. a. O., S. 238.

Städten Fremden gegenüber[39]. Schließlich wird auch noch die Selbsthilfe in der Art und Weise eingedämmt, daß nur privilegierte[40] Forderungen eine Privatpfändung erlauben.

Nur mit sehr großen Widerständen und sehr langsam ist eine Zurückdämmung der Selbsthilfe möglich; ein bleibender Erfolg dieses Kampfes stellt sich erst spät ein.

Es ist dennoch zuviel gesagt, daß die „Etablissements" unwirksam[41] geblieben seien, es ist abgewogener, von einem nur schrittweisen Durchdringen des Selbsthilfeverbots in der Praxis zu sprechen[42]. Man denkt hier beispielsweise daran, daß im Jahre 1367 Karl V. von Frankreich entschied, daß der friedliche Weg verpflichtend und jede Gewalt ausgeschlossen sei, wnn eine der Streitparteien bereit sei, die Sache vor Gericht auszutragen[43].

Gerade die anfänglichen Schwierigkeiten, das Selbsthilfeverbot durchzusetzen, machen es verständlich, weshalb zu späteren Zeiten so außerordentlich großer Wert auf die erreichte Durchsetzung gelegt wird, warum das *„Nul ne peut se faire justice à soi-même"* so gerne zitiert wird, so bei *Pascal*[44], bei *Domat*[45, 46], so daß dann aus dem Satz ein geläufiges Rechtssprichwort wird, das einen geradezu unbestrittenen Charakter im französischen Recht hat[47].

---

[39] *Esmein*, zitiert Anm. 36, S. 101, Anm. 1: „D'assez nombreux statuts municipaux du midi de la France la prohibent lorsque le débiteur est un bourgeois, et l'admettent au contraire lorsque le débiteur est un étranger ou forain."

[40] s. dazu *Hübner*, a. a. O., S. 433, nach dem die gegen Eigenmacht angehende Strömung es schon in manchen Städten des 13. Jahrhunderts durchzusetzen vermocht habe, daß die Schuldpfändung von vorheriger Schuldfeststellung im gerichtlichen Verfahren abhängig wurde. In anderen sei die Pfändung nach gerichtlichem Verfahren gewohnheitsmäßig zum typischen Falle geworden. In der zweiten Hälfte des 15. Jahrhunderts habe dies weitere Verbreitung gefunden.
s. zum ganzen auch *Esmein*, zitiert Anm. 36, S. 102.

[41] *Vallimaresco*, a. a. O., S. 33; *Crémieu*, a. a. O., S. 44.

[42] *Schäffner*, a. a. O., S. 239.

[43] *Crémieu*, a. a . O., S. 44.

[44] *Pascal*, XIV. Lettre provinciale, Ausgabe Havet, Bd. I, S. 122.

[45] *Domat*, M., Les lois civiles dans leur ordre naturel, Bd. I, Paris 1777, Buch I, Titel XVIII, Sektion II, wo die Verbindung des Satzes „Nul ne peut . . ." mit dem Dekret des Marc Aurel erkannt wird.

[46] Das im Sinn ähnliche Rechtssprichwort „Voies de fait sont défendues" wird auch gern zitiert, siehe etwa *Loisel*, Institutes coutumières, Paris 1710, Bd. II, Buch VI, Titel I, Regel 1 und Titel V, Regel 1; *Domat*, zitiert Anm. 45.

[47] *Demogue*, Notions, S. 639: „Adage incontesté."

2. Das Wesen der Selbsthilfe und das Gewicht des Selbsthilfeverbots

a) Bestimmung der Selbsthilfe

Was sagt das Rechtssprichwort aus: „*Nul ne peut se faire justice à soi-même?*“ Um eine Definition des „se faire justice à soi-même“ hat sich *Morot* in seiner These bemüht[48]: „Se faire justice à soi-même, c'est assurer le respect de son droit ou en poursuivre l'exécution par ses propres moyens, sans avoir recours à la puissance publique.“ Das Verbot bezieht sich demnach sowohl auf die agressive wie die defensive Selbsthilfe. Diese Selbsthilfe oder das „*se faire justice à soi-même*“ kann mit dem Begriff „justice privée“ etwa gleichgesetzt werden, so wenn man der Definition Vallimarescos[49] folgt: „La justice privée est le fait pour le titulaire d'un droit de procéder de sa propre initiative et sans l'intervention des autorités à la protection ou à l'exécution de son droit.“ Auch Demogues Definition der „justice privée“ im weiteren Sinn stimmt damit überein[50].

Charakteristisch für die Selbsthilfe ist, daß der einzelne sich zum Richter seiner eigenen Sache macht und daß er sein Recht durch eigene Machtmittel ohne Zuhilfenahme der staatlichen verwirklicht. Das Problem der Selbsthilfe wird von den französischen Autoren als ein solches der Rechtsdurchsetzung angesehen, die Betrachtung unter dem Gesichtspunkt der Rechtsausübung ist demgegenüber ungewohnt. Diese ist jedoch nötig, da nur so die rechtsgeschäftliche Selbsthilfe erfaßt werden kann[51]. Unter diesem erweiterten Aspekt fragt es sich, ob das Verbot der Selbsthilfe aufgrund des Gewichts des Sprichworts als Rechtsquelle aufrechterhalten werden kann, weiterhin, welche Argumente für und gegen das Selbsthilfeverbot in der Gegenwart sprechen, drittens, wie sich Rechtsprechung und Gesetzgebung zur Selbsthilfe stellen.

b) Das Sprichwort „Nul ne peut...“ in seinem Gewicht als Rechtsquelle

Das Rechtssprichwort „*Nul ne peut...*“ wird vor Gericht und in der Literatur[52] häufig zitiert, es wird grundsätzlich nicht angegriffen[53],

---

[48] *Morot*, a. a. O., S. 7; das „se faire justice à soi-même ist dem Begriff der Selbsthilfe oder englisch “self-help“ gleichzusetzen, welch letztere nach *Morot*, a. a. O., S. 8, alle Fälle umfaßt, „où la partie se fait justice sans recourir au juge“.

[49] *Vallimaresco*, a. a. O., S. 14.

[50] *Demogue*, Notions, S. 622. Soweit *Demogue* den Begriff „justice privée“ im engeren Sinne gebraucht, stellt er ihn in einen klaren Gegensatz zu der „exécution privée“. Der „exécution privée“ ist dann das Sprichwort „Nul ne peut...“ zuzuordnen (S. 639).

[51] s. dazu *Neubecker*, a. a. O., S. 37.

[52] *Colin-Capitant*, a. a. O., Bd. II, Nr. 87.

[53] *Demogue*, Notions, S. 639.

Daguin[54] bezeichnet es als gängige Maxime („maxime courante“) im französischen Recht.

Dieser Beliebtheit entspricht jedoch nicht das Gewicht als Rechtsquelle. Zwar gehört die Maxime, wenn man Perreaus[55] Unterscheidung in ernstzunehmende Maximen römischen Ursprungs und ungenaue, oft verfälschte Merk- und Kernsätze der Praktiker folgt, nicht zu der zweiten Gruppe. Das Sprichwort „*Nul ne peut* ...“, im Dekret des Kaisers Marc Aurel vorformuliert, stammt aus römischem Munde und wurde durch die Hofjuristen Ludwigs des Heiligen in die „Etablissements“ aufgenommen, während sich die Praktiker erst später des Satzes bemächtigten.

Wie aus dem Ursprung, so kann auch aus dem Inhalt des Rechtssprichwortes auf seinen Wert als Rechtsquelle geschlossen werden. Die Inhalte, die *Boulanger*[56] für die allgemeinen Rechtsgrundsätze herausgearbeitet hat, sind auch die für Rechtssprichworte möglichen: Sie können der politischen und wirtschaftlichen Ordnung angehören, der Rechtssicherheit, der traditionellen Moral, der Organisation der juristischen Technik, sie können Ausdruck eines bestimmten Kulturzustandes sein oder Postulate der Vernunft und der Billigkeit. Sind die Rechtssprichworte Ausdruck der Vernunft und der Billigkeit, so kommt ihnen naturgemäß eine sehr hohe Autorität zu. Ohne daß der Diskussion über die Vernünftigkeit des Satzes „*Nul ne peut* ...“ vorgegriffen wird, erscheint er doch vornehmlich als ein Ausdruck der Sicherheit, während häufig seine strenge Durchführung gerade mit Billigkeit und Vernunft in Widerspruch stünde[57]. In dem Maße, als sich das Sicherheitsbedürfnis wandelt, ist nun auch die Berechtigung dieses Satzes variabel. Insofern, als er dem zur Zeit einer fast anarchischen Gesellschaftsordnung sehr starken Sicherheitsbedürfnis entgegenkommt, ist er auch Ausdruck eines gewissen Kulturzustands, eines „état de moeurs“[58].

Das gesellschaftliche Zusammenleben[59] in seiner wechselnden Gesetzlichkeit kann das Selbsthilfeverbot fordern oder eine Selbsthilfe in einem gewissen Rahmen zulassen. Wenn man daher, wie *Perreau*[60]

---

54 *Daguin*, a. a. O., Nr. 1007.

55 *Perreau*, a. a. O., Bd. I., S. 150, 151.

56 *Boulanger*, a. a. O., S. 51—74.

57 Über den Widerstreit zweier Prinzipien des Rechts und seine Lösung s. *Boulanger*, a. a. O., S. 65.

58 Bei *Boulanger*, a. a. O., S. 61, als möglicher Inhalt genannt.

59 *Perreau*, a. a. O., S. 158, teilt die Rechtssprichworte nach dem Inhalt in drei Gruppen ein: solche, die die grundsätzliche Billigkeit im Recht, solche, die den gesunden Menschenverstand und solche, die das gute gesellschaftliche Zusammenleben zum Ausdruck bringen.

60 *Perreau*, a. a. O., S. 158.

es will, das Sprichwort als Forderung eines guten gesellschaftlichen Zusammenlebens ansieht, so darf man dabei nicht übersehen, daß die Anforderungen des guten gesellschaftlichen Zusammenlebens nach der Struktur der Gesellschaft wandlungsfähig sind. Das Rechtssprichwort „*Nul ne peut...*" hat aufgrund seines Inhalts, der einen bestimmten kulturellen und gesellschaftlichen Zustand widerspiegelt, einen nur relativen Wert als Rechtsquelle.

Durch das Gesetz vom 30 Ventôse des Jahres 12, Art. 7 wurden alle Rechtsquellen beseitigt, die bis dato Gesetzeskraft hatten. Das betraf jedoch die Rechtsmaximen als solche nicht, da ihnen auch im ancien droit diese Wirkung fehlte.

Der Code Napoléon nimmt zu den Rechtsmaximen nicht ausdrücklich Stellung. Der Gesetzgeber wiederholte diejenigen im Gesetz, die er in seinen Willen aufnehmen wollte. Dies ist bei dem Sprichwort „*Nul ne peut...*" nicht geschehen, so daß seine rechtliche Qualität unverändert blieb.

So ist es ein Satz, der stets der Diskussion unterworfen ist, nicht Autorität als Rechtssprichwort hat, sondern nur in dem Maß, als sein Inhalt in Übereinstimmung mit dem geltenden Recht und der geltenden Sozialordnung steht. *Geny* zitiert die Worte des Oberstaatsanwalts *Dupin*, Maximen gälten nur rationis imperio, nicht ratione imperii[61], die ohne weiteres für unseren Satz zutreffen.

Wie einerseits ein Rechtssprichwort nur Geltung für sich beansprucht, weil und soweit es vernünftig und nicht, weil es eine Rechtsquelle ist, so ist ein Verstoß gegen ein Rechtssprichwort nur in dem Maße erheblich, als er zugleich ein Verstoß gegen das geschriebene Recht ist. In seiner Untersuchung über Tatsache und Recht hat *Marty* aus den Entscheidungen des Kassationsgerichtshofes den Schluß gezogen, daß wie die Grundsätze von Recht und Billigkeit auch Rechtssprichworte nicht ausreichen, um den Erfolg eines Rechtsmittels zu garantieren; es kommt bei diesen wie bei jenen darauf an, daß sie ausdrücklich oder implizit im Gesetz enthalten sind: „c'est toujours la loi écrite qui est la base de son contrôle"[62] (Kontrolle des Kassationsgerichtshofs).

Die Berechtigung des Selbsthilfeverbots in dem Sprichwort „*Nul ne peut...*" ist daher unabhängig von der Form des Sprichworts nachzuprüfen.

---

[61] *Geny*, Méthode II, S. 18.
[62] *Marty*, a. a. O., Nr. 67.

c) Das Sprichwort „Nul ne peut ...“ in seinem Gewicht als überzeugende Autorität

aa) Die Perioden der Selbsthilfe und ihr Einfluß auf das Selbsthilfeverbot

Die meisten Autoren gehen stillschweigend davon aus, daß der Begriff der Selbsthilfe zu allen Zeiten ein und derselbe geblieben ist und sich nicht geändert hat. Diese Auffassung liegt *Crémieus*[63] Art und Weise, von Überbleibseln der Selbsthilfe zu sprechen, sowohl zugrunde wie etwa *Roubiers*[64] Gleichsetzung der Selbsthilfe mit einem Triumph der Macht oder *Haurious*[65] Theorie einer Verbindung der Selbsthilfe mit der Jugend einer sozialen Beziehung. Für all diese Auffassungen ist die unumstößliche Basis, daß die Selbsthilfe letztlich ein Anachronismus sei, bestimmt, aus dem Rechtsleben zu verschwinden.

Die Überzeugung von der Einheitlichkeit des Begriffs der Selbsthilfe verlangt jedoch eine Überprüfung.

Die Geschichte der Selbsthilfe kennt drei Perioden, wie *Vallimaresco*[66] in seiner Studie über die Selbsthilfe herausgearbeitet hat: die Perioden der anarchischen, der subsidiären und der dazwischenliegenden Übergangsselbsthilfe.

Die anarchische Selbsthilfe ist in ihrer primitiven Form an das Fehlen staatlicher Gewalt, in ihrer pathologischen Form an die Schwäche einer solchen geknüpft[67]. Die anarchische Selbsthilfe taucht außer in primitiven Gesellschaften in den Zeiten einer tiefgreifenden Zerstörung der Ordnung auf. Ihre Haupterscheinungen sind die Blutrache, das Recht der Talion, die eigenmächtige Bestrafung eines vertragsbrüchigen Partners. Das Mittelalter kennt Zeiten dieser anarchischen Selbsthilfe, in denen Gewalt und Willkür dominieren. Es ist zutreffend, daß Selbsthilfe in dieser Erscheinungsform unvereinbar

---

[63] *Crémieu*, a. a. O., S. 288.

[64] *Roubier*, a. a. O., S. 34.

[65] *Hauriou*, a. a. O., S. 36, Anm. 1. *Hauriou* verbindet die Selbsthilfe mit dem Stand der Entwicklung der Zivilisation im allgemeinen sowie mit der Jugend gewisser sozialer Beziehungen im besonderen („degré d'ancienneté des rapports sociaux“). In modernen Zivilisationen trete die Selbsthilfe hauptsächlich in Beziehungen auf, die verhältnismäßig neu seien, wo deshalb die gesetzlichen Regelungen noch nicht ausreichten. Dafür gebe es vier Beispiele: „relations internationales, matières constitutionnelles, matières industrielles, matières administratives.“ Also auch *Hauriou* sieht in der Selbsthilfe nur den sozusagen archaischen Charakter.

[66] *Vallimaresco*, a. a. O.

[67] *Vallimaresco*, a. a. O., S. 12.

ist mit einer gewissen Zivilisationsstufe und mit starker staatlicher Gewalt[68].

Hand in Hand mit einer Konsolidierung der gesellschaftlichen Ordnung muß daher das Bestreben gehen, eine derartige Selbsthilfe zurückzudrängen[69]. Das erfolgt durch eine Reglementierung der Selbsthilfe, die gewissen Formen unterworfen wird. Die Selbsthilfe wird eine gesetzliche Prozeßform, sie wird an die Einhaltung gewisser Formen (z. B. Anwesenheit von Zeugen, vorhergehende Mahnung) gebunden. Beispiele dafür sind die Pfändung der germanischen Zeit oder die manus iniectio des römischen Rechts[70]. Die Zurückdämmung der Privatpfändung im französischen Coutumenrecht, indem man sie an immer weitergehende Bedingungen knüpfte, liegt auf der gleichen Linie[71], sei es, daß man die Pfändung nur an bestimmten Tagen, nur gegen bestimmte Gläubiger oder nur wegen bestimmter Forderungen zuließ.

Diese Übergangsselbsthilfe führt schließlich zur dritten Erscheinungsform, der subsidiären Selbsthilfe. Die Staatsgewalt hat die Rechtsdurchsetzung an sich genommen; die subsidiäre Selbsthilfe erweist dem Staat nur Hilfsdienste, indem sie ausnahmsweise Lücken und Unzulänglichkeiten der staatlichen Justizpflege ausfüllt[72]. Diese subsidiäre Selbsthilfe ist mit einem hohen zivilisatorischen Niveau ohne weiteres vereinbar, sie wird unter der Kontrolle der Gerichte ausgeübt, die in Streitfällen das Verhalten der Parteien endgültig beurteilen.

Aus der Feststellung, daß es drei verschiedene Ausprägungen der Selbsthilfe gibt, folgt, daß ein Selbsthilfeverbot, das die eine Selbsthilfeform betrifft, sich nicht notwendigerweise auch gegen eine andere richten muß.

Der Satz „*Nul ne peut ...*" in den „Etablissements" entsteht in einer Zeit, wo die Staatsgewalt äußerst schwach ist, wo anarchische Verhältnisse überhand genommen hatten. Diese Verfallserscheinungen einzudämmen, ist das Ziel des Selbsthilfeverbots der „Etablissements". Staatliche Gerichtsbarkeit soll das Monopol vor der privaten Rechtsdurchsetzung einnehmen.

---

[68] *Vallimaresco*, a. a. O., S. 16, 17; *Morot*, a. a. O., S. 8. Nur im Hinblick auf die anarchische Selbsthilfe trifft auch die Bemerkung Crémieus zu, daß die Selbsthilfe bei starker staatlicher Gewalt im Umfang abnehme, sonst aber zunehme (*Crémieu*, a. a. O., Einführung S. XV).

[69] *Esmein*, a. a. O., S. 58.

[70] *Vallimaresco*, a. a. O., S. 21.

[71] *Viollet*, a. a. O., Bd. I, S. 329 ff. und im einzelnen *Esmein*, a. a. O., S. 100 ff.

[72] *Vallimaresco*, a. a. O., S. 12.

Um eine Art der Selbsthilfe wie die zur Zeit Ludwigs des Heiligen kann es sich in der Gegenwart nicht handeln. Die Staaten sind stark organisiert, soziale Unordnung ist durch Selbsthilfeausübung in einem begrenzten Rahmen nicht zu befürchten[73]. In jedem Fall trägt eine zuzulassende Selbsthilfe den Charakter der Subsidiarität, d. h. sie ist Selbsthilfe nicht gegen das Verbot, sondern aufgrund der Ermächtigung des Staates. Schließlich hat sich das Gewicht von der tatsächlichen auf die rechtsgeschäftliche Selbsthilfe verlagert, sie ist immer mehr Selbsthilfe bei der Rechtsausübung und nicht bei der Rechtsdurchsetzung.

Angesichts dieser Strukturveränderung der Selbsthilfe ist es nicht berechtigt, daß noch weiterhin die Feindschaft gegenüber der anarchischen Selbsthilfe die Haltung gegenüber zeitgenössischen Formen einer subsidiären Selbsthilfe bestimmt[74].

Es ist daher eine nüchterne Überlegung dahin am Platze, ob die Gesellschaft verliert oder gewinnt, wenn den Individuen die Selbsthilfe ermöglicht wird[75].

Auf die Kategorie der Notrechte wie Notwehr, Nothilfe u. ä. braucht hier nicht eingegangen zu werden; unter gewissen Voraussetzungen erscheint es zweckmäßig, den einzelnen in einer Notsituation bei Fehlen staatlicher Hilfe das Recht zur Selbsthilfe in die Hand zu legen.

In diesem Rahmen ist die andere große Gruppe von Selbsthilferechten interessanter, wo nicht eine Notlage das Handeln des einzelnen rechtfertigt, sondern wo es Gründe der Schnelligkeit, Einfachheit und Kostenersparnis sind, die den Staat seine Rolle aufgeben lassen[76]. Es waren oben die Argumente besprochen worden, die bei der Abgrenzung des Bereiches der Selbsthilfegestaltungsrechte und Gestaltungsklagerechte bedeutsam sind[77]. Wo nicht der ordre public es verlangt, erscheinen Gründe der Einfachheit und Kostenersparnis gegenüber dem Sicherheitsinteresse gewichtiger, so daß die Waage eher zugunsten der Selbsthilfegestaltungsrechte ausschlägt. Wo andererseits die Langsamkeit des Prozesses aus Gründen der besonderen Bedeutung des Ergebnisses in Kauf zu nehmen ist, treten die Vorzüge

[73] *Vallimaresco*, a. a. O., S. 409; *Morot*, a. a. O., S. 9: „Et aujourd'hui, l'Etat puissamment organisé, sûr de ses tribunaux et de sa police, peut sans inconvénient admettre un self-help raisonnable."

[74] *Vallimaresco*, a. a. O., S. 32.

[75] *Vallimaresco*, a. a. O., S. 45.

[76] *Vallimaresco*, a. a. O., S. 46.

[77] s. oben 1. Teil IV 1 b.

der Selbsthilfe in den Hintergrund. Allerdings muß die Diskussion über die Selbsthilfe noch in einen größeren Rahmen gestellt werden.

bb) Selbsthilfe und Formalismus

Die Diskussion über die Berechtigung des Selbsthilfeverbots ist in erheblichem Umfang eine Diskussion über die Berechtigung des Formalismus im Recht. Gerade die Abwägung der Vor- und Nachteile der gerichtlichen Geltendmachung eines Rechts zeigt, daß diese im eigentlichen eine Erscheinung des Rechtsformalismus ist.

Der Formalismus im Recht hat eine Skala von Formen zur Verfügung, die in einer Steigerung von der einfachen Schriftform über die Schriftform mit notarieller Beurkundung und andere Erscheinungen wie Anwesenheit von Zeugen zur Form der gerichtlichen Geltendmachung führt.

Die Form in ihrer modernen Erscheinung[78] hat die Vorteile der größeren Sicherheit für die Beteiligten, der Genauigkeit des rechtlichen Vorgangs, der Vermeidung von Irrtümern und späterem Streit, dagegen die Nachteile einer Verzögerung und Erhöhung der Kosten[79]. Entgegen der Vorstellung, der Formalismus werde als veraltete Erscheinung aus dem Rechtsleben verdrängt werden, kann man in der Gegenwart wohl eher von einer Ersetzung eines instinktiven symbolischen Formalismus durch einen überlegten und utilitaristischen sprechen[80].

Der Einfluß des Rechtssprichworts „*Nul ne peut* ...“ im französischen Recht läßt sich mit dem starken Sinn der französischen Juristen für Formalismus in Verbindung bringen, der wohl auch die Kommission zur Reform des Code civil mit beeinflußt haben mag[81], der Nichtigkeitsklage gegenüber der Nichtigkeitserklärung weiterhin den Vorzug zu geben[82].

---

[78] Der Ursprung der Form aus der Liebe des Menschen der primitiven Gesellschaft zu plastischen und symbolischen Äußerungen wird beiseite gelassen; siehe dazu *Geny*, Science et technique, III, S. 101; ebenso *Demogue*, Notions, S. 70, wo die Form in primitiven Zeiten als „mode de matérialisation des idées“ bezeichnet wird.

[79] *Geny*, Science et technique, III, S. 102.

[80] *Geny*, Science et technique, III, S. 103; im einzelnen siehe dazu auch *Flour*, a. a. O., S. 93—114.

[81] s. dazu und auch über die weiteren Gründe oben II Anm. 9.

[82] Außer acht gelassen wird hier die oben 1. Teil IV Anm. 44 angedeutete Anziehungskraft des Formalismus für einseitige Willenserklärungen. Ganz allgemein erscheint für diese aus Gründen der Beweisbarkeit eine Form

Die Verlagerung zum sog. utilitaristischen Formalismus stellt die Formen mit Beweis- und Publizitätsfunktion gegenüber den feierlichen Formen in den Vordergrund[83].

Die Formen mit Beweisfunktion lassen sich in solche unterteilen, die tatsächlich nur dem späteren Beweise des unabhängig davon wirksamen Rechtsgeschäfts dienen, und solche, die zugleich eine Wirksamkeitsvoraussetzung des Rechtsgeschäfts bilden. Zu der ersten Gruppe gehört die Form der Art. 1341 ff. C.civ., die notarielle Mitwirkung oder Schriftlichkeit für den Beweis der 50 Franc übersteigenden Geschäfte verlangen. Auch Rechtsgeschäfte ohne Form sind hier gültig zustande gekommen, können jedoch nicht bewiesen werden. Praktisch kommt die Schriftform zu Beweiszwecken einer Schriftform als Gültigkeitsvoraussetzung weitgehend gleich, so daß der Unterschied zur zweiten Gruppe nicht ins Gewicht fällt[84].

Zu der zweiten Gruppe gehören Fälle wie der tatsächlichen Angebote („offres réelles“) des Schuldners, bei denen das Angebot durch einen öffentlichen Beamten erfolgen muß (Art. 1258 Nr. 7 C.civ., Art. 812 ff. C.proc.civ.) oder der Mahnung zur Annahme einer Speziesschuld (Art. 1264 C.civ.) und der Mahnung des Gläubigers an den Schuldner, die Leistung zu erbringen (Art. 1139 C.civ.). In diesen Fällen ist die Einschaltung eines „huissier“ erforderlich, bei den „offres réelles“ kann auch ein Notar diese Funktion erfüllen. Die besprochenen Erscheinungen liegen auf der Linie der Formalisierung der Abwicklung auch formfrei abgeschlossener Rechtsgeschäfte, wozu auch die Form der gerichtlichen Einschaltung bei der Nichtigkeits-, Rücktritts- und Wandelungsklage gehört. Die Form dient hier einer eindeutigen Klärung des Parteiwillens und der späteren Beweisbarkeit dieses Willens[85]; man ist sicher, nur dann sich gebunden zu haben, wenn man die Form beachtet hat, nur bei Beachtung der Form andererseits ist das Verhalten des Gegners rechtsrelevant[86].

Soweit der Formalismus Publizitätsfunktion hat, handelt es sich hauptsächlich darum, die Rechte Dritten gegenüber entgegensetzbar

---

angebrachter als für vertragliche Abmachungen. Bei einem sehr starken Beweisinteresse geht man generell von einseitigen Willenserklärungen ab und zieht die klageweise Geltendmachung vor.

[83] Die weiteren drei Arten von Formen, die *Geny* noch aufzählt (Science et technique, III, S. 114, 115), können hier beiseite gelassen werden; es sind die „formes habilitantes“, die Formen des Prozesses und der Vollstreckung und die fiskalischen Formen.

[84] *Planiol-Ripert*, a. a. O., Bd. VI *(Esmein)*, Nr. 97; *Geny*, Science et technique, III, S. 109.

[85] Das feierliche Moment, das durch das Auftreten eines „huissier“ oder Notars oder durch die gerichtliche Form eingeführt wird, spielt natürlich ebenfalls eine gewisse Rolle.

[86] *Demogue*, Notions, S. 70.

(„opposable") zu machen[87]. Es sind dies beispielsweise Maßnahmen der Eintragung in Register, aber auch die Mitteilung an den vornehmlich interessierten Dritten, so im Fall der Zession (Art. 1690 C.civ.), wo der Dritte als Vertreter der Allgemeinheit aufgefaßt wird[88]. In den Rahmen der Publizitätsfunktion ist das Erfordernis der gerichtlichen Mitwirkung bei Gestaltungsrechten weniger gut einzuordnen[89]; es ist schwer vorstellbar, daß die gerichtliche Durchsetzung eines Rechts deshalb bevorzugt wird, weil sie für eine erwünschte Publizität sorgt[90].

Da bei der Auseinandersetzung über das Selbsthilfeverbot die Aspekte der Publizitätsfunktion der Form wenig bedeutsam sind, kommt es darauf an, ob diejenigen der Beweisfunktion die Mitwirkung des Gerichts verlangen; Selbsthilfeverbote sind in dem Umfang berechtigt, als die Form in ihrer Beweisfunktion sie verlangt.

Der moderne Formalismus, wie er bei Börsengeschäften, im Gesellschafts- und Wertpapierrecht eine Rolle spielt, dient oft der Beschleunigung und dem Zeitgewinn, indem die Form wie eine Telefonnummer behandelt wird, die eine Identität fixiert[91]. Insofern, als der Formalismus der gerichtlichen Mitwirkung nie einer Beschleunigung, sondern nur der Sicherheit dienen kann, ist er von Anfang an weniger berechtigt, als dieser moderne Geschäftsformalismus.

So kommt man zu dem Schluß, daß auch unter dem Gesichtspunkt des Formalismus das Selbsthilfeverbot keine absolute Geltung haben kann.

Nimmt man zu diesem Ergebnis die oben getroffene Feststellung dazu, daß sich das Wesen der Selbsthilfe gewandelt hat, so daß für die subsidiäre Selbsthilfe andere Maßstäbe gelten müssen als für die

---

[87] *Planiol-Ripert*, a. a. O., Bd. VI *(Esmein)*, Nr. 97.

[88] *Geny*, Science et technique, III, S. 113.

[89] Darauf war schon oben, S. 41, eingegangen worden, a. A. *Tomson*, a. a. O., S. 204—207.

[90] Betrachtet man die Gefahr, daß Dritterwerber durch eine Nichtigkeits- oder Aufhebungsklage gegen den Erwerber ihrer dringlichen Rechtsstellung verlustig gehen, so dient das Erfordernis gerichtlicher Mitwirkung viel eher der Sicherheit der Dritten und der Rechtsklarheit als der Publizität. Damit steht Art. 28 des Gesetzes vom 4. Januar 1955 (*Dall.* 1955, Législation, S. 44 ff.) in Übereinstimmung, das in Art. 28, Nr. 4 c, hinsichtlich der Klagen auf „résolution, révocation, rescision, annulation" im Hinblick auf die Dritterwerber eine Veröffentlichung im „bureau des hypothèques" vorschreibt. Angesichts des praktischen Interesses, das Dritterwerber haben können, und angesichts des Fehlens der Publizitätsfunktion der Klage ist eine solche Regelung notwendig geworden.

[91] *Demogue*, Notions, S. 111.

anarchische, so wird die Stellungnahme Demogues gut verständlich[92], der angesichts der Häufigkeit, mit der das Rechtssprichwort desungeachtet in irgendwelchen Argumentationen erscheint, ausdrückt, es gehöre zu denjenigen Sätzen, die nach und nach jeden eigenen Gedanken erstickt hätten. Ebenso ist *Cassin*[93] Recht zu geben, wenn er die Anhänger des Sprichworts als Theoretiker, die durch Logik und soziale Sicherheit bestochen sind, bezeichnet.

Die Maxime als solche kann angesichts der gesellschaftlichen Weiterentwicklung keine Barriere für die Fortentwicklung des Rechts sein[94]. Vallimarescos Betrachtung[95] der Maxime hat daher viel für sich; für ihn muß sie umgedeutet werden in das Prinzip: „Nul ne peut se faire justice à soi-même en employant des moyens illicites", womit das Gewicht von der Selbsthilfe als solcher auf die Erlaubtheit ihrer Mittel verlegt wird. Das Sprichwort verbietet aber weder die tatsächliche Selbsthilfe, wo nicht ausdrückliche gesetzliche Verbote dagegenstehen[96], noch die weitere Ausbreitung einer rechtlichen Selbsthilfe, soweit dies nach einer Prüfung der Interessenlage und der Argumente für und wider als zweckmäßig erscheint.

d) Das Verhältnis von Rechtsprechung und Gesetzgebung zum Selbsthilfeverbot

In Übereinstimmung mit diesen Erwägungen, die die Bedeutung und die Tragweite des Sprichwortes *„Nul ne peut ..."* auf ein vernünftiges Maß zurückführen, befindet sich die französische Rechtsprechung, die Gesetzgebung steht mit ihnen nicht im Widerspruch.

Die Rechtsprechung hat die Geltung des Satzes längst durchbrochen, indem sie Institutionen anerkennt, die eindeutig Selbsthilfecharakter haben, wie z. B. die exceptio non adimpleti contractus[97], das Zurückbehaltungsrecht und den Vertragsbruch durch einseitige Willenserklärung in den nicht gesetzlichen Fällen[98] oder den Pfandverkauf des Spediteurs, der ohne die Formalitäten des Art. 106 C.com. vor sich geht[99]. Hier ist es das Verdienst der Gerichte, erkannt zu haben,

---

[92] *Demogue*, Notions, S. 640: „. . . . tous ces adages d'expérience courte qui, depuis des siècles, ont peu à peu étouffé toute pensée."
[93] *Cassin*, a. a. O., S. 417.
[94] *Vallimaresco*, a. a. O., S. 352.
[95] *Vallimaresco*, a. a. O., S. 413.
[96] *Vallimaresco*, a. a. O., S. 417.
[97] Über die Einordnung der exceptio non adimpleti contractus als Selbsthilfe siehe *Crémieu*, a. a. O., S. 281.
[98] Vgl. dazu *Cassin*, a. a. O., S. 338 ff., sowie die obigen Ausführungen zu den genannten Institutionen.
[99] *Cass. civ.* 8. Februar 1903, Gaz. Pal. 1909, 1, 321.

zu welch unbilligen Ergebnissen eine rigorose Beachtung des Satzes „*Nul ne peut*..." geführt hätte, wie sie von manchen rein logisch vorgehenden Theoretikern gefordert wurde. Die Prinzipien, die hier dominieren, sind die der Gleichheit zwischen den Parteien, des guten Glaubens, der Ersparnis von Zeit und Kosten[100].

Schließlich ist noch festzustellen, daß weder das französische Zivil- noch Strafrecht ein kategorisches Verbot der Selbsthilfe als solcher ausspricht[101].

3. Das Selbsthilfeverbot und die Theorie der Gestaltungsrechte im französischen Recht

Wenn somit dargetan ist, daß die Bedeutung des Sprichworts „*Nul ne peut*..." in der Gegenwart erheblich herabgesetzt werden muß, so ändert das nichts daran, daß die weitgehende Reserve des französischen Rechts gegenüber der Selbsthilfe von ihm herrührt. Wenn auch die Praxis viele Durchbrechungen des Selbsthilfeverbots geschaffen hat, wenn auch fortschrittliche Theoretiker gegen seinen Rigorismus Stellung beziehen, so bleibt doch nicht minder bestehen, daß das Selbsthilfeverbot die französische Rechtstradition geprägt hat, die auch in die Gegenwart fortwirkt.

Nimmt man zu diesem Aspekt den Gedanken dazu, daß die Gestaltungsrechte, die im deutschen Recht für die Entdeckung des Begriffs maßgeblich waren, Selbsthilfegestaltungsrechte sind, daß diese überhaupt als die Urgestaltungsrechte angesehen werden müssen, so erklärt es sich, daß die französische Lehre den Begriff des Gestaltungsrechts nicht einführt. Tomson spricht von der Scheu[102], einen derartigen Begriff zu akzeptieren. Man will einer Institution keinen Namen geben, die mit den allgemein geltenden Rechtsmaximen nicht unbedingt harmonisiert[103].

Natürlich ist der Widerstand gegenüber der Selbsthilfe nicht der einzige Grund, doch ist er ein Mosaikstein, der zusammen mit den anderen oben behandelten, der Vorsicht gegenüber dem einseitigen Rechtsgeschäft, der Verknüpfung des dinglichen mit dem obligatori-

---

[100] *Cassin*, a. a. O., S. 417.

[101] s. dazu im einzelnen *Vallimaresco*, a. a. O., S. 362 ff., 380 ff.

[102] *Tomson*, a. a. O., S. 258: „Peut-être s'agit-il d'un peu de timidité d'introduire cette notion en droit français", ebenso S. 16, 17.

[103] So auch *Tomson*, a. a. O., S. 17, der als weitere Erklärungsmöglichkeit das Fehlen einer Notwendigkeit zu katalogisieren angibt. Diese Rechte würden ausgezeichnet funktionieren, ohne daß man ihnen einen besonderen Namen gegeben hätte.

schen Geschäft und dem Verhältnis zwischen Recht und Klage eine ausreichende Erklärung für das Fehlen einer Theorie der Gestaltungsrechte gibt.

Man könnte argumentieren, es sei vielleicht für das französische Recht nicht wichtig, eine Theorie der Gestaltungsrechte zu haben, wenn es auch ohne diese eine rechtliche Bewältigung des sozialen Lebens erziele. Ein derartiger Einwand würde dogmatischer Arbeit grundsätzlich die Berechtigung absprechen. Man kann auf ihn mit der Eloge Dölles auf die Entdeckung des Gestaltungsrechts im deutschen Recht antworten[104]:

> „Die Entdeckung der Figur des Gestaltungsrechts hat unsere Erkenntnis der rechtlichen Phänomene entscheidend erweitert, hat die Tafel der subjektiven Rechte vervollständigt und uns dadurch in den Stand gesetzt, mit einem besseren systematischen Überblick und mit richtigeren dogmatischen Fragestellungen die vielfältigen juristischen Formelemente zu handhaben, die wir zu einer ordnungsmäßigen Bewältigung des sozialen Lebens jedenfalls auch brauchen."

Wenn auch Boyers Versuch, den Begriff der Gestaltungsrechte in das französische Recht einzuführen, ohne Erfolg geblieben ist, so kann doch in der Zukunft eine weitere Aufweichung des Rechtssprichworts „Nul ne peut ...", das Dominieren der Trennungstheorie im Verhältnis von Recht und Klagerecht und eine weitere Anerkennung der einseitigen Willenserklärung eine Einführung dieses Begriffs in die französische Dogmatik ermöglichen. Die Aufnahme dieses Begriffs in die französische Dogmatik wäre vernünftig und sachdienlich.

---

[104] *Dölle*, Entdeckungen, B 11.

Ausblick

Internationalverfahrensrechtliche Probleme, die aus der verschiedenen Ausformung von Gestaltungsrechten in der französischen und deutschen Rechtsordnung erwachsen

War bisher das dogmatische Interesse vorherrschend, aus dem Wesen des französischen Privatrechts seine Stellung zu dem Problem des Gestaltungsrechts zu erläutern, so sollen im folgenden in gedrängter Form und ohne Anspruch auf Vollständigkeit einige praktische Ausblicke über die Probleme gegeben werden, die aus der verschiedenen Ausformung der Gestaltungsrechte in beiden Rechtsordnungen entstehen können.

Es ist dabei an zwei Problemkreise gedacht, einmal: Kann ein deutsches Gericht, das materiell französisches Recht anwendet, ein Gestaltungsurteil im Sinne dieses Rechts erlassen, wenn nach deutschem Recht unter den gleichen Voraussetzungen nur ein Feststellungsurteil ergehen könnte? Zweitens: Wie wäre gegebenenfalls die Haltung des französischen internationalen Zivilprozeßrechts zu einem derartigen Urteil?

I. Die deutsche internationale Zuständigkeit

Um die Darstellung der Problematik weiter zu beschränken, wird nur der Frage nachgegangen, ob das deutsche Gericht, dem bei Anwendung des französischen Rechts eine „action en résolution", eine „action en nullité" oder eine „action rédhibitoire" vorgelegt wird, die jeweils entsprechenden Gestaltungsurteile erlassen kann[1].

[1] Bezüglich der Wandlung hat die Gegenüberstellung zwischen Gestaltungsurteil des französischen Rechts und Feststellungsurteil des deutschen Rechts zur Voraussetzung, daß die Wandlung im deutschen Recht nach der Herstellungstheorie konstruiert wird. Auf den Theorienstreit kann im einzelnen nicht eingegangen werden; es wird hier gegen die auf *Bötticher* zurückgehende (Bötticher, Wandlung) Theorie des verdeckten Gestaltungsurteils (siehe dazu auch Karl *Larenz*, Lehrbuch des Schuldrechts, Bd. II, Besonderer Teil, München und Berlin 1965, § 37 II a) die Meinung zugrundegelegt, daß der Käufer ein Gestaltungsrecht hat (so Josef *Esser*, Schuldrecht, 2. Aufl., Karlsruhe 1960, S. 494; Arwed *Blomeyer*, Der Anspruch auf Wandlung oder Minderung, AcP 151, S. 118), so daß ein Gestaltungsurteil überflüssig ist, da bereits durch den Käufer gestaltet ist (*Blomeyer*, a. a. O., S. 109: „Gerade daß das Gestaltungsurteil stillschweigend im Leistungsurteil enthalten sein soll, gibt einen Hinweis auf seine Überflüssigkeit"). Das er-

Auf die internationalprivatrechtliche Frage, wie es zur Anwendung der französischen Sachnorm kommt, wird nicht eingegangen, diese ist eine Voraussetzung; nur am Rande sei klargestellt, daß es selbst Möglichkeiten gibt, in denen nach deutschem internationalen Privatrecht auch unter deutschen Vertragspartnern französisches Recht zur Anwendung kommt.

1. Die Frage des numerus clausus der Gestaltungsurteile

Man könnte sich auf den Standpunkt stellen, daß für die von deutschen Gerichten zu erlassenden Gestaltungsurteile ein numerus clausus besteht[2], der nicht überschritten werden kann. Ein Urteil, das die Nichtigkeit, die Wandlung, die Vertragsauflösung ausspricht, könne daher von einem deutschen Gericht nicht ausgesprochen werden. Hier handelt es sich jedoch nicht um eine Kollision zwischen dem deutschen und dem französischen Prozeßrecht, wobei dann der Richter dem deutschen zu folgen hätte, vielmehr ist das Urteilerfordernis eine Folge der Anwendung fremden Sachrechts[3]; denn das französische Sachrecht bestimmt, daß die Rechtsänderung nicht durch Willenserklärung, sondern durch Urteil zu erfolgen hat. In den numerus clausus der Gestaltungsurteile sind jedoch auch diejenigen aufgenommen, die aufgrund der inländischen sachrechtlichen Verweisung von ausländischen Sachnormen verlangt werden[4].

2. Die institutionelle Zuständigkeit

Allerdings gibt es Fälle, in denen „die Ausübung der Gerichtsbarkeit... nicht in den Rahmen der normalen Aufgabenverteilung und Behördenorganisation im Staate passen würde"[5]. Diese „institutionelle"[6] Unzuständigkeit, die mit den Fragen der örtlichen und

---

gehende Urteil hat daher nur mehr feststellenden Charakter (*Lehmann* in *Enneccerus-Lehmann*, § 110 I 2). Die Betrachtung der Wandlung als Gestaltungsrecht hat allerdings mit dem Dogma der Unwiderruflichkeit des Gestaltungsrechts zu kämpfen, da das ius variandi erst durch den Vollzug der Wandlung verlustig geht, d. h. durch Einigung oder gerichtliches Urteil. Dieses interessante Problem kann aber nicht weiter verfolgt werden.

2 Zum numerus clausus der Gestaltungsurteile s. auch *Messina*, a. a. O., S. 743.

3 *Riezler*, a. a. O., S. 243.

4 So *Heldrich*, a. a. O., S. 404. *Heldrich* ist darin zuzustimmen, daß weder der Bestimmtheitsgrundsatz noch das Gesetzmäßigkeitsprinzip die Annahme verbieten, daß ein nach deutscher Verweisung maßgebliches ausländisches Gesetz dem inländischen Richter Aufgaben zuweisen kann.

5 *Neuhaus*, a. a. O., S. 212.

6 *Riezler*, a. a. O., S. 234.

funktionellen nichts zu tun hat, erwächst daraus, daß eine bestimmte Tätigkeit einer Behörde wesensfremd ist. Selbst wenn man slo den numerus clausus der Gestaltungsurteile übersprungen hat, so kommt man hier an eine neue Barriere, die der wesenseigenen Zuständigkeit. *Reu* definiert die wesenseigene Zuständigkeit als „das Integral über dem Bereich der sachlichen Zuständigkeit, sie betrachtet die Gesamtheit der der Behörde zugeteilten einzelnen Tätigkeiten und entwirft hieraus ein Gesamtbild“[7]. Die Behörde entwickelt eine Art magnetisches Feld[8], das einen Bereich von Tätigkeiten zu erfassen imstande ist. In diesem magnetischen Feld gibt es Abstufungen der Anziehungskraft; wo sie nicht mehr besteht, ist die Grenze der wesenseigenen Zuständigkeit überschritten.

Man wird in der Regel darauf abstellen können, ob das zur Entscheidung unterbreitete Institut dem Gericht völlig unbekannt ist[9], ob man von einer „Fremdartigkeit der dem Richter angesonnenen Funktion“[10] sprechen kann. Eine bloße Abweichung vom einheimischen Recht genügt nicht, um die Wesensfremdheit darzutun; allerdings ist die Grenze zwischen Wesensverschiedenheit und bloßer Verschiedenheit in der Ausgestaltung schwierig zu ziehen[11]. Dem deutschen Richter ist das Institut des Gestaltungsurteils wohl bekannt, der Erlaß rechtsgestaltender Urteile in einer fremdrechtlichen Sache fällt also durchaus in seinen Amtskreis, auch wenn er bei Anwendung deutschen Rechts ein Feststellungsurteil zu erlassen hätte[12]. Dieser Unterschied der gesetzgeberischen Lösungen hat in den Augen des internationalen Verfahrensrechts nur „untergeordnete technische Bedeutung“[13].

So bestehen keine Bedenken, die wesensmäßige Zuständigkeit des deutschen Richters für Nichtigkeits-, Wandlungs- und Aufhebungsurteile zu bejahen.

---

[7] *Reu*, a. a. O., S. 173.

[8] *Hauriou* Maurice, Précis de droit constitutionnel, Paris 1923, S. 77, spricht von dem „champ magnétique“, das sich um Institutionen bilde.

[9] Das *Schweizerische Bundesgericht* hat in seiner Entscheidung (Entscheidungen des Bundesgerichts, 56. Bd., Teil II, S. 38 ff.) vom 16. Januar 1930 eine deutliche Reserve dagegen geäußert, „inländische Instanzen nach ausländischem Prozeßrecht Amtshandlungen vornehmen zu lassen, die dem Recht am Wohnsitz des Käufers, d. h. in diesem Fall dem schweizerischen Recht, gar nicht bekannt sind“ (S. 48). Diese Äußerung hat aber nur den Charakter eines obiter dictum, die Entscheidung stützt sich nicht darauf.

[10] *Heldrich,* a. a. O., S. 412.

[11] *Riezler,* a. a. O., S. 234.

[12] *Nußbaum,* a. a. O., S. 390.

[13] *Nußbaum,* a. a. O., S. 390; auch aus *Riezlers* Ausführungen, a. a. O., S. 243, geht diese Meinung hervor.

3. Rücksicht auf die Anerkennung durch das französische Recht

Eine dritte Erwägung ist allerdings anzustellen. Inwieweit ist bereits für die Bejahung oder Verneinung der Zuständigkeit auf die Haltung des fremden Staates zu den von deutschen Gerichten erlassenen Gestaltungsurteilen Rücksicht zu nehmen? Eine derartige Rücksicht auf das Ausland ist aus dem Streben nach dem Konfliktsminimum zu erklären[14]. Tatsächlich ist es unerwünscht, wenn der deutsche Richter das von ihm erlassene Gestaltungsurteil im Ausland jeder Wirksamkeit beraubt sieht. Dieser Gedanke ist vor allem dort tragend, wo „die effektive Verwirklichung des vom Richter auf dem Papier gestalteten Rechtsverhältnisses ohne die Mitwirkung des Auslandes unmöglich ist“[15]. Das Interesse am Entscheidungseinklang mit dem Staat der Sachnorm besteht hauptsächlich dort, wo „der deutsche Gerichtsakt auch im Staat der lex causae Wirkungen erzielen soll“[16]. Dabei kommt es nicht darauf an, welcher Natur der entsprechende Gerichtsakt ist, da diese Wirkungen auch bei anderen als Gestaltungsakten eintreten können[17]. Nur für den Fall dieser Auslandswirkung hat *Riezlers*[18] Argument einige Berechtigung, es sei den inländischen Gerichten nicht zuzumuten, Urteile zu erlassen, die im Ausland nicht anerkannt werden.

Andererseits ist es durchaus naheliegend, die Rücksicht auf die ausländische Anerkennung dort auszuschalten, wo das Rechtsverhältnis von vorneherein nur mit Wirkung für das Inland gestaltet werden soll, wo auch im Inland die Zwangsvollstreckung durchgeführt werden könnte[19].

In unseren Fällen eines Nichtigkeits-, Wandlungs- oder Aufhebungsurteils ist jedoch eine eindeutige Beschränkung der Wirkungen auf Inland oder Ausland nicht gegeben.

So bleibt die Frage, ob man sich grundsätzlich damit abfinden kann, daß die Gestaltung des Rechtsverhältnisses in der deutschen Rechtsordnung wirksam, dagegen in der französischen, in der es ebenfalls

---

[14] *Wengler*, a. a. O., S. 19.

[15] *Wengler*, a. a. O., S. 20.

[16] *Heldrich*, a. a. O., S. 365.

[17] *Heldrich*, a. a. O., S. 368, befürwortet, nicht aus der Art der gerichtlichen Verrichtung, sondern aus der der Rechtsverhältnisse eine Abstufung für das Gewicht des Interesses von Konflikten mit dem Staat der lex causae vorzunehmen. In dieser Abstufung sind jedenfalls die lediglich vermögensrechtlichen Urteilswirkungen der hier interessierenden Urteile an demjenigen Ende der Skala, wo die Konfliktsmöglichkeit am geringsten ist.

[18] *Riezler*, a. a. O., S. 242.

[19] *Wengler*, a. a. O., S. 20.

Wirkungen entfaltet, unwirksam ist[20]. Dies ist das Problem, ob „dem Interesse an der Vermeidung von Konflikten mit dem Staat der lex causae vor dem widerstreitenden Gerichtsschutzinteresse der Vorrang gebührt“[21]. Auch hier ist jedoch die zu erwartende Nichtanerkennung durch die französische Rechtsordnung kein Grund für die Verneinung der deutschen internationalen Zuständigkeit. Die Nichtanerkennung bedeutet ja nicht, daß eine abweichende sachliche Entscheidung ergehen wird. Eine Entscheidungsdivergenz bei den hier in Frage kommenden Gestaltungsurteilen betrifft daher vornehmlich den Zeitpunkt der Gestaltung[22]. So wird bei Beurteilung der Interessen dem Rechtsschutzbedürfnis der einzelnen der Vorrang einzuräumen sein.

Diese Interessenabwägung hält auch gegenüber Argumenten stand, die Sachrechtsverweisung bedeute zugleich eine Zuständigkeitsverweisung, was hauptsächlich für die hier interessierenden Gestaltungsakte behauptet wird[23]. Eine derartig enge Verbindung zwischen der Sachnorm- und der Zuständigkeitsverweisung setzt jedoch voraus, daß „die Zuständigkeitsregeln als Bestandteil oder Annex der fremden Sachnorm angesehen werden“[24]. Die Zuständigkeitsregelung ist jedoch von der Sachnorm unabhängig; richterliche Gewalt in ihrem Inhalt und ihren Schranken hängt allein von den „inländischen Normen über die Gerichtsbarkeit im innerstaatlichen Sinn“[25] ab. In § 606 b Nr. 1 ZPO ist eine Rücksichtnahme auf die Reaktion der Sachnorm ausdrücklich niedergelegt. Dies spricht dafür, daß sonst die Gerichtsbarkeit der deutschen Richter durch eine Nichtanerkennung der Richter der anzuwendenden Sachnorm nicht eingeschränkt wird.

Überdies kann der Fall eintreten, daß zwar die deutsche Rechtsordnung das französische Recht als Sachnorm anwendet, daß aber französische Gerichte andere Sachnormen, vielleicht sogar die deutsche, anwenden würden. Es zeigt sich, daß hier die Abhängigkeit der deutschen Gerichtsbarkeit von der Anerkennung durch den Staat der Sachnorm zu unbilligen Ergebnissen führen kann. In dem Fall etwa, daß beide Parteien des vom deutschen Richter gemäß französischem Recht aufgelösten Rechtsverhältnisses Deutsche sind, wäre es schwer ver-

---

[20] Die tatsächliche Haltung des französischen Rechts wird erst unten geprüft werden.

[21] *Heldrich*, a. a. O., S. 375.

[22] *Heldrich*, a. a. O., S. 380, über die Möglichkeit, „bei Auftreten eines entsprechenden Bedürfnisses im Staat der lex causae dieselbe Entscheidung zu erlangen“.

[23] So z. B. *Makarov*, a. a. O., S. 725.

[24] *Heldrich*, a. a. O., S. 390.

[25] *Heldrich*, a. a. O., S. 391.

ständlich, die deutsche Zuständigkeit von der Anerkennung der Entscheidung durch französische Gerichte abhängig zu machen[26].

Gegen die internationale Zuständigkeit deutscher Gerichte für Nichtigkeits-, Wandlungs- und Aufhebungsurteile nach französischer Sachnorm bestehen daher keine Bedenken, soweit nicht im besonderen Fall alle Urteilswirkungen im Ausland auftreten.

II. Die Anerkennung derartiger Urteile durch die französische Rechtsordnung

Wenn auch oben die Anerkennung durch die fremde Rechtsordnung nicht als Vorfrage für die deutsche internationale Zuständigkeit behandelt worden ist, so ist doch das Schicksal des deutschen Urteils in der französischen Rechtsordnung praktisch höchst interessant. In der Behandlung der Problematik bietet sich eine Zweiteilung an. Einmal ist es zu untersuchen, welcher Kategorie von Urteilen die besprochenen Fälle nach französischer Klassifikation angehören, zweitens, ob und welchen Einfluß diese Einordnung für die Anerkennung und das Erfordernis des Exequaturverfahrens hat.

1. Einordnung des Nichtigkeits-, Wandlungs- und Auflösungsurteils nach französischem Recht

Zwar hat *Nußbaum* noch 1932 geschrieben, dem französischen Recht sei eine Scheidung von konstitutivem und deklaratorischem Urteil fremd[27]; diese Bemerkung war schon damals unzutreffend[28], heute jedenfalls ist die Trennung von deklaratorischen[29] und konstitutiven Urteilen im französischen Recht allgemein durchgesetzt. Das theoretische Unterscheidungsmerkmal ist nicht kompliziert: Das deklaratorische Urteil beschränkt sich darauf, die Existenz eines vorher bestehenden Rechts anzuerkennen, während das Gestaltungsurteil ein Recht schafft[30].

Tatsächlich aber ist eine Zuordnung der Urteile zu der einen oder der anderen Kategorie dadurch stark erschwert, daß jedes Gestaltungs-

---

[26] *Raape*, a. a. O., S. 153.

[27] *Nußbaum*, a. a. O., S. 390, Anm. 5.

[28] Schon 1918 spricht der Kassationsgerichtshof (*Cass. civ.* 10. Juli 1918, D. 1923, 1, 15) von den „jugements attributifs" im Sinn von Gestaltungsurteilen; *Niboyet* verwendet 1928 den Begriff des „jugement constitutif" (Manuel, Nr. 954); *Mazeauds* grundlegender Aufsatz erscheint im Jahr 1929 (Mazeaud, Distinction).

[29] Deklaratorisches Urteil in diesem Sinn ist sowohl das Feststellungs- wie auch das Leistungsurteil.

[30] *Mazeaud*, Distinction, S. 23.

urteil auch eine deklaratorische, jedes deklaratorische Urteil auch eine gestaltende Wirkung hat. Die gestaltende Wirkung des deklaratorischen Urteils besteht in der Schaffung eines Rechts auf Vollstreckung, in der Gewährung der gerichtlichen Hypothek[31]. Das Gestaltungsurteil stellt zugleich die Existenz des angerufenen Rechts des Klägers fest und seinen Willen, es dem Gesetz entsprechend auszuüben[32].

Somit sind alle Urteile in größerem oder geringerem Umfang sowohl deklaratorisch als auch gestaltend[33, 34]. *Morellis* Definition, Gestaltungsurteile seien diejenigen, die eine sachlich-rechtliche Wirkung über die prozessuale hinaus hätten, während sich die deklaratorischen Urteile bei dieser beschränkten[35], bedeutet mehr eine Wiederholung als eine Vertiefung des Problems.

Ebenso wird als Schlagwort gerne gebraucht, bei den Gestaltungsurteilen sei der Richter in einer Funktion tätig, die dem imperium des römischen Beamten, bei den deklaratorischen Urteilen in einer, die der iurisdictio, entspräche[36].

Allerdings klingt aus der Annäherung der Gestaltungsurteile an das imperium der römischen Beamten eine Tendenz auf, Gestaltungsurteile hauptsächlich in den sog. festsetzenden Urteilen Kischs oder in den Regelungsurteilen Böttichers zu sehen, die oben aus dem engen Begriff der Gestaltungsurteile ausgeschlossen worden waren. Morelli[37] bezeichnet diese Urteile als „jugements dispositifs", deren Kennzeichen es ist, daß der Richter nur aufgrund einer Prozeßnorm entscheidet, die das gerichtliche Tätigwerden ermöglicht.

Außer acht gelassen wird dagegen häufig die bedeutende Gruppe der Gestaltungsurteile, bei denen der Richter aufgrund von zweierlei Rechtsnormen tätig wird, einer prozessualen und einer materiell-rechtlichen. Aufgrund der materiell-rechtlichen überprüft er das Vorliegen der tatbestandlichen Voraussetzungen, aufgrund der prozessualen Ermächtigung spricht er die Rechtsfolge aus. Seine erste Tätigkeit ist nach ihrem logischen Vorgang deklaratorisch, die zweite konstitutiv, so daß Morelli den Begriff des „jugement déclaratif-constitutif"

---

[31] *Mazeaud*, Distinction, S. 19.

[32] *Glasson-Tissier*, a. a. O., Bd. III, Nr. 770.

[33] *Glasson-Tissier*, a. a. O., Bd. III, Nr. 770; *Giverdon*, a. a. O., S. 442.

[34] Nach *Bruns*, a. a. O., S. 282, rücken ganz allgemein die traditionellen Urteilsarten, funktionell gesehen, eng zusammen. Vgl. *Bruns*, S. 283, über konstitutive Feststellung als Kern des Zivilprozesses.

[35] *Morelli*, a. a. O., S. 332—333.

[36] *Planiol* Marcel, Traité élémentaire de droit civil, Paris 1928, Bd. I, Nr. 343.

[37] *Morelli*, a. a. O., S. 333—335.

prägt[38], und Boyer[39] von der Verbindung eines „acte juridictionnel" und eines „acte administratif" spricht.

Da der logische Vorgang der Feststellung, der dem Erlaß des Gestaltungsurteils vorangeht, nicht an dem Wesen des Gestaltungsurteils irre machen kann, sind jedenfalls Urteile wie diejenigen auf Vertragsauflösung und auf Wandlung Gestaltungsurteile; nach einer Überprüfung des materiellen Rechts auf die Voraussetzungen hin modifiziert der Richter die Rechtslage durch Urteil[40]. Wenn auch der Fall der „condition résolutoire expresse" bei Anrufung des Gerichts nur zu einem deklaratorischen Urteil führen kann, so ist doch bei der sog. „condition résolutoire sousentendue" des Art. 1184 C.civ. die Tätigkeit des Gerichts gestaltend[41].

Schwierig ist die Klassifizierung des Nichtigkeitsurteils des französischen Rechts. Naheliegend ist der Standpunkt, ganz unabhängig von dem Charakter als absolute oder relative Nichtigkeit bestehe diese von dem Entstehen des nichtigen Geschäfts an, die Aufgabe des Richters sei ganz bedeutungslos, sie entspreche nur dem Grundsatz *„Nul ne peut se faire justice à soi-même"*[42]. Auch der meistens gebrauchte Ausdruck „constatation de la nullité"[43] spricht für eine rein deklaratorische Funktion. Sicherlich existiert der Grund der Nichtigkeit vor dem Urteilsausspruch, dies ist bei dem Grund für die Ehescheidung nicht anders: in beiden Fällen ist jedoch ohne den richterlichen Ausspruch dieser Grund ohne rechtliche Bedeutung[44].

---

[38] *Morelli*, a. a. O., S. 333.

[39] *Boyer*, Transaction, S. 460: „. . . le jugement constitutif apparaît donc essentiellement comme un acte complexe dans lequel sont juxtaposés un élément juridictionnel et un élément administratif et c'est cette nature mixte qui est sa caractéristique essentielle." Hauptbeispiel *Boyers* ist hier die Ehescheidung.

Weiter zum „acte juridictionnel" siehe *Cuche-Vincent*, a. a. O., Nr. 72, der das Gestaltungsurteil wie folgt erklärt: „Le juge procède à une constatation préalable qui est juridictionnelle. Il prend ensuite une décision ayant un caractère constitutif."

[40] *Glasson-Tissier*, a. a. O., Bd. III, Nr. 771 und *Giverdon*, a. a. O., S. 444, sprechen von dem deklarativ-konstitutiven Charakter dieser Urteile. Da aber die logische Methode der Feststellung dem Gestaltungsurteil ohnehin zugehört, bestehen gegen die Klassifizierung als Gestaltungsurteile keine Bedenken.

[41] Ebenso *Boyer*, Transaction, S. 460, Anm. 1 b; a. A. *Mazeaud*, Distinction, S. 37, der in allen Fällen der „condition résolutoire" ein Feststellungsurteil annimmt.

[42] *Planiol* Marcel, Traité élémentaire de droit, civil, Paris 1928, Bd. I, Nr. 333.

[43] *Ripert-Boulanger*, a. a. O., Bd. II, Nr. 711; *Carbonnier*, a. a. O., Bd. II, S. 437.

[44] *Mazeaud*, Distinction, S. 38.

Man könnte, um zu einer klaren Abtrennung zu gelangen, auf den Beurteilungsspielraum des Richters abstellen. Sobald bei Vorliegen eines gewissen Tatbestands der Richter keinen Spielraum mehr hat, wie in den Fällen der relativen Nichtigkeit, handle es sich nicht um ein Gestaltungs-, sondern um ein Feststellungsurteil. Ein Gestaltungsurteil dagegen soll vorliegen, wenn dem Richter die Wahl zwischen Gültigkeit und Nichtigkeit zusteht, so im Fall des Art. 684 C.proc.civ., oder wenn ihm das Gesetz, so bei der „déchéance", eine Strafe in die Hand gibt[45]. *Mazeaud* erkennt hier an, daß das Kriterium der Vorexistenz des Rechts äußerst flüchtig ist[46], es ist dies aber auch sonst, wie in dem Fall der Ehescheidung gezeigt wurde.

Bedeutsam ist doch der Gesichtspunkt: Der Richter muß eingreifen, um die Nichtigkeit zu erklären. Solange er es nicht tut, sind die Parteien an den Vertrag gebunden, der Vertrag ist materielles Recht für sie. Daß später der Vertrag auch rückwirkend aufgehoben wird, ändert nichts daran, daß er eine Zeit in Geltung war. *De Page* spricht diesen Gedanken aus:

> „En tout état de cause le juge doit intervenir pour prononcer la nullité; un point, c'est tout. Tant qu'il ne l'a pas fait, le contrat quels que soient ses vices, subsiste, à moins que les parties ne sont pas elles-mêmes d'accord pour le considérer comme nul, ce qui ne se présente presque jamais[47]."

Das Wort „prononcer" zeigt, daß de Page die gestaltende Tätigkeit des Richters richtig erfaßt hat. Der logische Vorgang des Gestaltungsurteils ist bei de Page, der ein Feststellungsurteil annimmt, ungewollt beschrieben, wenn es heißt:

> „Mais le juge n'intervient pas seulement parce qu'on ne peut se rendre justice à soi-même, il intervient aussi pour vérifier, si effectivement l'acte est nul, et ensuite de cette vérification, pour prononcer la nullité, qu'elle soit absolue ou relative[48]."

Der „acte juridictionnel" und der „acte administratif" des Gestaltungsurteils nach der Terminologie Boyers, das „jugement déclaratif-constitutif" Morellis wird hier deutlich gezeichnet[49].

---

[45] *Mazeaud,* Distinction, S. 39—41.
[46] *Mazeaud,* Distinction, S. 40.
[47] *de Page,* a. a. O., Bd. II, Nr. 781.
[48] *de Page,* a. a. O., Bd. II, Nr. 781.
[49] *Kisch,* a. a. O., S. 85 ff., prägt den Begriff der auslösenden Urteile für diese Fälle, in denen zwar ein Rechtsverhältnis unter gewissen Voraussetzungen unwirksam oder nichtig ist, die Nichtigkeit jedoch erst nach ausdrücklicher Bestätigung durch Richterspruch von jedermann geltend gemacht werden kann (S. 89). Die Gruppe der auslösenden Urteile wird bei *Kisch* von den Gestaltungsurteilen im eigentlichen Sinn getrennt, da sie nur die Bestätigung und Bekräftigung des unabhängig von ihnen eingetretenen Rechtserfolgs enthalten sollen.

Die gestaltende Wirkung des Nichtigkeitsurteils ist beispielsweise bei dem Urteil, das eine Ehe für nichtig erklärt, offenkundig. Der Eheschluß beruht auf dem Zusammentreffen des Willens der Parteien und der Mitwirkung des Standesbeamten. Zu ihrer Zerstörung bedarf die Ehe des Tätigwerdens der staatlichen Autoritäten. Die Gestaltungswirkung besteht darin, daß das Urteil den Gatten eine Freiheit gibt, die sie nicht mehr hatten: sie waren verheiratet, sie sind es nicht mehr[50].

Die Rückwirkung des Urteils ist mit der Gestaltungswirkung durchaus verträglich; eine starre Verbindung zwischen deklaratorischem Urteil und Rückwirkung, Gestaltungsurteil und Wirkung für die Zukunft besteht nicht[51].

Wie bei dem Urteil, das die Ehe für nichtig erklärt, so sprechen auch bei den anderen Nichtigkeitsurteilen mehr Argumente für ihre Behandlung als Gestaltungsurteile als gegen sie. Wenn oben ausgeführt worden ist, die Partei habe bei der relativen Nichtigkeit ein Gestaltungsrecht, nicht dagegen bei der absoluten, so läßt sich das mit diesem Ergebnis durchaus vereinbaren. Die Harmonie zwischen Gestaltungsrecht und Gestaltungsurteil bei der relativen Nichtigkeit macht keinerlei Schwierigkeiten. Hinsichtlich der absoluten Nichtigkeit käme ein Gestaltungsurteil in Frage, ohne daß ein Gestaltungsrecht der Partei vorangegangen ist. Dagegen bestehen aber keine Bedenken; für die Definition des Gestaltungsurteils ist auf den rechtsmodifizierenden Effekt der Entscheidung sowie auf das Fehlen einer tatsächlichen Wahlmöglichkeit des Richters abgestellt worden, das Erfordernis eines Gestaltungsrechts einer Partei fehlt in der Bestimmung.

Das Rechtsgeschäft ist rechtsgültig, solange das Gericht nicht die Nichtigkeit ausspricht; durch diesen Ausspruch verliert es seine Rechtswirkungen. Der Ausspruch verändert daher die rechtliche Situation, ist ein Gestaltungsurteil.

Die überwiegende Meinung der französischen Lehre öffnet sich jedoch einer derartigen Auffassung nicht, sondern sieht in dem Nichtigkeitsurteil ein Feststellungsurteil[52]. Die internationalverfahrens-

---

[50] *Riad*, a. a. O., S. 139, ist aus diesen Gründen für die Einordnung des Ehenichtigkeitsurteils in die Gestaltungsurteile; dagegen die herrschende französische Lehre.

[51] s. zu der Rückwirkung von Gestaltungsurteilen *Rosenberg*, a. a. O., S. 412, *Stein-Jonas-Schönke-Pohle*, Vorbem. II 3 a, b vor § 253 sowie die Aufstellung der ex nunc und ex tunc wirkenden Gestaltungsurteile bei *Hellwig*, a. a. O., S. 237—239; *Kisch*, a. a. O., S. 96, 97, dagegen beanspruchte die Rückwirkung gerade als Kennzeichen der auslösenden Urteile im Sinn seiner Terminologie.

[52] *Glasson-Tissier*, a. a. O., Nr. 771; *Giverdon*, a. a. O., S. 444; *Mazeaud*, Distinction, S. 37, 39; *Ripert-Boulanger*, a. a. O., Bd. II, Nr. 711.

rechtliche Behandlung hat trotz der aufgezeigten erheblichen Bedenken von dieser herrschenden Lehre auszugehen. Allerdings zeigt der Umstand, daß die Klage auf Feststellung der Nichtigkeit teilweise als Klage eigener Art bezeichnet wird, daß auch die Anhänger der Feststellungstheorie gewisse Zweifel an ihrer Einordnung haben[53].

2. Anerkennung und Exequaturverfahren bei ausländischen Gestaltungsurteilen im französischen Recht

Die Frage der Anerkennung des Nichtigkeits-, Wandlungs- und Auflösungsurteils wird nur insofern beurteilt, als es sich dabei um Gestaltungsurteile handelt. Die herrschende französische Auffassung, die im Nichtigkeitsurteil ein Feststellungsurteil sieht, verlangt für die Anerkennung dieser Urteile in Frankreich ein Exequaturverfahren. Die Begründung dafür ist, daß derartige Urteile, Hoheitsmaßnahmen von territorialer Bedeutung gleichzusetzen, keine unmittelbare Wirkung in einem Staat haben können, der sie nicht erließ, es sei denn, daß dieser sie gleichsam adoptiere und damit zu den eigenen mache. Dieser Vorgang findet im Exequaturverfahren statt[54].

Eine Rechtsordnung wird ein Exequaturverfahren für ausländische Gestaltungsurteile je nachdem verlangen, ob sie in ihnen mehr den ausländischen Staatsakt sieht oder ein Element des Tatbestands der Sachnorm[55], die die materiell-rechtliche Gestaltungswirkung herbeiführt. Im ersten Fall wird man ein Anerkennungsverfahren fordern, im zweiten die materiell-rechtliche Gestaltungswirkung des ausländischen Spruches nach internationalem Privatrecht betrachten.

Die deutsche Lehre[56] neigt der zweiten Auffassung zu, indem sie die „gestaltete materielle Rechtslage nach internationalem Privatrecht" bewertet[57]. Das Urteil, das die nach internationalem Privatrecht zuständige Sachrechtsnorm verlangt, ist ein sachlich-rechtliches, kein prozessuales Phänomen; demgenäß wirkt es auch unmittelbar ohne Anerkennung erga omnes, wie überhaupt jede Gestaltungswirkung, ob durch

---

[53] *Planiol-Ripert*, a. a. O., Bd. VI (*Esmein*), Nr. 297: „Bien que le droit moderne ne présente plus les droits subjectifs sous la forme d'actions nommées et ne voie dans l'action que le droit déduit en justice, il y a lieu encore aujourd'hui de parler d'une action spéciale en nullité."

[54] *Savatier*, a. a. O., Nr. 355.

[55] In diesem Sinne z. B. *Rosenberg*, a. a. O., S. 412.

[56] *Süß*, a. a. O., S. 256; *Rosenberg*, a. a. O., S. 412; *Riezler* in *Francescakis-Riezler*, a. a. O., S. 489.

[57] Vgl. die französische Darstellung der deutschen Auffassung bei *Holleaux*, a. a. O., S. 189; *Francescakis* in *Francescakis-Riezler*, a. a. O., S. 458.

Staatsakt oder Privatrechtsgeschäft herbeigeführt, für und gegen alle eintritt[58, 59].

Im französischen Recht ist die Auseinandersetzung zwischen den beiden möglichen Standpunkten noch nicht ausgetragen. Das Projekt eines Internationalen Privatrechts der Reformkommission[60] nimmt ganz klar eine Stellung ein, die jedem ausländischen Urteil eine Wirkung in Frankreich nur nach vorgängigem Exequaturverfahren zubilligt und kennt auch für die Wirkung der Gestaltungsurteile keine Ausnahme[61], wobei generalisierend und ungenau nur von „autorité de la chose jugée", also Rechtskraft, gesprochen wird.

Niboyet[62], der diesem Vorschlag zustimmt, ist dabei von der Vorstellung bestimmt, es sei unerträglich, daß französische Staatsangehörige der genauen Interpretation ihrer Gesetze beraubt würden, wie sie unter der Kontrolle des Kassationsgerichtshofs gewährleistet sei. Ein blindes Vertrauen in die fremden Gerichtshöfe sei unangebracht. Niboyets Auffassung würde allerdings zu der unhaltbaren Konsequenz führen, daß die Gerichte jedes Staates nur für die eigenen Staatsbürger nach eigenem Recht entschieden.

Die jetzige Rechtsprechung und überwiegende Lehre sind jedoch von einer derart radikalen Lösung weit entfernt. Die Rechtsprechung[63] erkennt seit langem an, daß ausländische Urteile, die sich auf den Personenstand oder die Geschäftsfähigkeit beziehen, in Frankreich unabhängig von jedem Exequaturverfahren wirksam sind, es sei denn, es seien Handlungen der Zwangsvollstreckung erforderlich[64]. Die Wiederheirat eines im Ausland geschiedenen Ehegatten in Frankreich ist daher beispielsweise ohne Exequaturverfahren möglich[65].

Für eine derartige Rechtsprechung gibt es zwei Erklärungsmöglichkeiten. Einmal kann man von den praktischen Unzuträglichkeiten aus-

---

[58] *Rosenberg,* a. a. O., S. 412.

[59] Auf die Streitfrage, ob Gestaltungsurteile in Rechtskraft erwachsen, dafür *Süß,* a. a. O., S. 256, 257, Anm. 54, dagegen *Rosenberg,* a. a. O., S. 412, braucht hier nicht eingegangen zu werden.

[60] *Projet,* a. a. O., Art. 102.

[61] Zustimmend dazu *Niboyet,* Traité, Bd. IV, Nr. 1940; dagegen das Comité français de droit international privé nach *Lerebours-Pigeonnière,* a. a. O., Nr. 426, Anm. 1, *Riad,* a. a. O., S. 143.

[62] *Niboyet,* zitiert Anm. 61.

[63] Beispiele etwa *Cass. req.* 3. März 1930, S. 1930, 1, 377; *Cass. civ.* 28. Februar 1860, S. 1860, 1, 210; Übersicht dieser Rechtsprechung bei *Riad,* a. a. O., S. 30—37.

[64] *Cass. civ.* 28. Februar 1860, S. 1860, 1, 210; *Cass. req.* 3. März 1930, S. 1930, 1, 377.

[65] Neben den erwähnten Gruppen zählt *Riad,* a. a. O., noch auf die Urteile über Trennung von Tisch und Bett, die Vaterschaftsurteile, die Urteile, die den Konkurs erklären („jugement de déclaration de faillite").

gehen, die dadurch entstünden, daß Änderungen des Personenstandes oder der Geschäftsfähigkeit aufgrund eines Exequaturverfahrens in verschiedenen Staaten zu verschiedenen Zeitpunkten einträten[66]. Oder aber man erklärt eine derartige Rechtsprechung von dem Begriff des Gestaltungsurteils her, wobei man dann gezwungen ist, die unmittelbare Gestaltungswirkung auch bei anderen als den auf Familienstand und Geschäftsfähigkeit bezüglichen Urteilen anzuerkennen[67]. Wenn teilweise mit dem Hinweis, das Urteil der Ehenichtigkeit, das doch deklarativ sei, bedürfe auch keines Exequaturverfahrens[68], die Anknüpfung an das Gestaltungsurteil fraglich gemacht wird[69], so läßt sich dem leicht entgegnen, die Rechtsprechung habe das richtige Gefühl für den Konstitutivcharakter des Ehenichtigkeitsurteils gehabt[70], die oben ohnehin behauptet wurde.

Die Meinung, die die Gestaltungswirkung des ausländischen Urteils als Ursache für das Fehlen des Exequaturverfahrens ansieht, genießt den Vorzug. Das Gestaltungsurteil läßt Rechte entstehen, untergehen und sich verändern; diese Gestaltungswirkung muß ihrer Natur nach allgemein sein. Die Gestaltungsurteile schaffen einen neuen tatsächlichen Zustand, „un fait juridique matériel“[71], das niemand außer acht lassen kann[72]. Diese Betrachtung fügt sich in die Auffassung des internationalen Privatrechts als einer Projektion des internen Rechts auf internationale Ebene gut ein[73].

Es ist daher zu schließen, daß die Urteile der Auflösung und der Wandlung, die Nichtigkeitsurteile nur, wenn man sie gegen die h. L. als Gestaltungsurteile auffaßt, in Frankreich grundsätzlich eine unmittelbare Wirkung haben.

Schon oben war angedeutet worden, daß selbst unter all diesen Voraussetzungen Gestaltungsurteile dann eines Exequaturverfahrens bedürfen, wenn zu Vollstreckungszwecken die Mitwirkung eines französischen „officier public“ wie eines „huissier“ nötig wird[74]. Der Begriff

---

[66] *Lerebours-Pigeonnière,* a. a. O., Nr. 428; *Planiol-Ripert,* a. a. O., Bd. I *(Savatier)* Nr. 45.

[67] *Savatier,* a. a. O., Nr. 355; *Boyer,* Transaction, S. 460; *Riad,* a. a. O., S. 140; *Batiffol* dagegen, a. a. O., Nr. 771, warnt vor dieser Folge.

[68] s. *Cass. civ.* 9. Mai 1900, S. 1901, 1, 186.

[69] *Planiol-Ripert,* a. a. O., Bd. I *(Savatier)* Nr. 45.

[70] *Riad,* a. a. O., S. 139, 140.

[71] *Morelli,* a. a. O., S. 333.

[72] *Batiffol,* a. a. O., Nr. 772.

[73] *Batiffol,* a. a. O., Nr. 772.

[74] *Batiffol,* a. a. O., Nr. 772; der Kassationsgerichtshof *(Cass. req.* 3. März 1930, S. 1930, 1, 377) spricht von allen Fällen der „exécution matérielle sur les biens ou de coércition sur les personnes“.

Vollstreckung steht also im Mittelpunkt. *Riad* glaubt eine dauernde Ausweitung dieses Begriffs festzustellen, die zu einer Einschränkung der unmittelbaren Gestaltungswirkung des ausländischen Gestaltungsurteils führe[75]. Riad stellt sogar eine allgemeine Regel des Inhalts auf, daß das Exequaturverfahren immer dort erforderlich ist, wo die fraglichen Urteile eine Vermögensänderung der Parteien mit sich bringen[76].

Die Nutzanwendung auf unsere Beispielsfälle ist die folgende: Das Wandlungsurteil des deutschen Gerichts, das nach französischem Sachrecht ergeht, ebenso das Auflösungsurteil, bedarf in Frankreich des Exequaturverfahrens, soweit nicht nur durch den Urteilsspruch der Status quo aufrechterhalten werden soll, sondern eine vermögensrechtliche Änderung eine Folge des Urteils ist. Das Nichtigkeitsurteil wäre gleich zu behandeln, wenn sich die oben vorgeschlagene Lösung durchsetzen könnte.

Soweit ein Exequaturverfahren durchgeführt wird, erfolgt eine Prüfung des ausländischen Urteils hinsichtlich der Prozeßführung, der internationalen Kompetenz, der Anwendung der richtigen Sachnorm und der Übereinstimmung mit dem französischen ordre public[77]; nach Prüfung all dieser Voraussetzungen hat der Richter die sog. „révision au fond", d. h. eine Überprüfung auf die richtige Anwendung des Rechts. Hier interessiert jedoch mehr der Fall, daß ein Exequaturverfahren nicht nötig ist. Die Kontrolle ausländischer, dem Exequaturverfahren nicht unterworfener Urteile bezieht sich auf alle Voraussetzungen des Exequatur, mit der Ausnahme, daß eine „révision au fond" nicht vorgenommen wird[78].

Eine Abweichung vom französischen Recht hinsichtlich der internationalen Zuständigkeit führt dabei zu der Folge, daß das ausländische Urteil in Frankreich ohne Wirkungen bleibt.

Die Art. 14 und 15 C.civ. stellen die Basis für die internationale Zuständigkeitsregelung nach französischem Recht dar. Die Zuständigkeit französischer Gerichte besteht gemäß Art. 14 C.civ. stets, wenn der Kläger, und gemäß Art. 15 C.civ., wenn der Beklagte Franzose ist. Wenn auch oben die Frage ausgeklammert war, wie es zu der Anwendung französischen Rechts als Sachnorm gekommen war, so ist doch die französische Nationalität, zumindest eines der beiden Streitteile, bei

---

[75] *Riad,* a. a. O., S. 38.

[76] *Riad,* a. a. O., S. 38; *Lerebours-Pigeonnière,* a. a. O., Nr. 426, will hinsichtlich der unmittelbar aus einem Konstitutivurteil entspringenden vermögensrechtlichen Wirkungen ohne Exequaturverfahren auskommen.

[77] Im einzelnen s. *Batiffol,* a. a. O., Nr. 753—762.

[78] *Batiffol,* a. a. O., Nr. 780 und *Cass. civ.* 9. Mai 1900, D. P. 1905, 1, 101.

derartiger Fallgestaltung sehr häufig. Die Kompetenzvorschrift der Art. 14 und 15 C.civ. gilt für alle Arten von Klagen, vermögensrechtliche oder nicht vermögensrechtliche, wobei eine Ausnahme nur für die „actions réelles immobilières" und „voies d'exécution" gemacht wird[79, 80].

In den zahlreichen Fällen, in denen Kläger oder Beklagter oder beide französische Staatsangehörigkeit besitzen, würde die internationale Zuständigkeit französischer Gerichte die Anerkennung deutscher Urteile in und außerhalb des Exequaturverfahrens hindern.

Eine derartige Folge, die allerdings rigoros wäre, wird jedoch durch die Möglichkeit eingeschränkt, auf das Privileg der Art. 14 und 15 C.civ. zu verzichten. Ist der französische Staatsangehörige Kläger, so hängt der Verzicht allein von ihm ab, ist er Beklagter, so steht das Privileg der französischen Gerichtsbarkeit beiden Parteien zu, so daß ihre Übereinstimmung für den Verzicht nötig ist[81].

Daß ein Verzicht durch Vertrag möglich ist, stößt dabei weniger auf Schwierigkeiten[82] als der sog. stillschweigende Verzicht. Dieser stillschweigende Verzicht kann vornehmlich daraus resultieren, daß der Berechtigte vor fremden Gerichten klagt oder vor fremden Gerichten sich auf die Klage einläßt. In dieser Reinheit kann man jedoch eine derartige Regel nicht aufstellen; es handelt sich hierbei nur um eine Vermutung[83]. Diese Vermutung wird durchbrochen, wenn der Kläger beispielsweise nur deshalb im Ausland klagt, weil der Schuldner dort über Vollstreckungsobjekte verfügt, oder wenn im Ausland lediglich sichernde Maßnahmen beantragt werden. Sie wird ebenfalls durchbrochen, wenn die ausländischen Richter ihre Unzuständigkeit erklärt haben und in dem Fall, daß der Kläger sich förmlich das Recht vorbehalten hat, später vor die französischen Gerichte zu gehen[84].

Noch leichter kann die Vermutung in dem Fall entkräftet werden, daß der französische Staatsangehörige im Prozeß die Beklagtenstellung einnimmt und etwa vor dem ausländischen Gericht nur erscheint, um eine Verurteilung mit der Folge der Vollstreckung in die im Ausland belegenen Vollstreckungsobjekte zu verhindern. Selbst wenn der Be-

---

[79] *Francescakis*, a. a. O., S. 17.

[80] Gewisse Ausnahmen durch Verträge, so mit der Schweiz und Belgien, können hier vernachlässigt werden.

[81] *Lerebours-Pigeonnière*, a. a. O., Nr. 403.

[82] Die Vereinbarung einer fremden Sachnorm bei Vertragsschluß bedeutet jedoch noch nicht einen derartigen Verzicht, s. *Batiffol*, a. a. O., Nr. 694.

[83] *Batiffol*, a. a. O., Nr. 694.

[84] Vgl. im einzelnen die Rechtsprechungsübersicht bei *Batiffol*, a. a. O., Nr. 694.

klagte anschließend streitig zur Sache verhandelt, wirkt hier die Behauptung der Unzuständigkeit als ausreichender Vorbehalt. Nicht einmal ein derartiger Vorbehalt ist jedoch nötig, wenn er völlig aussichtslos ist, immerhin wird eine Widerklage als unvereinbar mit dem Vorbehalt angesehen[85].

Diese Rechtsprechung läßt sich dahin zusammenfassen, daß ein Verzicht des Berechtigten dann angenommen wird, wenn er den Prozeß „sciemment et librement“[86] und nicht „sous la pression d'une contrainte“[87] geführt hat, wobei das Gericht einen gewissen Beurteilungsspielraum hat.

Die deutschen Gerichte sind somit nach französischem internationalem Verfahrensrecht auch bei der Beteiligung französischer Staatsangehöriger auf Kläger- oder Beklagtenseite international zuständig, soweit diese Staatsangehörigen sich mit der Prozeßführung vor deutschen Gerichten ohne Vorbehalte und ohne Zwang einverstanden erklären.

Unter diesen Voraussetzungen werden im System des französischem Rechts Konstitutivurteile, die einer Vollstreckung nicht Platz geben, in ihren Wirkungen anerkannt.

Wird sich das Projekt eines Internationalen Privatrechts der Reformkommission durchsetzen, so werden auch die nicht ganz klar umrissenen Inseln verschwinden, wo ein Exequaturverfahren nicht erforderlich ist.

---

85 *Batiffol*, a. a. O., Nr. 694.
86 *Cass. req.* 24. Februar 1846, D. P. 1846, 1, 153.
87 *Cass. req.* 11. Dezember 1860, S. 1861, 1, 351.

Literaturverzeichnis

Almén, Tore: Das skandinavische Kaufrecht, Deutsche Ausgabe von Friedrich Karl Neubecker, Bd. I, III, Heidelberg 1922.

Archi, Gian Gualberto: Rescrits impériaux et littérature jurisprudentielle dans le developpement du droit criminel, Revue internationale des droits de l'antiquité, 3. Serie, Bd. IV, S. 221—237.

Aubry et *Rau*: Droit civil français, 6. Aufl., von Paul Esmein, Bd. V, Paris 1952.

Batiffol, Henri: Traité élémentaire de droit international privé, 2. Aufl., Paris 1955.

Baudry-Lacantinerie, G. — *Barde*, L.: Traité théorique et pratique de droit civil, Bd. II, Obligations, Paris 1902.

Bekker, Ernst Immanuel: System des heutigen Pandektenrechts, Bd. I, Weimar 1886.

Béquet, J. P.: Etude critique de la notion de fin de non-recevoir, in Rev. trim. dr. civ. 1947, S. 133—160.

Beudant, R. — *Lerebours-Pigeonnière*, P.: Cours de droit civil français, Bd. V bis, Les successions ab intestat, 2. Aufl., von R. le Balle, Paris 1936
Bd. IX, Les contrats et les obligations, 2. Aufl., von G. Lagarde, Paris 1936;
Bd. IX, Les contrats et les obligations, von G. Lagarde, R. Perrot, Paris 1953;
Bd. XII, Contrats civils divers, von P. Rodière, A. Percerou, Paris 1947.

Binder, Julius: Prozeß und Recht. Ein Beitrag zur Lehre vom Rechtsschutzanspruch, Leipzig 1927.

Bötticher, Eduard: Die Wandlung als Gestaltungsakt, Heidelberg 1938 (zitiert: Bötticher, Wandlung).
— Zur Lehre vom Streitgegenstand im Eheprozeß, Festgabe zum 70. Geburtstag von L. Rosenberg, München und Berlin 1949 (zitiert: Bötticher, Streitgegenstand im Eheprozeß).
— Besinnung auf das Gestaltungsrecht und das Gestaltungsklagerecht, Festschrift für H. Dölle, Tübingen 1963, I, S. 41—78 (zitiert: Bötticher, Besinnung).
— Gestaltungsrecht und Unterwerfung im Privatrecht, Berlin 1964 (zitiert: Bötticher, Gestaltungsrecht und Unterwerfung).

Bonnecase, Julien: Traité théorique et pratique de droit civil par G. Baudry-Lacantinerie, Supplément, Bd. II, Paris 1925.

De Boor, H. O.: Zur Lehre vom Schiedsspruch in der freiwilligen Gerichtsbarkeit, Judicium 1, S. 261 ff.

Boulanger, Jean: Principes généraux du droit et droit positif, in Le droit privé français au milieu du 20ième siècle, Etudes offertes à Georges Ripert, Bd. I, Paris 1950, S. 51—74.

Boyer, Louis: La notion de transaction, thèse, Paris 1947 (zitiert: Boyer, Transaction).
— Les promesses synallagmatiques de vente, Rev. trim. dr. civ. 1949, S. 1 ff. (zitiert: Boyer, Promesses).

Brèthe de la Gressaye — *Laborde* — *Lacoste:* Introduction générale à l'étude du droit, Paris 1949.

Brun, H. — *Galland*, H.: Droit du travail, Paris 1958.

Bruns, Rudolf: „Funktionaler" und „instrumentaler" Gehalt der Gestaltungsrechte und Gestaltungsklagerechte, Zeitschrift für Zivilprozeß, 78. Bd., S. 264—286.

Carbonnier, Jean: Droit civil, Bd. I, Introduction à l'étude du droit et droit des personnes, Paris 1962; Bd. II, Les biens et les obligations, Paris 1962.

Carnelutti, Francesco: Istituzione del processo civile italiano, Bd. I, Rom 1956.

Cassin, René: De l'exception tirée de l'inexécution dans les rapports synallagmatiques, thèse, Paris 1914.

Chiovenda, Giuseppe: Principii di diritto processuale civile, 3. Aufl., Neapel 1923.

Cohn, Ernst: Zur Lehre vom Wesen der abstrakten Geschäfte, AcP, Bd. 135, S. 67—88.

Colin, Ambroise: De la protection de la descendance illégitime du point de vue de la preuve de filiation, Rev. trim. dr. civ. 1902, S. 257—300.

Colin, Ambroise — *Capitant*, Henri — *Julliot de la Morandiere*, Léon: Cours élémentaire de droit civil français, Bd. I, 11. Aufl., Paris 1947; Bd. II, 10. Aufl., Paris 1953; Bd. III, 10. Aufl., Paris 1950.

Cornu, G. — *Foyer*, J.: Procédure civile, Paris 1958.

Crémieu, Louis: La justice privée. Son évolution dans la procédure romaine, thèse, Paris 1908.

Crome, Carl: Die Grundlehren des französischen Obligationenrechts, Mannheim 1894.

Cuche, Paul: Précis de procédure civile et commerciale, Paris 1924 (zitiert: Cuche 1924).
— Précis de procédure civile et commerciale, 10. Aufl., Paris 1951 (zitiert: Cuche 1951).

Cuche, Paul — *Vincent*, Jean: Précis de procédure civile et commerciale, 13. Aufl., Paris 1963.

Dabin, Jean: Le droit subjectif, Paris 1952.

Daguin, Arthur: Axiomes, aphorismes et brocards de droit français, Paris 1926.

Demogue, René: Les notions fondamentales du droit privé, Paris 1911 (zitiert: Demogue, Notions).
— Des droits éventuels et des hypothèses où ils prennent naissance, Rev. trim. dr. civ. 1905, S. 723—791 (zitiert: Demogue, Droits éventuels 1905); De la nature et des effets du droit éventuel, Rev. trim. dr. civ. 1906, S. 231 bis 319 (zitiert: Demogue, Droits éventuels, 1906).
— Des modifications aux contrats par volonté unilatérale, Riv. trim. dr. civ. 1907, S. 245—310 (zitiert: Demogue, Modifications).

Dölle, Hans: Juristische Entdeckungen, Verhandlungen des 42. Deutschen Juristentags in Düsseldorf, Bd. II, Teil B, Tübingen 1958 (zitiert: Dölle, Entdeckungen).

— Theoretische Jurisprudenz in Nordamerika, Gruchots Beiträge, 68. Jahrgang, S. 492 ff. (zitiert: Dölle, Theoretische Jurisprudenz).

Enneccerus, Ludwig: Rechtsgeschäft, Bedingung und Anfangstermin, Marburg 1888.

Enneccerus, Ludwig — *Kipp*, Theodor — *Wolff*, Martin: Lehrbuch des Bürgerlichen Rechts, Bd. I, 1. Hbbd. Allgemeiner Teil des Bürgerlichen Rechts, 15. Bearbeitung von Carl Nipperdey, Tübingen 1959 (zitiert: Enneccerus-Nipperdey); Bd. II, Schuldverhältnisse, 15. Bearbeitung von Heinrich Lehmann, Tübingen 1958 (zitiert: Ennecerus-Lehmann).

Fabrea, Angelo: Stichwort „Accertamento" in Enciclopedia del diritto, Bd. I, Mailand 1958.

Fenkart, Josef: Wesen und Ausübung der Gestaltungsrechte im schweizerischen Privatrecht, Dissertation, Bern 1925.

Flour, Jacques: Quelques remarques sur l'évolution du formalisme, in Le droit privé français au milieu du 20ième siècle, Etudes offertes à Georges Ripert, Bd. I, Paris 1950, S. 93—114.

Francescakis, Ph.: Compétence étrangère et jugement étranger, Rev. crit. dr. intern. pr. 1959, S. 1 ff.

Francescakis, Ph. — *Riezler*, Erwin: Le droit international privé de la famille en France et en Allemagne, Tübingen, Paris 1954.

Garsonnet, E. — *Cezar-Bru*, Ch.: Traité théorique et pratique de procédure civile et commerciale, Paris 1912.

Geny, François: Méthode d'interprétation et sources en droit privé positif, Bd. II, 2. Aufl., Paris 1919 (zitiert: Geny, Méthode II).

— Science et technique en droit privé positif, Bd. III, Paris 1921 (zitiert: Geny, Science et technique III).

Girard, Régis: Les actes de disposition relatifs aux situations juridiques futures en droit français et en droit allemand. Les droits éventuels, thèse, Lyon 1939.

Giverdon, Claude: Stichwort „Jugement" in Dalloz Répertoire de procédure civile et commerciale, Bd. II, Paris 1956.

Glasson, E. — *Tissier*, Albert: Traité théorique et pratique d'organisation judiciaire, de compétence et de procédure civile, Bd. I, 3. Aufl., Paris 1925; Bd. III, 3. Aufl., Paris 1929.

Hauriou, Maurice: Précis de droit administratif et de droit public, 9. Aufl., Paris 1919.

Heldrich, Andreas: Internationale Zuständigkeit und anwendbares Recht, Habilitationsschrift im Druck.

Hellwig, K.: Lehrbuch des deutschen Civilprozeßrechts, Bd. I, Leipzig 1903.

Henckel, Wolfram: Parteilehre und Streitgegenstand im Zivilprozeß, Heidelberg 1961.

Heyer: Die Selbsthilfe, Archiv für Bürgerliches Recht 19, S. 38—113.

Holleaux, G.: Besprechung des Buches von Theodor Süß „Die Anerkennung ausländischer Urteile", in Rev. crit. dr. intern. pr. 1952, S. 187—192.

Hueck, Alfred — *Nipperdey*, Carl: Lehrbuch des Arbeitsrechts, Bd. I, 3. bis 5. Aufl., Mannheim—Berlin—Leipzig 1931 (zitiert: Hueck - Nipperdey, 3. Aufl.).

— — Lehrbuch des Arbeitsrechts, Bd. I, 6. Aufl., Berlin—Frankfurt 1959 (zitiert: Hueck - Nipperdey, 6. Aufl.).

Hübner, R.: Geschichte des deutschen Privatrechts, 4. Aufl., Leipzig und Erlangen, 1922.

Jahr, Günther: Die Einrede des bürgerlichen Rechts, JuS 1964, S. 125 ff., 218 ff., 293 ff.

Japiot, René: Des nullités en matière d'actes juridiques, thèse, Paris 1909 (zitiert: Japiot, Nullités).

— Jurisprudence française en matière de procédure civile, Riv. trim. dr. civ. 1914, S. 679 ff. (zitiert: Japiot, Jurisprudence française).

Josserand, Louis: Cours de droit civil positif français, Bd. II, Paris 1930; Bd. III, Paris 1933.

Julliot de la Morandière, Léon: Précis de droit civil d'après le Traité de droit civil de A. Colin, H. Capitant et L. Julliot de la Morandière, Bd. I, Paris 1963; Bd. II, 3. Aufl., Paris 1964.

Kisch, Wilhelm: Beiträge zur Urteilslehre, Leipzig 1903.

Lecompte, Henri: Essai sur la notion de faculté en droit civil, thèse, Paris 1930.

Lerebours-Pigeonnière, Paul: Droit international privé, 8. Aufl., bearbeitet von Yvon Loussouarn, Paris 1962.

L'Huillier, Laurent: La notion du droit formateur en droit privé suisse, thèse, Genf 1947.

Lorenz, F.: Stichwort „Selbsthilfe" im Rechtsvergleichenden Handwörterbuch für das Zivil- und Handelsrecht des In- und Auslandes, Bd. VI, Berlin 1938.

Machleid, W.: Der Verzicht auf das subjektive Ehescheidungsrecht, AcP 151, S. 208 ff.

Makarov: Entscheidungsanmerkung in JZ 1952, S. 725.

Martin de la Moutte, Jacques: L'acte juridique unilatéral, thèse, Paris 1949.

Marty, Gabriel: La distinction du fait et du droit, Paris 1929.

Marty, Gabriel — *Raynaud*, Pierre: Droit civil, Bd. I, Mise à jour au 1er janvier 1961, Paris 1961; Bd. II, 1. Hbbd., Les obligations, Paris 1962.

Mazeaud, Léon: De la distinction des jugements déclaratifs et des jugements constitutifs de droits, Rev. trim. dr. civ. 1929, S. 17—55 (zitiert: Mazeaud, Distinction).

Mazeaud, Henri, Léon et Jean: Leçons de droit civil, Bd. I, Introduction à l'étude du droit privé, Famille, 2. Aufl., Paris 1959; Bd. II, Obligations, Biens, Paris 1956 (zitiert: Mazeaud, Leçons).

Messina, Giuseppe: Stichwort „Diritti potestativi" in Novissimo Digesto Italiano, Bd. V, Turin 1957.

Molitor, Erich: Die Kündigung unter besonderer Berücksichtigung der Kündigung des Arbeitsvertrags, 2. Aufl., Mannheim 1951.

Morelli, Gaetano: La théorie générale du procès international, in Recueil des cours de l'Académie de droit international de la Haye, Bd. III, 1937, S. 312 ff.

Morot, Jean: Du droit de se faire justice à soi-même en droit anglais, thèse, Paris 1923.

Motulsky, Henri: Principes d'une réalisation méthodique du droit privé, Paris 1948.

Nerson, R.: Les droits extrapatrimoniaux, thèse, Lyon 1939.

Neubecker, F. K.: Vertragslösung. Eine rechtsvergleichende Untersuchung, Zeitschrift für vergleichende Rechtswissenschaft, Bd. 21, S. 35—141.

Neuhaus, Paul Heinrich: Internationales Zivilprozeßrecht, Rabels Z 20, S. 201 bis 269.

Niboyet, J. P.: Manuel de droit international privé, 2. Aufl., Paris 1928 (zitiert: Niboyet, Manuel).
— Traité de droit international privé français, Bd. VI, Conflit des autorités, Conflit des juridictions. Fin, Paris 1950 (zitiert: Niboyet, Traité VI).

Nichet, Henry: Du jeu de la compensation dans les rapports des créanciers et des débiteurs, thèse, Montpellier 1934.

Nikisch, Arthur: Arbeitsrecht, Bd. I, 3. Aufl., Tübingen 1961.

Nußbaum, Arthur: Deutsches internationales Privatrecht, Tübingen 1932.

Oertmann, P.: Kommentar zum Bürgerlichen Gesetzbuch, Bd. I, Allgemeiner Teil, 3. Aufl., Berlin 1927.

De Page, Henri: Traité élémentaire de droit civil belge, Bd. II, Les incapables. Les obligations, 3. Aufl., Brüssel 1964.

Perreau, E. H.: Technique de la jurisprudence en droit privé, Bd. I, Paris 1923.

Planiol, Marcel — *Ripert,* Georges: Traité pratique de droit civil, 2. Aufl., Paris;
Bd. I, Personnes, von René Savatier, 1952;
Bd. II, Famille, von André Rouast, 1952;
Bd. III, Biens, von Maurice Picard, 1953;
Bd. IV, Successions, von J. Maury und H. Vialleton, 1956;
Bd. V, Donations et testaments, von André Trasbot und Yvon Loussouarn, 1957;
Bd. VI, Obligations, première partie, von Paul Esmein, 1952;
Bd. VII, Obligations, deuxième partie, von Paul Esmein, Jean Radouant, Gabriel Gabolde, 1954;
Bd. IX, Régimes matrimoniaux, deuxième partie, von Paul Boulanger, 1960;
Bd. X, Contrats civils, première partie, von Joseph Hamel, François Givord, André Tunc, 1956;
Bd. XI, Contrats civils, deuxième partie, von André Rouast, René Savatier, Jean Lepargneur, André Besson, 1954.

Ponsard, A.: Erläuterungen zu Art. 1184 C. civ. in Jurisclasseur Civil.

Projet de droit international privé, élaboré par la Commission de Réforme du Code civil, Rev. crit. dr. intern. pr. 1950, S. 111—125.

Raape, Leon: Staatsangehörigkeitsprinzip und Scheidungsakt sowie internationale Zuständigkeit in Scheidungsprozessen, Berlin 1943.

Reu, Fritz: Die staatliche Zuständigkeit im internationalen Privatrecht, Marburg 1938.

Riad, Fouad Abdel Moneim: La valeur internationale des jugements en droit comparé, thèse, Paris 1955.

Richter, Walter: Studien zur Geschichte der Gestaltungsrechte des deutschen bürgerlichen Rechts, Dissertation, Bochum 1939.

Riezler, Erwin: Internationales Zivilprozeßrecht, Berlin und Tübingen 1949.

Ripert, Georges: Stichwort „Droit" in Dalloz Rép. Dr. Civ., 1952.

Ripert, Georges — *Boulanger*, Jean: Traité de droit civil d'après le traité de Planiol, Bd. I, Introduction générale, Personnes, Paris 1956; Bd. II, Obligations, Droits réels, Paris 1957.

Rosenberg, Leo: Lehrbuch des deutschen Zivilprozeßrechts, 9. Aufl., München und Berlin 1961.

Rothe, G.: Richterliches Ermessen und Gestaltungswirkung, AcP 151, S. 33 ff.

Rouast, André: Les droits discrétionnaires et les droits contrôlés, Rev. trim. dr. civ. 1944, S. 1—19.

Roubier, Paul: Théorie générale du droit, 2. Aufl., Paris 1951.

Saleilles, Raymond: De la déclaration de volonté, contribution à l'étude de l'acte juridique dans le Code civil allemand, Paris, Neuabdruck 1929 (zitiert: Saleilles, Déclaration de volonté).
– Einführung in das Studium des deutschen bürgerlichen Rechts, übersetzt und herausgegeben von R. Leonhard, Breslau 1905, in Studien zur Erläuterung des bürgerlichen Rechts, Heft 14 (zitiert: Saleilles, Einführung).

Savatier, René: Cours de droit international privé, Paris 1947.

Schäffner, Wilhelm: Geschichte der Rechtsverfassung Frankreichs, Bd. III, Frankfurt 1850.

Schwarz, Andreas: Das einseitige Rechtsgeschäft in den neuesten Kodifikationen des Zivilrechts, Archiv für Rechts- und Wirtschaftsphilosophie, 16. Jahrgang, S. 560 ff.

Scialoja, Vittorio: Procedura civile Romana, Mailand und Rom 1936.

Seckel, Emil: Die Gestaltungsrechte des bürgerlichen Rechts, Festgabe für Richard Koch, Berlin 1903.

Solus, Henry — *Perrot*, Roger: Droit judiciaire privé, Bd. I, Introduction, notions fondamentales, organisation judiciaire, Paris 1961.

Stein, Friedrich — *Jonas*, Martin — *Schönke*, Adolf — *Pohle*, Rudolf: Kommentar zur Zivilprozeßordnung, Bd. I, 18. Aufl., Tübingen 1953.

Steinwenter, Arthur: Besprechung der Dissertation von Richter „Studien zur Geschichte der Gestaltungsrechte", Savigny-Zeitschrift, 60. Jahrgang, S. 318, 319.

Stella-Richter, Mario — *Sgroi*, Vittorio: Commentario del Codice Civile, Bd. I, 1. Hbbd., Delle persone e della famiglia, Turin 1958.

Süß, Theodor: Die Anerkennung ausländischer Urteile, in Festgabe zum 70. Geburtstag von Leo Rosenberg, München und Berlin 1949.

Thon, A.: Rechtsnorm und subjektives Recht, Weimar 1878.

Tomson, Edgar: Droits constitutifs et jugements constitutifs en droit allemand, thèse, Paris 1960.

Travaux de la Commission de Réforme du Code Civil, 1945, 1946, Paris 1947; 1946, 1947, Paris 1948; 1950, 1951, Paris 1952.

Tuhr von, Andreas: Allgemeiner Teil des Deutschen Bürgerlichen Rechts, Bd. I, 1910, unveränderter Nachdruck 1957, Berlin.

Vallimaresco, Alexandre: La justice privée en droit moderne, Paris 1926.

Verdier, Jean-Maurice: Les droits éventuels, Paris 1955.

Viollet, Paul: Les Etablissements de St. Louis, Bd. I, Paris 1881; Bd. II, Paris 1881; Bd. IV, Paris 1886.

Walsmann, H.: Der Verzicht, Leipzig 1912.

Wenger, Leopold: Institutionen des Römischen Zivilprozeßrechts, München 1925.

Wengler, Wilhelm: Die Funktion der richterlichen Entscheidung über internationale Rechtsverhältnisse. Feststellung und Gestaltung im internationalen Privatrecht, Rabels Z 16, S. 1—43.

Wesener, Gunter: Offensive Selbsthilfe im klassischen römischen Recht, Festschrift für Arthur Steinwenter zum 70. Geburtstag, Graz und Köln 1958, S. 100—120.

Worms, René: De la volonté unilatérale considérée comme source d'obligations, thèse, Paris 1891.

Würdinger, Hans: Die privatrechtliche Anwartschaft als Rechtsbegriff, München 1928.

Zitelmann, E.: Internationales Privatrecht, Bd. II, München und Leipzig 1912.

Kolibri 360 GmbH
Ferdinand-Jühlke-Straße 7
99095 Erfurt, Deutschland
produktsicherheit@kolibri360.de

Druck:
CPI Druckdienstleistungen GmbH
im Auftrag der
Kolibri 360 GmbH
Ferdinand-Jühlke-Str. 7
99095 Erfurt